◆高等院校会展专业教材

◆南开大学出版社

◆王起静 编著◆

参展营销

图书在版编目(CIP)数据

参展营销 / 王起静编著. —天津：南开大学出版社，2010.2
高等院校会展专业教材
ISBN 978-7-310-03354-6

Ⅰ.①参… Ⅱ.①王… Ⅲ.①展览会－市场营销学－高等学校－教材 Ⅳ.①G245

中国版本图书馆 CIP 数据核字(2010)第 016565 号

版权所有　侵权必究

南开大学出版社出版发行
出版人：肖占鹏
地址：天津市南开区卫津路 94 号　邮政编码：300071
营销部电话：(022)23508339　23500755
营销部传真：(022)23508542　邮购部电话：(022)23502200

*

河北昌黎太阳红彩色印刷有限责任公司印刷
全国各地新华书店经销

*

2010 年 2 月第 1 版　2010 年 2 月第 1 次印刷
787×960 毫米　16 开本　15.375 印张　282 千字
定价：30.00 元

如遇图书印装质量问题，请与本社营销部联系调换，电话：(022)23507125

前　言

　　参展商是展览产品的主要消费者，无论是组展商还是服务供应商都是为参展商服务。企业参展是否能取得既定的参展效果，不仅取决于组展商和服务供应商提供的产品和服务质量，同时也取决于企业是否知道如何参展。从目前已出版的与展览有关的书籍来看，大多是从组展商的角度来介绍如何策划、组织和管理展会的，而从参展商的角度介绍如何参展的却比较少，所以一直都想写一本关于企业如何参展的教材，以期能够对参展商有一定的指导作用。2007年3月我在美国拉斯维加斯参加了由参展商杂志（Exhibitor Magazine）举办的参展商培训大会和展中展。参展商大会每年3月份在美国拉斯维加斯举办，持续五天左右，每次都能吸引到世界各地的几千名参展商、组展商、服务供应商等与展览有关的专业人士来参加培训，有200多场的会议、专题讨论会和实地考察，为参展商量身定做了各种培训课程，是展览业内的盛会。受参展商培训大会的启发，我认为中国展览业的发展应该考虑为参展商做更多的事，提供更好的服务，而且参展商培训的市场潜力非常大，这进一步坚定了我要写一本参展教材的信心。

　　截至目前为止，从参展商的角度介绍如何参展的书籍主要3种：一是1999年林宁老师在经济科学出版社出版的《展览知识与实务》一书，这是我国第一部详细、系统地论述企业应如何参展的著作。我在写作的过程中也大量地借鉴、参考了林宁老师的知识体系和内容；二是2005年刘松萍老师在机械工业出版社出版的《参展商实务》一书；三是2009年丁烨老师在南开大学出版社出版的《企业参展管理》一书。

　　与其他已出版的和参展有关的书籍相比，本书在内容上有几个特点：一是突出了展览作为企业营销工具的重要作用，重点论述了展览营销工具的优缺点。也正因为此，本书名为《参展营销》，意为参展是企业重要的营销工具。二是重点论述了企业应该如何针对参加展览而营销，也就是说为了取得更好的参展效果，如何营销以保证更多的有效观众参观展台。三是增加了"参展和公司活动"一章。理想的营销组合需要有效地结合展览和公司活动二者的特点，以实现企业的营销目标。四是增加了"供应商管理"一章。参展是一项复杂的系统工程，会涉及很多专业化极强的工作。不同规模、不同行业的企业在参展或举办活动时需要大量供应商为其提供产品或服务，如展具、展台设计、展品运输、展台搭建、参展和活动策划等等，有的企业甚至把全部参展工作委托给会展服务商全权代理。因此本书介绍了如何选择供应商，如何进行供应商管理。五是重点突出了绩效评估的内容。

  本书的基本逻辑框架为：展览是企业重要的营销手段，参展行为决定参展绩效，参展绩效反作用于参展行为。企业为了实现良好的市场绩效，就应该通过计划、组织、管理、协调、控制等一系列战略管理来监控、管理整个参展过程。因此，本书的研究重点在于企业的参展过程的管理。本书把整个参展过程划分为5个阶段：决策阶段、策划阶段、筹备阶段、展出阶段、展后阶段。每个阶段又包括很多环节，其中决策阶段包括参展需要和动机、信息收集、选择展览；策划阶段包括确定参展目标、制定参展计划（进度计划、人员计划、财务计划）；筹备阶段包括展品选择和运输、展台设计和搭建、展前/中/后营销、展台员工的选择和培训、供应商管理、公司活动等；展出阶段包括现场管理等；展后阶段包括参展行为和效果的评估及总结。

  本书可作为会展经济与管理专业本科教材使用，也可用于指导参展商参展实践，同时也可供组展商、服务供应商使用，以期更好地为参展商提供服务。

  本书在写作过程中得到了北京第二外国语学院旅游管理学院会展管理系各位同仁的大力支持，没有他们的帮助，我不可能在短时间内完成书稿的编写工作。同时，也非常感谢南开大学出版社彭海英等老师的大力支持，是她们的辛勤工作才保证本书能顺利出版。

  书中不当之处，还请各位专家读者批评指正。

王起静

2009年岁末

目　录

第一章　绪论………………………………………………………………………1
　　第一节　展览（会）的内涵和本质………………………………………1
　　第二节　展览会的特点……………………………………………………7
　　第三节　展览会的分类……………………………………………………9
　　第四节　展览的功能………………………………………………………14
　　第五节　世界展览产业发展现状和趋势…………………………………18
　　第六节　本书内容框架……………………………………………………25
第二章　展览营销和绩效分析……………………………………………………29
　　第一节　企业展览营销……………………………………………………29
　　第二节　展览营销的优劣势分析…………………………………………39
　　第三节　参展行为对参展绩效的影响……………………………………43
第三章　企业参展决策……………………………………………………………54
　　第一节　企业参展决策过程………………………………………………54
　　第二节　企业参展目的……………………………………………………56
　　第三节　参展需求的影响因素……………………………………………64
　　第四节　选择适合的展览…………………………………………………71
　　案例1　根据市场策略制定参展目的——施耐德的参展选择…………74
　　案例2　IBM的联合指挥中心转向目标展览……………………………75
　　案例3　微软的参展决策机制……………………………………………75
　　案例4　电子行业企业的参展策略………………………………………77
第四章　企业参展计划……………………………………………………………79
　　第一节　参展计划…………………………………………………………79
　　第二节　进度计划…………………………………………………………83
　　第三节　人力资源计划……………………………………………………89

第四节　财务计划 …………………………………………………… 93
　　案例1　水家电企业如何使参展满载归来? …………………………… 96
　　案例2　如何锯掉你的成本 ……………………………………………… 98

第五章　参展商营销——展前、展中、展后 ……………………………… 101
　　第一节　参展商营销的内涵和意义 …………………………………… 101
　　第二节　观众消费行为分析 …………………………………………… 104
　　第三节　展前营销 ……………………………………………………… 109
　　第四节　展中营销 ……………………………………………………… 114
　　第五节　展后营销 ……………………………………………………… 118
　　案例1　高新技术企业的参展营销——Fish公司的捕鱼记 ………… 120
　　案例2　贝尔公司的参展营销策略 …………………………………… 122
　　案例3　棋盘游戏旗开得胜——看Aon展前、中、后营销 ………… 124
　　案例4　小企业的参展策略——"死亡角"的欢乐谷 ……………… 125

第六章　展品、展位和展台 ……………………………………………… 128
　　第一节　展品选择和运输 ……………………………………………… 128
　　第二节　展位和展位选择 ……………………………………………… 132
　　第三节　展台设计 ……………………………………………………… 136
　　第四节　展台搭建和展品展示 ………………………………………… 140
　　案例1　如何展示你的服务产品
　　　　　　——美国展览服务集团（EG）的展示策略 …………………… 148
　　案例2　如何展示高科技产品——Intel的核心技术 ………………… 149
　　案例3　展台与公司一起成长——OM的参展历程 ………………… 151

第七章　参展与公司活动 ………………………………………………… 153
　　第一节　参展与公司活动 ……………………………………………… 153
　　第二节　公司活动的主要类型 ………………………………………… 158
　　第三节　参展和公司活动的结合 ……………………………………… 163
　　案例1　把参展变成办展——GE水科技的战略 …………………… 167
　　案例2　活动营销——奢侈品牌的消费新概念 ……………………… 169
　　案例3　以活动提升品牌——最佳软件公司的合作伙伴会议 ……… 171

第八章　供应商管理 ……………………………………………………… 175
　　第一节　供应商及其类型 ……………………………………………… 175
　　第二节　供应商的选择和开发 ………………………………………… 178
　　第三节　征求信息书（RFI） …………………………………………… 182
　　第四节　征求建议书（RFP） …………………………………………… 188

第五节　供应商关系管理 193
第九章　现场管理与后续工作 196
　　第一节　展期工作管理 196
　　第二节　展后工作 201
　　第三节　后续工作 202
　　案例1　当观众等待时 204
　　案例2　展会上的免费赠品：大头小人偶 206
第十章　参展绩效评估 209
　　第一节　展览绩效的控制系统和绩效维度 209
　　第二节　参展绩效评估的具体内容 214
　　第三节　参展工作总结 219
附　录
　　附录1　国际会展组织、杂志和网络资源介绍 221
　　附录2　专业性展览会等级的划分及评定 225
　　附录3　参展合同 229
　　附录4　国际运输代理的工作准则 232
　　附录5　报关代理的工作准则 235
　　附录6　国内单位出国办展或参展外汇收支管理 238

第一章

绪论

[主要内容]

本章首先介绍了展览会的内涵、特点、分类、功能等基本知识,然后介绍目前世界展览市场的现状和发展趋势,最后给出本书内容基本框架。

第一节 展览(会)的内涵和本质

一、展览(会)的概念

由于目前展览的发展趋势是展中有会、展会结合,因此这里的定义对展览和展览会不加区分。关于展览的定义目前主要有以下几种:

● 《辞海》[①]关于展览(会)的定义为:"用固定或巡回的方式,公开展出工农业产品、手工业制品、艺术作品、图书、图片,以及各种重要实物、标本、模型等,供群众参观、欣赏的一种临时性组织。"

● 《简明不列颠百科全书》对展览(会)的定义是:为鼓舞公众兴趣、促进生产、发展贸易,或者为了说明一种或多种生产活动的进展和成就,将艺术品、科学成果或工业制品进行有组织的展览。

● 美国《大百科全书》则把展览(会)定义为:一种具有一定规模,定期在固定场所里举办的,来自不同地区有组织的商人聚会。

● 有的学者认为展览是指主办者为了一定的目的,提出一定的主题,按照

---

① 上海辞书出版社,1980年版。

主题要求选择相应的展品，在展厅里或其他场所，运用恰当的艺术手法，在一定的材料和设备上展示出来，以进行宣传、教育和交流、交易，具有认识、教育、审美、娱乐作用，又有传递信息、沟通产销、指导消费、促进生产等多方面的功能。

● 还有的学者从系统的角度认为现代展览是由若干相互联系的要素有机构成的一个系统，在这个展览系统中存在着五大基本要素：一是展览会的主体，即展览会的服务对象——参展厂商；二是展览会的经营部门或机构，即专业行业协会和展览公司；三是展览会的客体，即展览会的展示场所——展览馆或展览中心；四是展览市场，即参展厂商获取信息和宣传企业形象的渠道；五是参观展览的观众，即最终的用户和消费者。

● 另外按照系统论的方法可把现代展览定义为：展览是具有法人地位厂商出资，透过展览组织者策划的组织，利用展览这一特定的媒介向市场和消费者显示商品和劳务的信息，以达到一定经济目的的商务活动。这种定义也强调了展览的组织性，但它主要是从贸易性展览的角度来说的，相比以上定义，范围要小。

不同主体对展览理解的重点是各不相同的，对展览主办者来说，展览就是按照社会需求，通过物品（展品）在一定时间、空间条件下的直观展示来传递和交流信息，使观者做出购销决定、进行投资决策，或者从中学习、受到教育的社会服务活动。对参展商而言，他们主要是通过物品的展示吸引观众，与观众进行交流，以实现交易或教育的目的。对观众来讲，他们主要是通过展览所透过的各种信息，实现购买或接受教育的目的。但无论从哪个角度定义展览，一个共同点是展览是为满足人类需要而存在的，这种需要应该是多层次、多方面的。

本书主要研究企业参展问题，主要研究企业如何通过展品的展示，如何通过参展管理达到吸引观众、结识客户、促进销售、达成交易等目的。

二、展览构成要素

虽然目前在理论上还没有给出展览一个权威的统一的定义，但从以上关于展览的多个定义中可以看出，展览是在一定的时间段内，在一定的地点举办的由特定组织者组织的为参展商和观众提供信息的活动。从这个角度来说，一项活动要成为一个展览应该具备以下六个因素：时间、地点、组织者、参展商、观众和信息。

1. 时间

同一般的产品生产和交易活动有所区别的是，一般商品的生产与交易大多在时间上都是呈现"线状分布"的，如衣服、鞋帽等等，每天都在生产，每天都在消费，而展览是以项目的方式出现的，任何一个展览都是经过长时间的筹备，在短短的几天内来实现的，因而展览在时间上呈现"点状"分布[①]。有些展览是一次性的，在时间序列上只出现一个点，但有些展会活动是按照一定的频率经常举办的，如北京每两年举办一次国际汽车展，在时间序列上是众多点的集合。

这里所说的"点状"分布并不是说会展在一个时点上举办，而是相对于一般性产品连续性生产和销售来说，展览的生产和销售是非连续性的，但每个展览也会持续一段时间。展会的规模不同，持续时间也会不同，小型展会一般持续1～3天（一般在周末举办）；中型展会将持续5～7天，如中国北京国际科技产业博览会（原名北京高新技术产业国际周）历时一周[②]，北京国际汽车展历时5天；大型展会将持续10～15天，如广交会持续15天。注册类世博会享有"经济、科技、文化领域内的奥林匹克盛会"的美誉，每五年举办一次，每届持续时间将在半年左右。

2. 地点

展览必须在一定的地点举办，地点也有广义与狭义之分。广义的地点是指在哪个国家或地区举办展会，以及在这些国家和地区的哪座城市举办展会；狭义的地点是指举办展会的具体场所，主要是指举办展览的会展中心等。一个展会一般在一个城市的一个会展中心举办，这样有助于展览现场的管理和展览效果的提高。但有时受限于展览场馆的容量，一些大型的展会也在同一个城市的两个或两个以上的场馆同时举办。如2004年北京国际汽车展就分别在中国国际展览中心和北京展览馆同时举办，这也在一定程度上影响了展览的效果。科博会的展览部分一般在中国国际展览中心举办，但它还有很多会议、论坛部分占用了北京很多会议中心、宾馆和酒店的会议室，如人民大会堂、北京国际饭店、昆仑饭店、钓鱼台大酒店、北京京西宾馆等。可以说，一个科博会几乎占用了了北京所有高星级的酒店、宾馆。

3. 组织者

同一般的群众自发性活动相比，展览是一种有组织的活动。对于一个大型的展会来说，参与展会组织的组织者有多种类型，一般有主办者、承办者、协办者和支持单位等。

---

① 引自《会展经济学》，刘大可、王起静等著，中国商务出版社。

② 在不同的年份，科博会的持续时间略有不同，有时七天，有时六天，还有时举办五天，但都在一周之内，这也是科博会又称国际周的原因。

展会的主办者也是展会的所有权者，展会由谁来主办，展会的所有权就归谁所有。从理论上来讲，任何主体（包括自然人和法人）都可以成为举办展会的主体，但在这里我们只讨论法人作为展会主办主体的情况。展会的主办主体一般有政府、行业协会、高校、科研院所、一般性企业、专门的会展公司等等。

虽然每个会展都有主办主体，但是很多主办主体都不直接参与展会实际的组织、安排和管理工作，而是委托一定的单位来承办[①]。承办单位主要是接受主办方的委托，负责整个展览的组织、安排和管理工作。也就是说，承办单位是实际运作、经营和管理展会的一方。主办方和承办方的关系就像一个企业的股东和经理的关系一样，股东出资成立企业生产产品，但却不实际经营管理企业的生产，经理虽然实际管理企业，但却不是企业的所有者。当然，会展的承办方虽然负责整个展会的管理工作，但这并不意味着展会上的每一项工作或每一项活动都要由承办方来完成。承办方可以将展会上某些活动或项目承包给具有一定资质的企业来完成，这些企业将成为承办方的合作主体或协作单位。

会展产业是一个产业关联性非常强的产业，展览的提供需要会展产业链上各个环节的企业通力合作，共同完成展览的生产或者是会展服务的提供。一般来说，一个展览的完成需要组展商（主办者或承办者）、展台搭建商、展品运输商、展馆运营商、其他服务供应商的共同合作。而展览产业的运营模式通常是由组展商把所有参与服务的法人实体组织在一起，然后向展览的消费者提供产品或服务[②]。

4. 参展商

从理论上讲，一般认为展览的需求者有两类：一类是参展商，另一类是观众。参展商是指在展览会、博览会等会展活动中，提供产品、技术、图片等在一定展会上进行展示的参展主体。参展商之所以参加展览，是因为通过展览可以展示自己的产品，可以宣传自己的企业，可以促进交易的实现等等，因此参展商是对展览是有需求的。从作为展览需求者的这个角度来讲，参展商是独立于展览之外的，也就是说，参展商不应该成为构成展览的要素。

但从观众的角度来讲，观众参观的不是展览本身，而是在展览现场展览展示的参展产品。没有参展商的参与，展览也就不能称其为展览。因此，从观众的角度来看，参展商就构成了展览必不可少的要素。而且参展商的数量和质量决定了一个展览的质量，比如说一个展会的参展商众多，而且有很高比例的参

---

① 主办单位和承办单位也可合二为一，但随着会展产业市场化程度的提高以及分工的深化，主办单位和承办单位的分离也是会展产业运营的趋势。

② 当然，消费者也可在一定程度上选择服务商，比如有的参展商自己选择展台搭建公司或展品运输公司，但其他的服务提供商一般还是由组展商选择，组合成完整的会展产品提供给消费者。

展商来自举办地以外甚至是国外，而且参展商大都是行业内的知名企业，展出的产品也是知名品牌或新推出、新研制出的产品，这就决定了这个展会应该是一个高质量、高层次的展会。这说明，参展商作为展览的一个重要的构成要素，决定了展览的质量。而高质量的展会必定可以吸引到高质量的买家（尤其是专业性的观众），从而使参展商的参展目的尽可能地实现。

5．观众

观众是展览的又一重要消费者，有专业观众和普通观众之分。有些展会只对专业观众开放，而不对普通观众开放，如广交会；有些展会在对专业观众和一般观众之间进行开放时在时间上会有所选择，比如北京国际汽车展持续 5 天，一般在前三天对专业观众开放，而在后两天对普通观众开放。如果单纯地把观众作为展览的需求者来看，观众应该是独立于展览之外的，不能成为构成展览的要素。

但从参展商的角度来看，参展商之所以参加展览，是因为在展会上可以接触到许多买家，这些买家可能是企业原来的老客户，也有可能是企业潜在的客户，因此展会就为参展商提供了一个巩固老客户、结识新客户的平台。从这个层面来看，参展商作为需求者对于展览的需求也不是展览本身，而是观众，因此相对于参展商来说，观众也是展览必不可少的构成要素，因为如果没有观众的参观、购买或欣赏，参展商参加会展就没有任何意义，也就不会对展览产生需求。而且观众的数量和质量也在一定的程度上决定了展览的质量。如果一个展会上的观众数量众多，尤其是专业观众所占的比例很高，而且专业观众都是一些大的采购商，专业观众代表在所在单位或机构的职位都较高或较特殊，对采购具有很大的决策权或很强的影响力，那么这个展会应该可以吸引到更多的参展商，这个展会也应该是一个成功的展会。

可以看出，参展商作为展览的构成要素是相对于观众来说的，而观众作为展览的构成要素是相对于参展商来说的。参展商和观众同是展览的需求者，又在一定的条件下成为展览的构成要素，可见参展商和观众对于展览的需求的实质应该是二者之间的互为需求。

6．信息

信息可以说是展览的灵魂。参展商参展是为了获取观众的信息或同行业其他厂商的信息，观众参加展览是为了获得参展产品的信息，媒体参展是为了寻找有价值的信息和新闻点，组展商组织展览是为了给参展商和观众提供一个交流信息的平台。

在展览中，信息有多种多样，有产品信息、产业信息、资金信息、技术信息、思想和政策信息。如每年在科博会上，除了寻找技术和资金以外，参展商和观众还有一个重要的目的，就是寻找思想和政策信息。科博会每年都有几十场论坛和主题报告会。每年都有几十位副部级以上的领导在论坛或报告会上发表演讲，由于政界人士的参与，中国科技产业和经济发展政策走向的信息都会成为与会者捕捉的目标。

三、展览会的本质

1. 展览市场是典型的双边市场

双边市场是一种现实或虚拟空间，该空间可以导致或促成双方或多方客户之间的交易。现实中有很多双边市场的例子，如银行卡，它为商家和消费者提供了交易的平台。除此之外，双边市场还包括许多其他产业，如电信业，互联网站、购物中心、媒体广告等，它们涵盖了经济中最重要的产业。展览也是一种非常重要的双边市场，它为参展商和观众提供了交易和交流的平台。双边市场的存在是广泛的，它们在现代经济系统中具有越来越大的重要性，成为引领新经济时代的重要经济体（Rosen，2004）。展览作为一类非常重要的双边市场，具备双边市场的一般性质和运作规律，双边市场理论能够为展览业研究提供坚实的理论基础。

双边市场涉及买方、卖方和第三方（平台方），对于展览这个特定的双边市场来说则涉及观众、参展商和展览交易平台。参展商和观众作为会展产品的两类消费者，存在互为需求对象的关系。参展商需求展会主要是为了获得更多的观众或客户商，而观众需求展会是为了看到更多的参展产品或参展商。可以说，没有观众就没有参展商，没有参展商也就没有观众。参展商需求会展产品主要出于以下几个动机：销售产品，树立、维护形象，调查、了解市场，推出新产品或新服务，建立并巩固客户关系。观众分为专业观众和普通观众，观众对于会展产品的需求主要出于以下动机：购买，了解新产品、新服务，欣赏。专业观众是展览的重要消费者，他们参加展览更主要的目的是购买，是参展商更加关注的消费者。

要创建一个双边市场，必须解决"鸡与蛋"的动态博弈问题（Caillaud and Jullien，2003）：要说服买家采用某个平台，就必须说服一部分卖家，而且使他们相信一定会有买家参与市场，反之亦然。大多数双边市场的理论研究都假定市场处于一种理性的预期均衡，双边用户同时进入，从而回避了"鸡与蛋"谁先谁后的问题。但事实上，大多数双边市场中一方比另一方更早介入市场，如在展览市场上，有时参展商比观众更早进入，因此展览运营的一个根本性问题是能否有能力影响参展商对于未来交易量和外部性的预期；但有时观众尤其是专业观众会更早进入，专业观众的进入会直接影响到参展商进入的数量和质量。

2. 展览市场的网络外部性

双边市场是具有某种网络外部性的市场,当在某一特定市场上一个消费者的效用(通常是正向的)依赖于相同产品或服务的消费者总量时,就存在网络外部性。从某种意义上来说,一般的双边市场的网络外部性并不取决于相同客户群体的消费状况,而是取决于相异但又相容、处于市场另一方客户群体的消费状况。换句话说,在决定采用平台的过程中,平台上对应的另外一方的网络规模就是一种质量参数。双方(或多方)在一个平台上互动,这种互动受到特定的网络外部性的影响,其突出表现在:平台上卖方越多,对买方的吸引力越大;同样,卖方在考虑是否使用这个平台的时候,平台上的买方越多,对卖方的吸引力也越大(徐晋、张祥建,2006)。

展览平台作为典型的双边市场也具有显著的外部性,但与一般的双边市场所不同的是,这种外部性表现为:展览平台上的一方的效用不仅取决于相同客户群体的消费状况,而且取决于相异但又相容、处于市场另一方客户群体的消费状况;同时展览平台上的一方的效用不仅取决于双边消费者的数量,还取决于双边消费者的质量。也就是说,在展览这个特殊的双边市场中,消费者在做是否参加展览的决策时,同边消费者和另一边消费者的数量和质量都将成为参展决策的影响参数。正是因为展览具有这样的网络外部性,参展商在做参展决策时一般要考虑几个非常重要的因素:一是参展商的数量;二是参展商的质量,衡量参展商质量的指标主要有国外参展商比例,国内其他地区参展商比例,行业内知名企业的比例;三是观众的数量,即展览平台对参展商的承诺,可以吸引到多少观众;四是观众的质量,衡量观众质量的指标主要有专业观众的比例、采购商的购买能力、作为采购商代表的专业观众在所在企业中的职位和影响力、普通观众的收入水平等等。

第二节 展览会的特点

展览会作为一种服务产品,既与制造业产品有所不同,也与一般的服务性产品有所区别。认识展览会的特点对于理解展览会的功能以及企业如何参加展览具有重要意义。

一、供给主体的多元性

展览会的主办主体一般有专业会展公司、行业协会、政府、高校、科研院所、一般性企业等等,这说明展会的供给主体是多元的。在市场经济环境下,展会活动的主体应该是专业的会展公司。行业协会作为联系政府和企业的桥梁，拥有众多行业内部的企业作为会员单位。行业协会的职能决定了它非常了解行业内企业的需求，因此由行业协会举办的展会通常有众多的企业参展。从世界范围来看，行业协会也是展览会重要的供给主体。政府一般来说会组织一些公益性展览会，如反法轮功教育展、建国成就展等。当然，除了一般的公益性展会，政府也可能会主办一些商业性展会。

二、消费主体的二元性

展览会的消费主体有两类：一类是参展商，一类是观众。参展商和观众作为会展产品的两类消费者，存在互为需求对象的关系。参展商需求展会主要是为了获得更多的观众或客户商，而观众需求展会是为了看到更多的参展产品或参展商。可以说，没有观众就没有参展商，没有参展商也就没有观众。

由此可见，展览是一种典型的双边市场，具备双边市场的一般性质和运作规律。双边市场的存在是广泛的，它们在现代经济系统中具有越来越大的重要性，成为引领新经济时代的重要经济体（Rosen，2004）。双边市场是一种现实或虚拟空间，该空间可以导致或促成双方或多方客户之间的交易。

三、生产和消费同步性

展览是一种服务产品，具有一般服务产品的特点，即生产和消费具有同步性。虽然展览会的前期准备时间很长，但真正举办展览的期间只有几天（世博会除外）。在展览举办期内，展览组织者通过有效地组织服务提供商、参展商和观众，从而为参展商和观众提供展览服务。

四、消费的同时同地性

展览不仅生产和消费同步进行，而且展览的消费属于一种集体性消费，这是展览区别于一般产品的一个非常显著的特点，也是因为展览产品的消费具有非排他性特点。比如，消费者购买食品、服装等产品或购买理发、金融等服务产品时，一般是在不同的时间或不同的地点消费。一般来说，一个人的消费效果不会影响其他消费者。而对于展览来说，由于它有两类消费者，参展商和观众是在同时、同地消费的，而且两类消费者的消费效果是相互影响的。如果有更多的参展商来参展，就会吸引更多的观众来观展，观众的消费效果就有保证；如果有更多的观众来观展，展会就会吸引更多的参展商来参展，那么参展商的参展目的就更容易实现。这是由于展览作为一类双边市场所具有的网络外部性决定的。

双边市场是具有某种网络外部性的市场，当在某一特定市场上一个消费者的效用（通常是正向的）依赖于相同产品或服务的消费者总量时，就存在网络外部性。展览平台与一般的双边市场所不同的是，其网络外部性表现为：展览平台上的一方的效用不仅取决于相同客户群体的消费状况，而且取决于相异但又相容、处于市场另一方客户群体的消费状况；同时展览平台上的一方的效用不仅取决于双边消费者的数量，还取决于双边消费者的质量。也就是说，在展览这个特殊的双边市场中，消费者在做是否参加展览的决策时，同边消费者和另一边消费者的数量和质量都将成为参展决策的影响参数。正是因为展览具有这样的网络外部性，参展商在做参展决策时一般要考虑几个非常重要的因素：参展商的数量、参展商的质量、观众的数量、观众的质量。

五、信息集聚性

展览在确定的时间和地点可以使信息集中，尤其是在贸易展会上，能使产品得到充分的宣传、展示，其直观性、艺术性、宣传力得以充分体现；能集合众多的买家和卖家进行互相交流，集中时间，批量购销，既沟通了信息，又实现了商品的购销，从而大大降低了经济活动中的交易费用。在大多数交易会、展销会和贸易洽谈会上都能签署一定金额的购销合同，以及投资、转让和合资意向书。正是因为展览具有很好的信息集聚性的特点，能够为消费者提供大量的有用的信息，才出现了大量的展览需求，使展览业在近些年来飞速发展。

六、产业关联性

展览具有很高的产业关联性，需要多种产业相互协调、密切配合才能完成。包括与展览直接相关的部门和行业，有展会活动的策划与组织部门，会展中心的经营管理部门，以及直接服务于会展活动的交通、旅游、广告、装饰、边检、海关以及餐饮、通信和住宿等部门。一方面，展览的发展需要交通、旅游、通讯、运输等行业提供及时的配套服务；另一方面，举办大规模的展览时，也是这些配套环节生意最好的"黄金季节"。

第三节 展览会的分类

一、根据展览的目的，展览会可分为宣传类展览会、贸易类展览会

宣传类展览会是以宣传、教育、鼓动为目的的一种展览形式，如反走私展、

反法轮功邪教展、精神文明展、反腐败成果展、改革开放成就展、先进模范人物事迹展等等。宣传教育类展会通常不以赢利为目的，不是本书研究的重点。

贸易展是以促进交易为目的的一种展览形式，如商品交易方面的"广交会"，科技项目交易方面的"高交会"，招商引资方面的"中国投资贸易洽谈会"、"哈洽会"、"乌洽会"等；贸易展分为综合性贸易展览会和专业性贸易展览会。广交会已成为中国目前规模最大、商品种类最齐全、层次最高的综合性国际贸易盛会。专业性展览主要集中在各个行业，例如房展、汽车展、珠宝展、服装展、建材展、医疗设备展、家具展等等不胜枚举。

二、根据展览的内容，展览可分为综合展、专业展

综合展中展览的内容包括人类一切文明进步的成果，涉及工业制造、自然地理、人文历史等等方面。如上海工博会、杭州西湖博览会等等。世界上规模最大、范围最广的综合展是世界博览会。

中国会展业首个行业标准《专业性展览会等级的划分及评定》对专业性展览会的定义是："在固定或规定的日期和期限内，由主办者组织、若干参展商参与的通过展示促进产品、服务的推广和信息、技术交流的社会活动。"专业展览会具有鲜明的主题，主要展出某一行业或同类型的产品，如汽车展、食品展等等。一般来说，专业展比综合展的规模要小。目前，专业展有取代综合展的趋势，越来越多的综合展按照展品的不同拆分成不同行业的专业展。比如德国著名的计算机通信网络展（CeBIT）就是从汉诺威工业展览会这个综合类展会中分离出来的。

资料 1-1 国际展览联盟关于展览的划分

国际展览联盟（UFI）把展览会分为综合展、专业展和消费展，具体分类如下：

A 综合性展览

A1 技术与消费品展览会

A2 技术展览会

A3 消费品博览会

B 专业性展会

B1 农业、林业、葡萄业及设备

B2 食品、餐馆和旅馆生意、烹调及设备

B3 纺织品、服装、鞋、皮制品、首饰及设备

B4 公共工程、建筑、装饰、扩建及设备

B5　装饰品、家庭用品、装修及设备
B6　健康、卫生、环境安全及设备
B7　交通、运输及设备
B8　信息、通讯、办公管理及设备
B9　运动、娱乐、休闲及设备
B10　工业、贸易、服务、技术及设备
C　消费展览会
C1　艺术品及古董
C2　综合地方展览会

三、根据行业，展览会可以划分为轻工行业展、石化行业展、纺织行业展、建材行业展、房地产行业展以及服务、医疗、能源环保、机电、体育等等各行各业的专业展览会

可以说，有什么样的行业就有什么行业的展览。随着我国经济的飞速发展和产业结构的不断调整，以及人们生活水平的不断提高，能够反映未来产业结构和需求结构调整方向的展览越来越多。这也说明了展览的发展和产业的发展以及需求结构的调整是密不可分的。

我国有很多知名行业展会都获得了国际展览联盟（UFI）[①]的认证，在中国乃至世界都享有盛誉。如中国国际机床展览会（CIMT），它是世界四大机床名展[②]；再比如中国铸造展（METAL CHINA），是中国唯一获得国家批准长期定期举办的国际铸造展览会，也是继德国杜塞尔多夫冶金、铸造展（METEC、GIFA）之后的世界第二、亚洲最大的热加工及铸造展览会。还有北京国际印刷技术展览会被誉为世界六大印刷展之一，它是中国规模最大的印刷展览会，也是第一个经过国际博览会联盟认证的中国展览会，并被世界印刷业所认可。

四、根据参展商是否全部来自一国，展览可分为单国展和国际展

单国展是指参展商和观众全部来自一个国家，或者即使有一些参展商或观众来自国外，但还没有达到国际展对外国参展商和观众所占比例的要求的展览。

[①]国际展览联盟成立于1925年，是博览会与展览会行业最有影响的世界性组织，一旦博览会名称与UFI联系在一起，即被认为是高品质的象征。截至2006年底，获得UFI认证的中国内地展会有43个，港澳地区有16个，台湾地区有3个。

[②]其他三大国际机床展分别是：美国芝加哥国际制造技术展览会（IMTS）、欧洲国际机床展览会（EMO）、日本国际机床展览会（JIMTOF）。

国际博览会联盟规定具备以下条件之一的就可称"国际展览会":(1) 20%以上的参展商来自国外;(2) 20%以上的观众来自国外;(3) 20%以上的广告宣传费使用在国外[1],如北京国际汽车展、美国拉斯维加斯的国际消费电子展(CES)等等[2]。一般来说,国际展聚集了来自世界各个国家的参展商和观众,信息量更大,规模更大,影响更大,给参展商和观众带来的收益更多。当然,参展商也不可一味地追求参加国际展,因为展览是企业一种营销手段,展览类型的选择与企业的营销战略、目标市场都有密切关系,盲目地选择国际展未必能给企业带来真正的收益,而且企业还会因此而支付高额的参展费用。

五、根据展览举办的地域不同,展览可分为国内展和出国展

以我国为主体,国内展就是指在我国境内举办的各种类型的展览,即包括单国展,也包括国际展,还包括来华展。来华展是指由外国企业、机构或其他实体主办,但举办地在我国的展览。如1953年由贸促会接待的德意志民主共和国工业展览会就是一个典型的来华展。随着我国经济的飞速发展和市场容量的不断扩大,越来越多的会展业发达国家展览主办者都把本国发展的比较成熟的展会移植到中国举办,以占领中国巨大的消费市场。如CeBIT asia就是由德国汉诺威公司主办、举办地在上海的一个来华展。

出国展是指由组展单位组织参展企业参加国外经济贸易展览会主办者主办的展览或者主办举办地在国外的展览。2006年6月18日正式实施的新《出国举办经济贸易展览会审批管理办法》对出国办展行为做出了具体定义:符合办法规定的境内法人("组展单位")向国外经济贸易展览会主办者或展览场地经营者租赁展览场地,并按已签租赁协议有组织地招收其他境内企业和组织("参展企业")派出人员在该展览场地上展出商品和服务的经营活动。同时特别指出,境内企业和其他组织独自赴国外参加经贸展览会(即企业和其他组织自行出国参展)以及赴我国香港、澳门、台湾地区举办、参加经贸展览会不是中国贸促会审批管理工作的管辖范围。

六、根据展览方式的不同,可以把展览分为实物展览和网络展览

伴随着实物展览的快速发展,网络展览的发展速度也越来越快。一方面,实物展总是在一定的时间、一定的地点举办,参展商和观众会受到时间、空间

---

[1] 国际展览局在其公约中规定有两个以上国家参加的展览会都可以称作"国际"展览会,没有具体规定国外参展商和观众的比例。本书中采用国际博览会联盟的定义。

[2] 目前,在我国经常会有一些展览组织者为了吸引参展商和观众参展,不管所举办的展览是否符合国际展的标准,都冠以"国际"的名称,这极大的损害了参展商和观众的利益。

距离的制约。另一方面，各地同类型展览越来越多，要在各地参展，在人力、物力、财力各方面都有越来越强的约束。而网络展览可以使全球各地的潜在买家随时随地参观展品、了解厂商、传递订购意愿，弥补了传统展览会在时间、地点上的局限，开辟面向全球市场的渠道，拓展了目标市场。而且参加网络展览也可以相应地节省参展和观展的成本。

虽然近年来的新技术，特别是电子技术、网络技术的发展，使得网络展览以较快的速度发展，但是不能因此而盲目夸大网络展览的作用。因为传统展览除了解产品和信息的功能之外，还有人际交流功能、交易功能、洽谈功能，观众还可以直接触摸展品，这些功能是网络展览所无法代替的。从长远来看，网络展览前景不可限量，但目前只是实物展览的补充和配角。随着信息技术和电子商务的进一步发展，网络展览有望后来居上，成为现代展览业的主体。

资料 1-2　英国展览业协会的展览会分类标准

1. 服务业及相关行业：工商广告，娱乐业，银行业，图书，商用设备，会议设备及服务，教育，印刷业，旅游业，零售业；
2. 农业、畜牧业、林业及渔业：农业，渔业，林业，园艺，烟草业；
3. 烹调、食品生产及加工、饮料：烹调，食品加工，酒；
4. 汽车、飞机、船舶及防务：航空，汽车，自行车，摩托车，航海，防务；
5. 服装、纺织品、鞋：服装，针织品，纺织品，鞋；
6. 艺术品、嗜好品、娱乐、体育用品：古董，仿古家具及附属品，艺术，手工艺品，露营，音乐，表演业，电影院，戏院，宠物，宠物店设备，集邮，运动，游泳池；
7. 广播、计算机、电子、电信：广播，计算机，电子，摄影；
8. 建筑、施工、采矿、公共服务：空调设备、供暖设备、铅管材料、冷藏设备、卫生设备、换气设备，建筑，采矿，公共服务；
9. 工业化工：工业化工，玻璃艺术，陶瓷；
10. 维修、保养、保护、保卫：清洁、防火、健康与安全、工业保护、职业健康、政策、保卫；
11. 药品、保健、制药：保健，矿泉疗法、顺势疗法，制药；
12. 家庭生活方式：美容品，装饰，母亲与孩子，家庭用品，礼品；
13. 工业制造：工程技术，材料处理，分包，技术转让；
14. 能源、电力、水：电力和能源供应，水供应；
15. 综合贸易博览会；
16. 国际博览会。

第四节 展览的功能

一、展览的经济功能

展览作为一个飞速发展的行业，具有强大的经济功能，如产品展示、企业营销、信息传播、产业联动等等。这里对展览经济功能的分析是从一个相对宏观的角度来分析的，后面的内容会更加深入地分析企业参展的目的和动机。

1. 产品展示功能

展览最大的功能在于促进交易，因为绝大部分展览都是以企业为参展商、以专业买家为观众的，这是一个买卖双方面对面直接沟通的过程。展览在同一时间、同一地点将某一行业中最重要的生产厂家和购买者集中到一起，这种机会对于买卖双方是难得的机会。因此，可以说展览是一种立体的广告，为展商提供了一个充分展示自己产品的机会，使客户充分增进了对产品服务的了解。所以，市场经济越是发达的地方，对交易的需求就越旺盛，从而希望参展与观展的人就会越多，会展市场也就越发达。

参展商借助于会展这个信息交流平台，充分展示、推销自己的产品，巩固老客户，培植新客户，流通环节中的各种复杂的中介过程被一次简单的展览全部或大部分替代，商品的流通过程明显加快。许多工商企业正是借助展览这个渠道，向国内外客户试销新产品，推出新品牌，同时通过与世界各地买家的接触，了解谁是真正的客户、行业的发展趋势如何，最终达到推销产品、占领市场的目的。美国贸易展览局曾做出的一份调查显示：制造业、通信业和批发业中，三分之二以上的企业经常参加各种会展；金融、旅游、保险等服务性行业虽然只能展示资料和图片而无法展示出有形产品，但依然有三分之一以上的公司将展览会视作主要的产品推介手段。

2. 企业营销功能

参展商是展览的主要消费者，企业之所以选择参展，一个非常明确的目的就是想通过会展这种形式将自己的商品销售出去。为此，参展企业会制定各种战略和战术为自己的商品做宣传，以吸引消费者的眼球。许多新开发出的新产品也都希望通过展览这个平台推向国内外市场。

在展览活动中，销售人员比平时更有机会面对面地联络老客户、结识新客户、发现潜在客户，这些顾客为了购买或收集足够的信息而做出购买决策。一项调查表明，79%的展会观众认为受展出产品影响有购买欲望，44%计划购买产品，77%表明他们对于在展会上看到的产品感兴趣。展览的这种功能具有惟一性、时效性和前瞻性，是展览作为市场营销工具区别于其他市场营销方式不可替代的最重要特征之一。

3. 信息传播功能

一个知名的会展实际上就是一次行业年会，是某一行业或某一领域的相关人士定期集聚、了解行业发展状况、研究行业发展方向的机会、场所和平台，从行业协会到产业链的各个环节均被聚集在一个时空里，人们希望通过参加这样的行业会展，了解行业的发展趋势或者潜在的发展趋势，通过商品、信息、资金、技术供需双方面对面的交流，引导行业发展潮流，扩展行业发展空间，提供市场机会，促进要素流动，从而发挥市场配置资源的基础性作用。展览业因而被誉为"行业发展的风向标"，对行业及企业的发展具有重要意义。

现代社会是一个"信息社会"，无论从事何种行业，人们都需要在获取一定信息的情况下做出正确的决策，人们需要了解同行在干什么、竞争对手在干什么。信息的畅通不仅仅加剧了竞争，同时也加剧了分化，因为大家相互了解并不是为了相互模仿，而是希望发掘尚未被别人占据的特定市场，以求开发新的领域。

与其他信息传播的媒介相比，会展活动的信息传播具有以下特点：

第一，信息的聚集性。 会展活动的利益相关者群体中，参展商有参展商的立场观点，专业买家亦有各自的购买倾向，而主承办方正是采取"一手托两家"的策略将二者利益兼顾。由此不难看出在展览期限内，主承办方、参展商、观展商都在不约而同地聚集和传播着与自己相关的信息，从而在客观上形成了业内信息短期集聚的局面。作为商品的买卖双方，直接进行互动式交流，容易产生合作的思想基础，对于携带同类或相近商品的参展商们，宛如同台打擂，一决高下。而为他们提供这一信息聚集平台的正是会展。

第二，信息交换的经济性、便利性。 会展活动中，参展者、观展者、行业协会以及政府相关行业的主管部门集中在展会期间内通过现场观摩、产品展示、经贸洽谈、高层论坛等方式，大大减少了个别利益相关者的信息搜寻成本和谈判成本，从而以一种类似于信息批发交换的方式，加速了业内信息交换的速度，降低了交易成本和交易偏差。企业通过倾听广大消费者的呼声和广大用户的意见及建议，以及与其他企业之间的相互交流，取长补短，为自己产品的改进和技术创新创造了良好的条件。

第三，信息传播的相对有效性。 由于绝大多数会展活动参与者都是本行业相关的企事业单位、行业上下游的专业买家、行业协会以及政府主管部门、潜在的市场进入者等等，所以参展企业在会展活动期间所搜集到的信息相对于其他营销推广方式，比如电视广告、街头推销活动而言，具有相对的有效性。因为这些信息会被与会各方快速地、大规模地分享,并可获得来自各方面的即时反应,从而最大限度地实现了信息资源的利用效能。

4. 产业联动功能

会展活动在举办的过程中,其举办城市要进行一系列的宣传、组织工作,开展多层次、宽领域的合作,从而形成了以会展活动为核心的"同心圆"式的经济圈。也就是说会展产业的变化会沿着不同的产业关联方式,引起与其直接相关的产业部门变化,并且这些相关部门的变化又会导致与其直接相关的其他产业部门的变化,影响力依次传送。

会展业的发展除了可以为自身带来巨大收益外,还有极强的经济连动性。也就是说,它是对相关产业带动能力极强的产业。国际上对此有1∶9(许多发达国家已经达到1∶10)的说法,即一次成功的会议或展览所带动的相关产业,如交通、住宿、餐饮、购物、娱乐、旅游等的产值约为其本身收入的9倍。而且这种带动作用还能使产业结构的发展沿着第一、二、三产业优势地位顺向递进的方向演进;顺着劳动密集型产业、资本密集型产业、技术(知识)密集型产业分别占优势地位的方向演进,使城市的产业结构向着更加合理化和高度化的方向发展。当然,此处说的带动系数在不同的国家和地区是不同的。从理论上讲,市场经济越发达,会展产业发展水平越高,专业化分工程度越高,会展业的产业带动系数应该越高。

资料1-3 会展业的带动作用

据香港贸发局数据资料,2002年,香港国际展览业创造的产值为73亿港元,其中除19亿港元来自会展业自身外,其余54亿港元都是会展业拉动所致。这54亿港元收入中包括酒店业、餐饮业、运输仓储业、零售业及劳动保险部门的收入所占比例分别为26%、10%、17%、23%和4%,可见2002年香港会展业对这些部门的带动作用之大。另据德国著名研究所的有关资料,2001年,德国展览业总体经济收益达230亿欧元,其中间接生产效益为130亿欧元,创造了25万个就业岗位。另据对日本筑波世界博览会的研究,1974年筑波世博会使宾馆/汽车旅馆、餐饮业和电影/娱乐设施三个产业获得高于正常期望的增长,其中增长最高的一个产业电影/娱乐设施所得到的经济影响比预测值高出165.8%(见表1-1)。

表 1-1　1974 年日本筑波世博会的经济影响

产业名称	经济影响程度（百万美元）	经济影响比预测值上涨（%）	影响百分比（%）
宾馆/汽车旅馆	7.5	67.0	5.4
餐饮业	15.9	35.5	11.4
电影/娱乐设施	19.4	165.8	13.9

资料来源：克劳德·塞尔旺、竹田一平著.国际级博览会影响研究.上海：上海科学技术文献出版社，2003。

二、展览的社会功能

展览不仅具有重要的经济功能，还具有强大的社会功能，如促进就业、提升城市知名度、加快城市建设、传播新观念、普及科学知识等等。这里我们对展览的社会功能简单阐述，因为涉及企业参展问题，经济功能更重要一些。

促进就业功能。前面已经分析过，展览业的发展能带动大量相关产业的发展，而相关产业的发展必然会为城市创造出许多就业机会。据国际展览联合会的测算，会展场馆每增加 1000 平方米，就会给社会带来近百个就业机会。展览业作为服务业的重要组成部分，是劳动密集型产业，绝大部分是以劳务形式体现的，与现代化程度的工业企业相比，展览业的发展可提供更多的就业机会。1996 年汉诺威世界博览会就为当地居民创造了 10 万个就业机会。

提升城市知名度功能。日益增多的展览活动，不仅为企业带来了新的机遇，也为展览举办地带来了知名度的提升。以德国为例，国际上具有领先地位的博览会约有三分之二在德国举行，而德国举办博览会的城市就多达 20 多个，其中地处德国东部的汉诺威展览会就因此而享誉世界，它拥有世界上最大的展览场地，总占地面积达 100 多万平方米，是世界展览会的发源地，已有 800 年举办展览的历史。值得一提的是，该城市在第二次世界大战期间有大半个城市毁于战争，但很快由于它成功地举办了汉诺威国际博览会而从战争创伤中恢复过来，并成为全球知名的"世界展览之都"。展览在给汉诺威带来财富的同时，也大大提高了自己的城市形象。

推动城市建设功能。举办展览尤其是大型的国际展览，对于举办城市经济实力、环境、交通和服务设施是一个很大的挑战。举办城市在取得大型国际展览举办权之后均投入大量资金进行市政建设的完善，为城市建设带来了巨大的发展契机。有专家认为，1 美元的场馆建设投资，将拉动 5~10 美元的城市基础设施配套建设。例如，2010 年"世博会"将带动近千亿元资金用于城市基础设施建设。又如，第六届世界华商大会在南京召开，就大大推进了城市建设的速度，市政府投资了 90 多亿元进行城市规划、建设，使南京市的城市建设、经济水平都切切实实地上了一个新的台阶，也正是大会的召开，向全国、全世界展示了南京拥有国际化一流的展览载体，展示了南京市经济、文化、科技等各项水平，展示了城市对外开放的水平，提升了南京市的国际知名度。再如，1999年在昆明举办的世界园艺博览会，仅建馆就投资 16 亿元，对 218 公顷的世博园区及相关设施的投资总计超过 216 亿元，相继建成近 20 家星级饭店，新建和扩建城市街道 690 条，建成 20 多座立交桥和 10 座人行天桥，提前 10 年到 15 年完成了昆明市城市网络规划。

展览还有很多其他社会功能，在此不一一详述。

第五节 世界展览产业发展现状和趋势

一、世界展览产业的发展现状

从世界范围来看，欧洲和北美是会展产业发达地区，主要以德国和美国为代表。亚洲作为会展产业新兴的地区，主要以中国为代表。

1. 欧洲

欧洲是世界会展业的发源地，世界上第一个样品展览会是 1890 年在德国莱比锡举办的莱比锡样品展览会。经过一百多年的积累和发展，欧洲已成为当今世界上整体实力最强、规模最大的会展经济发达区域。在这一地区中，德国、意大利、法国、英国都是世界级的会展经济强国。以下以德国为例，简要分析欧洲会展业的发展概况。

德国地处欧洲中心，交通便捷，位居世界展览国家之首。德国每年举办的国际性贸易展览会约有 130 多个，净展出面积 690 万平方米，参观商逾千万，参展商 17 万家，其中有将近一半的参展商来自国外。世界上最重要的 150 个专业展览会中有近 120 个都在德国举行。按营业额排序，世界十大知名展览公司中，有 6 个是德国的。在展览设施方面，德国也称得上是头号世界会展强国。德国现拥有 23 个大型展览中心，其中超过 10 万平方米的展览中心就有 8 个，另外还有 5 个展览中心展出面积超过 5 万平方米。德国的汉诺威、法兰克福、慕尼黑、杜塞尔多夫等都是国际著名的展览城市，它们都把展览作为支柱产业加以扶持。

德国的展览会无论对参展商还是观众都提供非常优质的专业化服务。虽然德国的展馆规模较大，但无论其设施还是服务，都非常方便。更为难得的是大多数展览会在结束之后，参展商仍能够收到展览会的统计和分析资料等，充分体现了德国人认真严谨的工作作风。这是德国展览会之所以具有吸引力的重要原因。有统计资料显示，大多数德国企业认为参加展览会对提高公司知名度、展示创新产品、收集信息等方面的作用优于其他任何方式。正因为如此，才导致德国展会受到全球的注目。德国有跨地区影响力的展览会中，平均国外参展商的比例达到48%，专业观众中国外观众比例平均比例达到了25%。

2. 北美

北美的展览业虽然总体不及欧洲，但美国和加拿大在展览领域同样占有非常重要的地位，这两个国家合计每年举办的展览会近万个。其中，净展出面积超过5000平方英尺(约为460平方米)的展览会约有4300个，净展出面积5亿平方英尺(约4600万平方米)，参展商约120万，观众近7500万。举办展览最多的城市是拉斯维加斯、多伦多、芝加哥、纽约、奥兰多、达拉斯、亚特兰大、新奥尔良、旧金山和波士顿[①]。

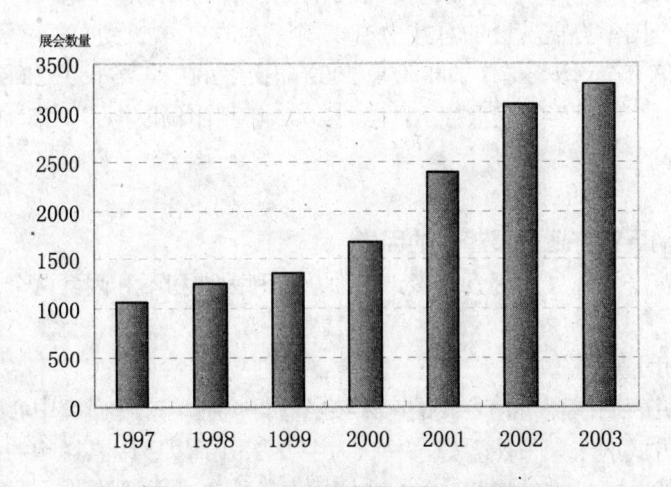

图 1-1　中国展览会数量增长状况统计图

资料来源：2001~2003 年的数据来自《中国展览业发展现状白皮书》(2004)，商务部国际贸易经济合作研究院内部资料。1997~2000 年的数据来自中国会展网（www.expo-china.com）。

3. 亚洲

亚洲会展经济的规模仅次于欧美，高于拉美和非洲。东亚的日本、中国及中国香港地区、西亚的阿联酋和东南亚的新加坡、泰国，或凭借其广阔的市场

---

① 走进世界会展经济，资料来源于新华网（www.xinhuanet.com）。

和巨大的经济发展潜力，或凭借其发达的基础设施、较高的服务业发展水平、较高的国际开放度以及较为有利的地理区位优势等，已经成为亚洲地区具有代表性的"展览大国"。

同欧美地区的展览业相比，亚洲地区的展览业目前尚处于弱势。不过，亚洲地区近年展览业的增长势头已经远远超过欧美，并引起了展览界人士的高度关注。据总部设在巴黎的全球会展业联盟的数据显示，国际会展产业尤其是欧美国家的会展产业，近些年出现了萧条迹象，参展商和参观人员的数量都急剧下降。与此形成鲜明对照的是，美国《商业周刊》曾发表文章指出，在全球会展业近年来一直走下坡路的背景下，以中国为代表的亚洲会展业的兴起，给全球会展组织者带来了希望。全球会展业联盟也预测，伴随着亚洲经济的蓬勃发展和亚洲人口的快速增长，亚洲有望成为世界最大的会展市场[①]。

20世纪90年代以来，中国国展览业发展迅速，年均增长速度达到20%以上。图1-1形象地显示了1997年至2003年间中国展览会数量的基本增长状况。从图1-1可以看出，1997年以来中国举办展览会的绝对数量一直呈现正增长态势，1997年全国举办展览会的总数为1063个，2003年增长到3298个，比1997年增长了两倍有余。增长最快的年份是2002年，比2001年增长了28.82%，2003年虽然遭受到"非典"的沉重打击，但同2002年相比仍取得了7.25%的增长幅度。

二、影响展览产业发展趋势的因素

影响展览产业发展的因素众多，下面从有利因素和不利因素两个方面来分析。

1. 有利因素

理论研究表明展览营销方式的未来依然看好。展览产业研究中心（CEIR）对展览营销方式的未来依然看好，并认为主要是由于以下因素影响的：第一，面对面营销的重要性继续增强。由于直接的电话销售成本持续上升，相比来看，展览则为接触消费者提供了更为有效的场所；第二，拥有2/3的贸易展览会的协会组织继续保持成长态势。展览会是协会为其会员提供服务的重要组成部分，同时也是协会收入的重要来源；第三，大型展览不断分离出小型展览会和纵向的专业展，以满足营销人员获得更准确目标市场的需求；第四，展位需求持续增加。展览产业研究中心（CEIR）关于2000年展览产业的调查估计，18%的展览可以把展位售完，而且还有很多潜在的参展商等待参展。这说明参展商对

[①] 会展业发展空间不断扩大，新华网（www.xinhuanet.com）。

展览的需求是比较旺盛的。第五，商业活动能够吸引到比以前质量更高的观众。2001年有一项研究表明，53%的执行总裁表示他们将会在一年内参加3~5个展览。而且所有展览中84%的观众表示他们在公司中具有决定采购的权力。

2．不利因素

在过去的一段时间里，商业活动产业遭遇了一些困难。公司和协会继续保持合并态势，这导致潜在参展商和赞助商的数量都在减少。很多企业的差旅预算倾向于大幅度削减，国际旅行安全近年来也成为一个重要问题。随着互联网的到来，有人担心网络会议可能会替代面对面的聚会，虽然这种情况实际上并没有出现。

近些年来，随着对商业活动绩效衡量标准的要求更加严格，以及对合理化预算的压力逐渐增强，对于活动产业最大的挑战在于参展商很难证明商业活动对公司财务的价值。研究表明，公司把18.6%的营销预算花在了参加展览和相关活动中。如果参展项目的管理者无法证明参加展览是值得的，或者无法对参展绩效进行恰当的评估，那么公司原本用于活动的营销预算将会转向其他看起来更有效率的活动。本书所要解决的正是这个问题。

参展项目经理承担着很多展览组织者的责任，如选择地点、安排观众注册、邀请演讲者、安排会议内容和所有的有关旅行、餐饮、住宿、灯光、音乐等后勤工作，工作量相当大。但目前大部分企业的参展项目经理都是由营销经理或销售经理担任，他们对于复杂的参展程序和参展过程管理并不是十分清楚，这极大地影响了参展的效果。

三、世界展览产业发展趋势

1．会展产业将进一步快速发展

公司活动急剧增长。会议和大会杂志关于2004年会议市场的报告表明，商务会议大量增长，从2001年的844100个增至2003年的890994个。同期的花费也从102亿增至150亿，这些都表明活动领域的快速增长。

根据展览杂志和展览调查公司（EXPO Magazine and Exhibit Surveys Inc.）在2007年6月对107个组展者的网上调查，近1/3的组展者预测来自国际参展商的收入将增加，而67%的组展者认为来自国际参展商的收入将维持不变，只有1%的组展商认为来自国际参展商的收入将下降。

2．展览业的发展更趋于专业化

在国际上，专业性的展览已成为会展业发展的主流，代表着会展经济的发展趋势。与一般的会展相比、专业展览具有针对性强、参展观众质量高、参展效果好等特点，因此近几年来综合性展览会的举办数量不断减少，许多综合性展览会都不同程度地转为专业性展览。原来的一些综合性的展览已经被细化分为若干个专业展,如汉诺威工业博览会就是由许多若干个专业展(如机器人展、灯具展、仪器仪表展、铸件展等)组成的综合展。此外,由于专业展览会能够集中反映某个行业或其相关行业的整体状况、并具有更强的市场功能,因而从产生之日起就受到世界各国的特别是会展城市的青睐。如汉诺威的工业博览会,杜尔多夫的国际印刷、包装展,旅游城市纽伦堡的玩具展,香港珠宝、玩具展,意大利米兰的国际服装展等。专业化是展览业发展的必然趋势,因为只有具有明确的展览主题和市场定位,展览会才对参展商或与会者有足够的吸引力。

3. 展览规模呈大型化趋势

随着展览业的竞争日趋激烈各举办机构已不再局限于吸引本国、本地区的参展商,把目标更多地投向国际市场进而扩大国内甚至是地区范围内的影响力,力争提高国际参与程度。加之地方政府的大力扶植,特别是对大型展览场馆的基础设施的建设尤为突出,欧洲一些国家政府几乎投入了百分之百的资金。例如慕尼黑展览中心,巴伐利亚州政府和慕尼黑市政府投入的建设资金占99.8%,几乎是全额投入。此外,政府往往还会给予启动资金,鼓励展览中心贷款,而贷款采取贴息贷款方式。例如慕尼黑展览中心,用了12亿马克,政府投了一半,另一半通过贷款、政府贴息7年。由于政府在政策等方面的大力支持,很多举办城市也想通过修建大型展览场馆举办一些大型的国际会展来提升城市的形象和扩大招商引资,以促进地区经济的发展,所有这些必然会导致展会的规模越办越大。

4. 业内强强联合,国际化运作集团化趋势增强

并购和联盟已经席卷了全球经济的各个领域,成为国际市场的一大焦点。作为国际化程度很高的展览领域也不例外。展览企业通过资本运作进行的兼购与合作,是一种典型的国际化运作,通过兼并合作,可以利用国内、国际两种资源,开拓国内国际两个市场,以获得资源的优化配置。目前,世界上许多展览业的大组织、大企业纷纷开始联合,以期优势互补,提升实力,打造业内超级航母。展览业作为一个高额利润的行业,是一项投入大、回报快的产业,其利润率高达25%,表现在微观领域,即对展览企业的资产总额、人力资源、技术力量等提出了很高的要求,因此行内的竞争十分激烈。国际展览业的巨头们为了降低成本,减少风险以便维护高利润率,正在以兼并与合作的方式建立战略联盟,进行国际化运作。如世界上两家著名的展览公司"端德"和"克劳斯"联姻,共同开发通信和计算机展览市场。欧美的展览业巨头开始用资金来购买其他竞争对手的展览主题,如美国的克劳斯公司,用40亿美元购买了南美的品牌展会及其相关产业。

5. 展览媒介效率有下降趋势

展览是获得高质量买家的媒介，但这种媒介的效率在不同的年份有不同的变化。根据展览调查公司的调查①，一般展厅的交通密度（trafic density）②从1998年开始呈下降趋势，由每100平方英尺2.6个观众下降到2003年的2.0个观众，随后又呈上升趋势，到2005年交通密度为2.3个观众。交通密度是展会上活动和合作的重要显示指标，指标过高（超过5）会使面对面交流工作更加困难进而影响绩效，而过低（低于1.2）则使参展商争取观众的注意和时间变得困难。虽然2003~2005年交通密度有所回升，但相比于1998年来说，总体上还是呈下降趋势（见图1-2）。

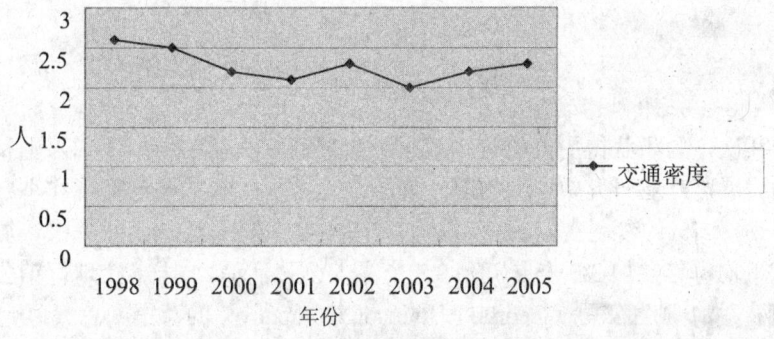

图1-2 展厅交通密度变化趋势

更为重要的是，观众中有购买计划的比例也由1998年的62%下降为2002年的53%。此后虽有上升，但2005年后又下降到53%的水平。全部购买计划（TBP-Total Buying Plans）是指计划在展会后12个月内购买一个或更多产品（服务）的观众占总观众的百分比。该比例下降也意味着展览媒介效率出现一定的下降，但最近5年相对平稳（见图1-3）。因此为了使展览更有效率，营销人员必须更加努力地工作。

6. 参展商加强对参展过程的管理和控制

首先，参展商控制成本。参展商开始购买适用性更强的展台器械，以使成本更低、携带方便，而且还可以在多种商业活动中把原来的器械重新组合使用。参展商现在更多的是租用展具而不是购买展具，这可使其有更好的灵活性和更快的调整速度。参展商可以"用脚投票"，从大规模的综合性的展览转向小规模

---

① 美国展览调查公司（Exhibit Surveys Inc.）对2005年73个高科技、零售、医疗和制造业的公司进行分析，研究了展览产业的趋势。

② 交通密度衡量的是在整个展会开放期间每100平方英尺展厅面积上的观众数量。

的专业化的展览。

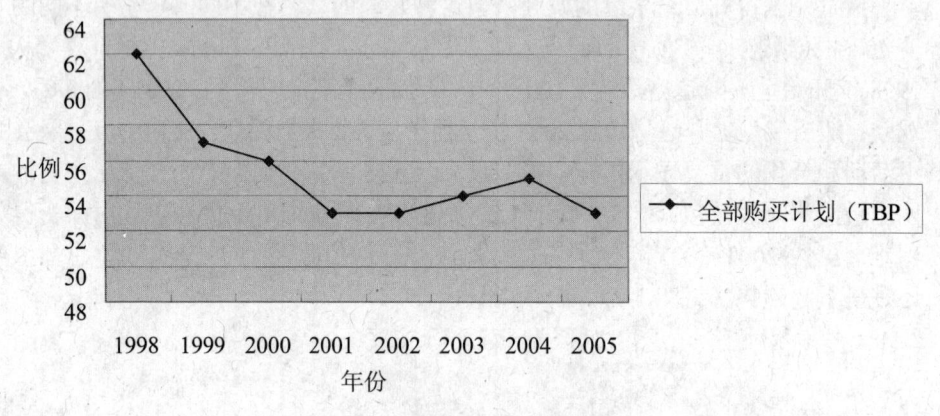

图1-3 购买计划比例（%）

其次，为了获得更好的营销效果，参展商在其营销组合中加入了私人公司活动。展览产业研究中心（CEIR）的研究表明，47%的参展商现在举办私人公司活动，71%的参展观众也表示他们将参加私人公司活动。研究报告显示被调查者平均每年参加3.5个展览和3.3个私人公司活动。同样，全球行销公关活动代理商乔治·强生公司（George P. Johnson Company）的营销副总裁迈克·威斯特考特（Mike Westcott）在2003年活动趋势研究中发现，在2003年47%的高层经理更倾向于优先考虑公司活动，而这个数字在2002年时只有40%。

再次，企业与其指定供应商联合加强对公司活动的管理，以获得更低的成本和标准化运作，以及管理良好的活动投资组合。例如，微软公司选择Freeman作为公司活动管理公司，而IBM则把其全球范围内的公司活动投资组合委托给全球行销公关活动代理商乔治·强生公司（George P. Johnson Company）来管理。

另外，邀请关键客户在展前看新产品也是很多参展商采取的措施。由于关键客户在很多企业都成为收入来源的重要组成部分，展览会在展前邀请一些关键客户（仅限于在展前）来看新产品。实力雄厚的采购商一般也会坚持在其他同类购买者之前提前看新产品，而且是排他性的。例如，在纽约春季玩具展览会上，卖家在头年的12月份就为重要的采购商增加了一个展前看新产品的机会。

第六节 本书内容框架

本书的主要内容是企业如何参展，包括企业参展的整体战略和相关技巧。主要目的是使企业充分认识到展览是其重要的营销工具，企业可以通过参展行为的管理和控制，实现最佳的参展绩效。本节首先通过对已有文献做一简单梳理，以确定目前关于展览研究的重点领域，然后给出本文的内容框架。

一、展览研究重点领域

许多市场学者都忽略了展览的重要性，关于展览在市场方面作用的相关研究也很少。虽然有关展览的描述性文献有很多而且对实践者有很多的帮助，但总的来说，展览尤其是国际性展览所得到学者的关注还是太少。

现有文献中经验研究非常少，大部分研究是概念性的或者是"如何做"的文章。而且除了Greipl and Singer (1980)、Munuera and Ruiz (1993)、Rosson and Seringhaus (1991)以及Shipley et al. (1993)的研究之外，大部分研究是在美国做的，结果导致除了国际性展览外，大部分研究是以美国数据为基础。在欧洲，国际性展览经常被视为一种营销手段(O'Hara et al., 1993; Rice, 1992)，因此相关的经验研究非常有限。

近些年来，学术研究者们主要把理论上的与实践中的研究放在几个领域当中，这些领域有：观众参观动机以及与参展商的互动 (Hansen 1996, Manuera & Ruiz 1999, Rosson & Seringhaus 1995)、参展商管理运作与展览绩效 (Kijewski et al 1993, Tanner & Chonko 1995)、展览的成本效益 (Gopalakrishna & Lilien 1995, Gopalakrishna et al 1995)，以及不同行业部门和国家之间展会的比较研究 (Dekimpe et al 1997, Pfeiffer et al 1997)，具体请见表1-2。

表1-2 展览文献研究重点一览表

研究重点	参展商角度	观众角度
展览目的	Greipl and Singer(1980) Bonoma(1983) Barczyk et al.(1989) Rosson and Seringhaus(1991) Shoham(1992) O'Hara et al.(1993)	

续表

研究重点	参展商角度	观众角度
	Shipley et al.(1993) Sharland and Balogh(1996)	
参展决策	Lilien(1983) Solberg(1991) Kijewski et al.(1993)	Rothschild(1987) Morris(1988) Bello(1992) Bello and lohtia(1993) Munuera and Ruiz(1993)
展览选择	Faria and Dickinson(1985) Bello and Barczak(1990)	
展览销售技巧	Bello and Barksdale(1988) Chonko et al.(1994) Tanner(1994) Tanner and Chonko(1995)	
参展绩效评估	Carman(1968) Banting and Blenkhorn(1974) Cavanaugh(1976) Bellizzi and Lipps(1984) Kerin and Cron(1987) Gopalakrishna and Williams(1992) Sashi and Perretty(1992) Herbig et al.(1993) Williams et al.(1993) Gopalakrishna et al.(1995) Gopalakrishna and Lilien(1995)	

二、本书的研究框架

本书的基本逻辑框架为：展览是企业重要的营销手段，参展行为决定参展绩效，参展绩效反作用于参展行为。企业为了实现良好的市场绩效，就应该通过计划、组织、管理、协调、控制等一系列战略管理来监控、管理整个参展过程。因此，本书的研究重点在于企业参展过程的管理。

本书把整个参展过程划分为5个阶段：决策阶段、策划阶段、筹备阶段、展出阶段、展后阶段。每个阶段又包括很多环节，其中决策阶段包括参展需要和动机、信息收集、选择展览，策划阶段包括确定参展目标、制定参展计划（进度计划、人员计划、财务计划），筹备阶段包括展品选择和运输、展台设计和搭建、展前/中/后营销、展台员工的选择和培训、供应商管理、公司活动等;展出阶段包括现场管理等,展后阶段包括参展行为和效果的评估及总结(详见图1-4)。

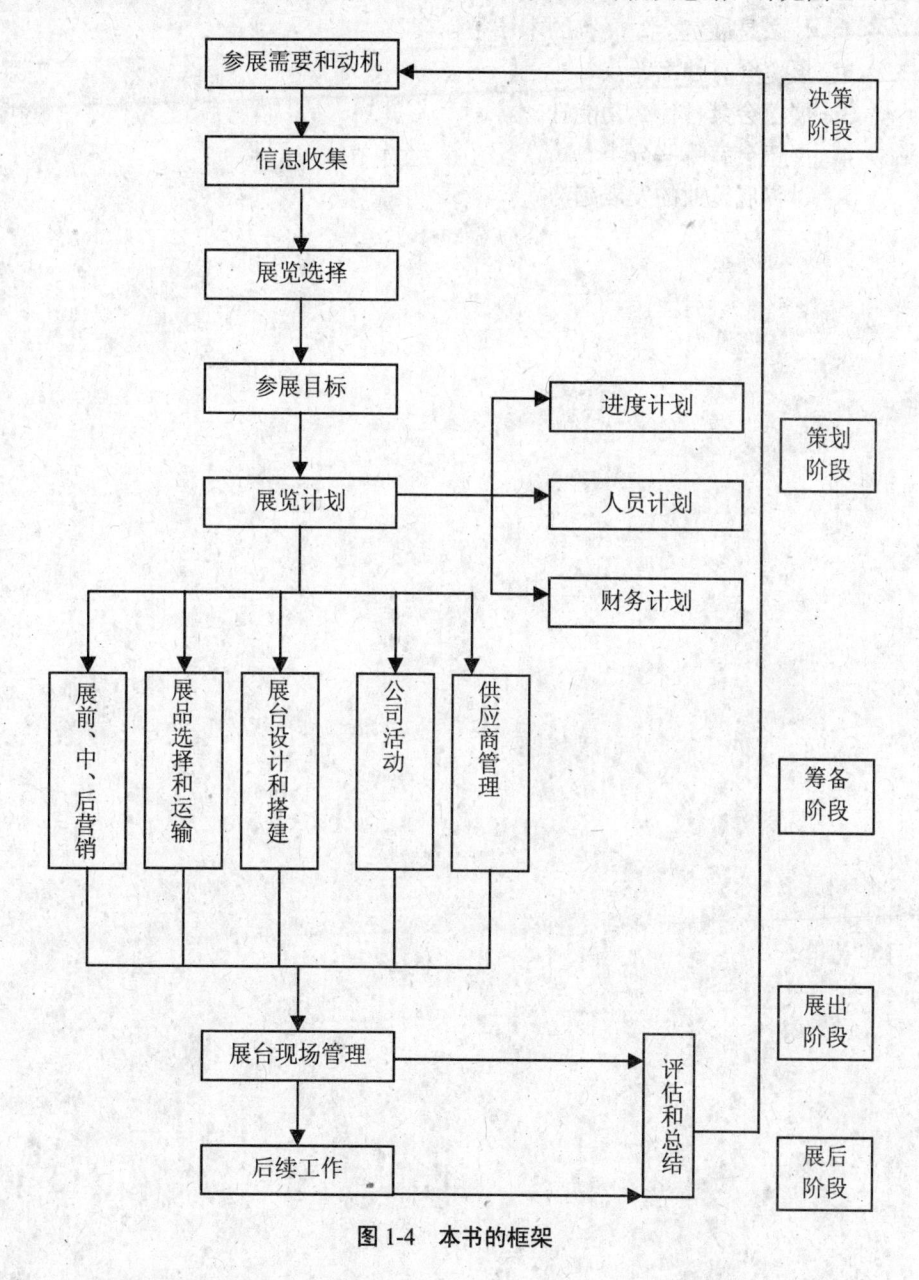

```
                参展需要和动机                          决策
                      ↓                               阶段
                  信息收集
                      ↓
                  展览选择
                      ↓
                  参展目标 ──┬── 进度计划                策划
                      ↓    │                          阶段
                  展览计划 ──┼── 人员计划
                           │
                           └── 财务计划

     ┌──────┬──────┬──────┬──────┬──────┐
     ↓      ↓      ↓      ↓      ↓                    筹备
   展前、  展品  展台  公司  供应                       阶段
   中、后  选择  设计  活动  商管
   营销    和运  和搭        理
           输    建
     │      │      │      │      │
     └──────┴──────┼──────┴──────┘
                   ↓
              展台现场管理 ──────┐                      展出
                   ↓            │评估                  阶段
              后续工作 ──────────┤和总
                                │结                    展后
                                                      阶段
```

图1-4 本书的框架

复习思考题：
1. 什么是展览会？展览的本质是什么？
2. 展览会有什么特点？
3. 展览会具备什么功能？
4. 展览会有哪些分类？
5. 世界展览业的发展趋势？

第二章

展览营销和绩效分析

[主要内容]

本章首先说明展览的本质是企业一种营销工具。与其他营销方式相比，展览营销具有许多特有的优势，当然也存在一定的劣势。同时，本章还通过研究企业参展营销行为对参展绩效的影响，说明企业应该加强对整个参展过程的管理和控制。

第一节 企业展览营销

一、展览的本质是营销

营销是"推销产品的艺术"，是计划和执行关于商品、服务和创意的观念、定价、促销和分销，以创造符合个人和组织目标的交换的一种过程。营销的目的就是要使推销成为多余，在于深刻地认识和了解顾客，从而使产品或服务完全适合顾客的需要而形成产品自我销售。营销需要选择目标市场，通过创造、传递和沟通优质的顾客价值，获得、保持和增加顾客。图 2-1 表示的是一个简单的营销系统，在营销者看来，卖方构成产业，买方则构成市场。卖方把商品、服务通过传播（广告、直邮）传送到市场；反过来，它们收到货币和信息（态度、销售资料）、内圈表示货币和商品的交换，外圈表示信息的交换。

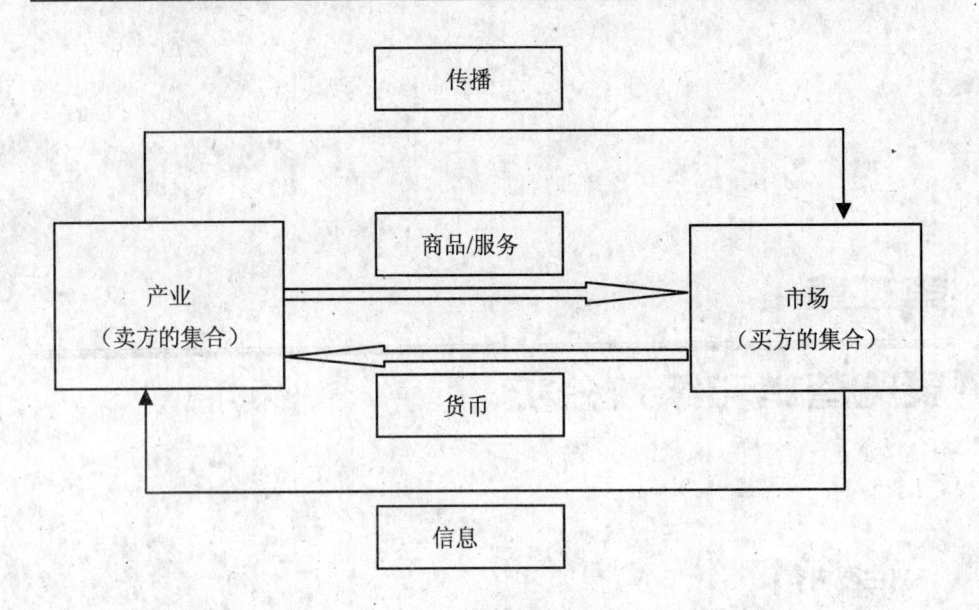

图 2-1　一个简单的营销系统

　　从以上对营销的分析来看，营销就是要实现卖方和买方之间信息、商品、货币的交换。展览恰恰具备这个性质，或者说从本质上来讲，展览就是一个营销系统。展览是典型的双边市场[①]，它把参展商（卖方）和观众（买方）在同一个时间和地点聚集起来，形成了卖方的集合（产业）和买方的集合（市场），为其搭建交流、交易的平台，促进参展商和观众之间的信息、商品和货币的交换，展览已成为众多企业采用的重要的营销方式。而专业观众（商人）则把在展览上获得的信息作为其制定购买决策的重要依据。根据 2001 年 Yankelovich/Harris 某项研究对 12 个产业的商人进行调查，49%的商人认为展览是有价值的，这个比例仅低于对贸易杂志的评价（51%），但高于对网络的评价（44%）。

　　二、展览是营销组合的一部分
　　1. 企业营销组合

---

①双边市场是一种现实或虚拟空间，该空间可以导致或促成双方或多方客户之间的交易。

促销组合
- 公共关系
- 广告
- 个人联系
- 销售促进
- 市场研究
- 公司设计

产品组合
- 产品质量
- 产品范围
- 品牌
- 产品设计

价格和条件组合
- 价格
- 信誉
- 折扣
- 支付
- 服务

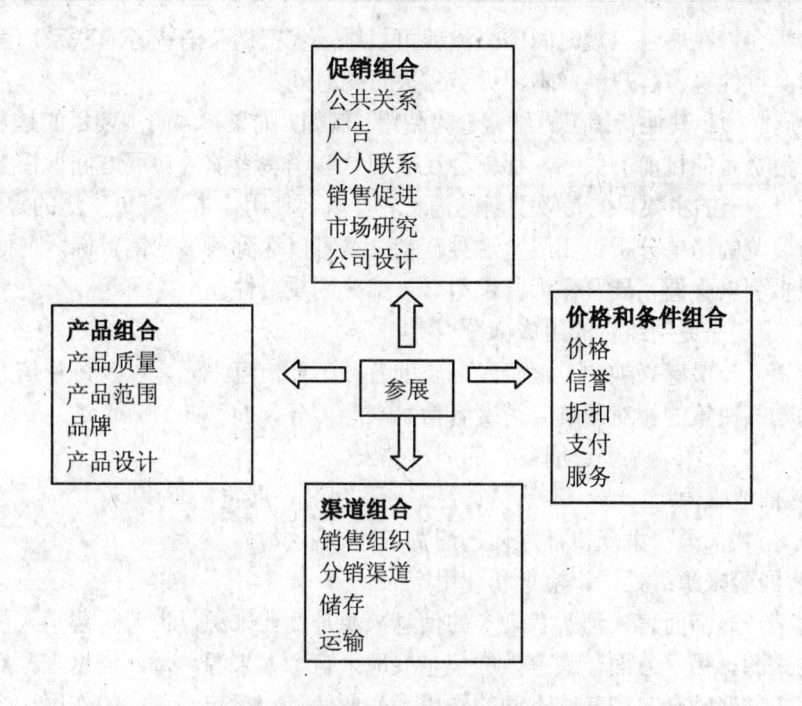

渠道组合
- 销售组织
- 分销渠道
- 储存
- 运输

图 2-2　展览是企业营销组合的一部分

营销组合包括促销组合、价格和条件组合、渠道组合和产品组合。这些工具可以使企业对销售市场施加积极的影响。不能把展览单纯地看作是分销的有效渠道，相反，展览可以影响展览营销组合中的所有元素。展览已经不单纯是购买的场所，现在已经成为信息和交流的场所。展览几乎在营销组合的每个方面都具有强大的潜力。当企业参加展览，企业就可以实施其促销政策、价格和条件政策、分销政策和产品政策。大部分参展商都把参展作为其营销组合的一部分。实际上，展览可以实现企业多种目标，任何其他营销工具都很难把企业和产品的细节展示与消费者联系起来。展览也是许多销售线索的来源，销售线索是任何企业销售政策的重要组成部分。复杂的信息技术也无法取代展览，相反，很多产品和服务需要更多的展示和解释，因为产品使用的更加多样化，使购买者的采购决策更加困难。可用的产品范围一直在增长，这就使经验交流和口头交流变得日益重要。因此在商业合作伙伴之间的信任就成为营销最终采购决策的最重要的因素。在国内和国际竞争中，密切与消费者的关系就成为企业成功战略的关键因素。

新产品或者模型很快就能在展览上测试其受市场欢迎的程度，观众的反应为市场研究提供了非常有价值的信息。参展的另一个优势是获得与已有消费者联系的机会。在展台上短时间的交流就可以进一步密切与消费者的联系，而不用花费高额的拜访客户的成本，并节省大量的时间。

参展必须和其他营销工具结合起来使用。例如，如果参展的主要目的是发展与已有消费者的目前的关系，那就会在吸引这些消费者前来观展方面做很多工作；如果参展的主要目的是吸引新的消费者，就要使用广告进行更广泛的宣传。

对展览的简单分析说明展览这种营销工具可以达到很多营销目标，前面提到的很多因素强调了展览作为营销组合一部分的重要性。

2. 展览是促销组合的组成部分

营销人员最感兴趣的是消费者需要的各种主要信息来源，以及每种信息对今后的购买决策的相对影响。消费者信息来源可分为四种：

◆ 个人来源：家庭、朋友、邻居、熟人。
◆ 商业来源：广告、推销员、经销商、包装、展览。
◆ 公共来源：大众传播媒体、消费者评审组织。
◆ 经验来源：处理、检查和使用产品。

就某一产品而言，消费者最多的信息来源是商业来源，也就是营销人员所控制的来源。另一方面，最有效的信息展现来自个人来源。每一信息来源对于购买决策的影响会起到某些不同的作用。商业信息一般起到通知的作用，个人信息来源起着对作出购买决定是否合理或评价的作用。表 2-1 表现了展览在促销组合中的地位，可见展览在大部分功能中的排名都是前 3 位。

表 2-1　展览在促销组合中的地位

	认为展览能实现相应目标的企业比例（%）	展览在营销工具中的排名
提升企业形象	85	1
改善现有客户关系	70	2
赢得新客户	70	2
市场展示	63	2
介绍/展示新产品	60	2
提升产品知名度	58	2
交换/收集信息	50	1
确定顾客需求	50	2
影响顾客决策	33	3

资料来源：EMIND 代表 AUMA 对展览功能的调查和分析（被调查公司 1105 个，包括 830 个参展商）。

促销过程是信息交换的过程，而展览正是信息交流的重要平台。虽然参展商开始时是作为信息的提供者，而观众开始时是信息的接受者，但后来观众也开始积极地参与信息的交换过程。实际上，展览起到了中介的作用，交流是展览最重要的功能。企业促销政策工具包括广告、销售提升、个人销售、公共关系等。与其他促销工具相比，展览作为促销工具占据一个非常重要的地位。当企业在参加展览时，参展商和观众之间就能建立起紧密的联系，即和消费者之间的良好关系。参展商和观众之间的对话具有重要的意义，因为这是发展持续商业关系和改善现存关系的唯一方法。相比营销组合中的其他工具，展览可以传递有关产品和服务的更加鲜活和生动的信息。产品不仅被描述出来，还可以实地观看和感知，这一点在资本设备类的展览上尤其重要。

另外，从展览的促销展示价值和对参展商的利用价值来看，参展为参展商提供了极高的展示促销的价值，参展商可以有大量的机会为参展观众提供加深其对产品和服务印象的活动，如让观众参加与产品有关的表演。但是，展览所提供的利用这样机会的可能性，也就是对于参展商来说的可利用度，是相对较低的，因为展览一般是一定周期性的不是经常性的举办，所以如果参展商选择参展，就必须要提前很长一段时间做好充足的准备。

与其他媒介相比，展览具有多功能特征，没有其他媒介可以提供与消费者这样直接交流的机会。关于产品/公司的特殊优势，比如可信度、售后服务、产品的高质量都可以通过展览清楚地表示。参展可以帮助企业结识更多的潜在客户，并提高现有客户的满意度。参展还可以更快、更直接地了解消费者特征和购买行为出现的变化。

3. 展览是价格和条件组合的组成部分

价格和条件组合主要包括价格、信誉、折扣、支付、服务等几个方面。影响价格和条件组合的因素包括消费者特征、公司的规模、地点和送货距离等几个方面。公司可以在与消费者的交谈中得到需要的信息，例如，参展可以为现有的价格和条件组合建立一个新的概念框架，如果需要的话，还可以试探出新的市场。在建立新的价格和条件组合时需要考虑以下几点：

◆ 包装、运输和保险成本；
◆ 售后服务和顾客服务成本；
◆ 现有价格计算；
◆ 支付条件；
◆ 支付、数量和特殊减免；
◆ 送货条件；
◆ 取消条件；

◆ 客户信用。

只有设计好价格和条件组合，公司的目标和利润才能得到保证。

4. 展览是渠道组合的组成部分

渠道组合包括销售组织、分销渠道、存储、运输几个方面。关于分销渠道方面的解释就是看参加展览到什么深度才被视作是积极地参与。必须深入调查确定现存销售组织是否需要重新组合或其他的改变，例如，重新组织的销售力量、招聘批发商和销售代表、为存储和运输寻找合作伙伴。另一方面是考虑现有的分销渠道是否需要从质或量的方面改变。

5. 展览是产品组合的组成部分

产品组合主要包括产品质量、产品范围、品牌、产品设计等几个方面。首先要确定的是公司的全部产品中需要在展览上展示的产品范围，确定展品范围需要考虑产品的生命周期以及目标市场。产品设计及产品包装应该是最新的，以便更容易地进入市场。这样，产品本身及产品组合中的每个要素就可通过参展得到市场的检验。通过与消费者交流，产品的市场接受程度可得到检验，公司就可获得与产品相关的激励。

三、展览在营销组合中的地位

1. 企业展览营销预算比例较高

展览和公司活动是缩小销售和营销之间鸿沟的最适合的工具。商业活动是唯一的能把营销要素、营销交流和销售结合在一起的工具，它们的功能是多方面的，如确定具有较大潜力的顾客，加速销售过程，介绍新的产品，有助于进入新的市场，推进公共关系，巩固与现有消费者之间的关系。

商业活动在企业商业营销预算中是非常重要的项目。根据展览研究中心（CEIR）的报告，美国企业每年在展览营销上花费 210 亿美元。2003 年商业营销协会（Business Marketing Association）在对其会员的调查中发现展览占企业营销预算的 18.6%。根据会议和大会杂志，在 2003 年公司在公司会议方面花费 150 亿美元，其中 67%是为实现销售和营销目标而投入的。与此同时，商业活动的费用也在持续攀升。同时，参展设计也要求更高，成本更大，如三层装饰物的展台（triple-decker booth）、等离子电视墙等等。

商业活动营销在其市场营销战略中是潜在的重要组成部分，根据 2003 年对商业营销协会 250 个会员的调查，商业营销人员在展览上的花费比其他任何一种促进直销的手段都多（见表 2-2）。营销人员必须要把商业活动与其他销售和营销选择相比较，如广告、直邮、电话销售、网络营销、直接销售电话，而且要期望所有的营销活动都能有所收益。

表 2-2　花费在促销上的营销预算

花费在促进直销上的营销预算	比例（%）
展览	18.60
专业的商业出版物广告	13.80
互联网/电子媒介	13.50
促销/市场支持	10.90
推销/公共关系	10.80
直邮	10.00
经销商/分销商	5.60
市场研究	4.10
一般杂志广告	3.20
电话销售	2.50
名录	1.60
其他	5.50

资料来源：商业营销协会（Business Marketing Association）2003 年营销现状电子调查。

2. 展览在营销组合中的重要性

除了展览之外，企业营销组合中还包括很多其他营销方式，如各种广告、直邮、电话、网页等等，但展览这种活动营销方式在企业营销人员看来，具有重要的地位。展览周刊在 2003 年 6 月做的一项调查研究表明，企业营销人员认为展览在营销组合中的重要性仅次于直接销售力量和网页，名列第三，而且展览和前两项的重要程度相差非常小（见表 2-3）。

表 2-3　营销组合元素的重要性

营销中介	企业营销人员对营销中介重要程度的排名比例(%)
直接销售力量	97
网页	97
活动营销（所有形式，包括展览）	96
贸易杂志广告	87
直邮	85
营销伙伴关系	81
电子邮件	78
传真营销	46
电话营销	42

续表

营销中介	企业营销人员对营销中介重要程度的排名比例(%)
零售或奖励促销	40
报纸广告	31
电视广告	22
广播广告	19

资料来源：展览周刊的管理人员观点调查，2003年6月。

那么在营销组合中展览处于什么位置呢？展览是直接销售（通常展台上有销售代表）和广告（展台被设计成获得认知、解释/展示产品、回答重要问题）之间的某种程度的组合。展览是交流组合中具有有效的成本效率比，尤其是在购买过程的早期阶段——认知需要、产品细节发展和调查供应商阶段。随着采购过程趋向于评估和选择阶段，展览的成本绩效比则在逐渐降低，但到提供产品和服务效果反馈时，其成本效率比又有点增强。

3. 不同行业营销预算的分配

展览在不同行业的营销预算中所占的比例是不同的（见表2-4），其中保健业、制造业、高技术、食品/饮料等行业的展览营销预算相对较高，在17%以上。而从所有行业整体上来，展览占整个营销预算的14%，与商业营销协会报告的18.6%的比例还有一定差距。

表2-4　不同行业营销预算的分配

销售和营销选择	行业				
	高技术(%)	食品/饮料(%)	制造业(%)	保健业(%)	所有行业(%)
直接（现场）销售	41	42	47	40.50	47
展览	18	17	18.60	21.30	14
广告	13.60	16	14	11.60	1.50
直接邮寄	11	5.60	7.10	8.60	9
公共关系	4.40	7.40	8.20	8.30	6.50
电话销售	6.40	4.40	3.70	4.50	5

资料来源：CEIR，面对面交流的作用和价值，2002年研究。

不同行业营销预算的差别与各自行业的特点有密切关系。比如，从产业结构上来看，完全垄断、寡头垄断及接近于完全竞争的行业内的企业都不会经常参加展览，而只有具有垄断竞争市场结构的产业内企业才会把展览作为重要的营销方式。因为在完全垄断或寡头垄断市场，买卖双方非常了解，没有必要把参展作为一个面对面交流的营销方式;而对于接近于完全竞争的市场,产品接近于同质同价,也没必要参加展览来获取产品信息。又如,从技术特点来看,那些经常会出现技术突破、新产品开发的产业,企业参展营销预算比例相对较高,如制造业、高新技术产业等,因为这些产业内企业需要通过展览这种有效的方式推出新产品、发布新技术。再如,对于那些消费升级较快的产业,如保健业、食品/饮料、家电业等,企业参展预算比例也相对较高,因为参展可为相关企业更快地打开消费者的市场。

4. 产品生命周期不同阶段的展览营销

产品是有生命周期的,由导入、成长、成熟和衰退四个阶段组成。导入期(introduction)是产品导入市场时,销售缓慢成长的时期;成长期(growth)是产品被市场迅速接受和利润大量增加的时期;成熟期(maturity)是因为产品已被大多数的潜在购买者所接受而造成的销售减慢的时期。为了对抗竞争,维持产品的地位,营销费用日益增加,利润稳定或下降;衰退期(decline)是销售下降的趋势增强和利润不断下降的时期。

展览是面对面营销的有效形式,除了衰退期之外,在产品生命周期的各个阶段都可以有效地使用。虽然更多的营销人员认为展览在产品试用期可以得到最好的利用,但CEIR所做的一项研究中,让企业管理者在产品生命周期四个阶段对各种营销渠道的效果进行排序,结果显示展览在成熟期以前的各个阶段都有价值。企业管理者认为在产品生命周期的前3个阶段——萌芽期、成长期和成熟期——展览与印刷性广告同样有效,位居直接销售之后。而在衰退期,广告和展览则远没有直接销售重要。从表2-5和表2-6都可以看出,展览在产品生命周期的前3个阶段都是重要的营销工具。

表2-5 对于消费者生命周期阶段的营销战略

消费者生命周期阶段	营销人员的目标	最适合的商业活动
寻找期	估计潜在的市场并刺激使用和购买	展览
试用期或第一次购买者	保证消费者满意度并刺激重复购买	路演
重复购买者	保证消费者满意度并刺激多产品购买	消费者聚会
核心消费者	保持消费者愉快的购买状态	顾客会议
背叛者	解决问题并重新赢得顾客	娱乐活动

表 2-6 采购周期各个阶段的企业营销目标和营销工具

消费者采购过程的各个阶段	企业营销目标	营销工具
确定需求	鼓励兴趣	广告、公共关系
研究解决方案	要让企业为采购者研究团队了解	广告、公共关系、展览
发展简短名单	争取入选名单	直邮、电子邮件、电话、网页、展览
要求建议/报价	提交建议	面对面销售,内部销售
评价建议/报价	创造获胜机会	面对面销售,内部销售,直邮,路演
谈判	保留谈判底线	面对面销售,电话销售
挑选供应商	赢得胜利	面对面销售
安装并使用	满意和相关支持	相关支持,网页,消费者聚会
升级	销售提升	电话销售,直邮,展览,顾客会议

四、展览营销与其他营销方式的组合

展览是一种近距离与目标受众接触并充分交流的活动,企业应该把每一次与受众交流的机会作为一个接触点,并有效利用这些接触点,整合运用多种营销手段,全方位刺激受众的视觉、听觉、触觉甚至嗅觉,以吸引受众,使展览效果达到最大化。

展览作为一种特殊的媒介平台,几乎涵盖了广告、公共关系、促销、产品展示、销售人员、客户管理等所有的营销因素。其自身具备的信息整合传播优势为企业进行营销传播活动提供了有利条件。而企业也通常将广告推广、媒体公关、展台设计、现场演示等多种营销手段组合并用,以达到预期的参展效果。来自美国的一项调查表明,会展过程中,通过整合广告、赞助展览会、新闻发布会、招待活动等营销方式来增加对观众的吸引力。

如图 2-3 所示,企业通常配合使用其他多种营销手段。在前期往往采用广告、人员销售、关系营销、在线营销等手段,中期侧重于广告、关系营销、人员营销,后期则偏重于广告、关系营销、人员销售。

```
                        ┌──────┐
                        │ 展览 │
                        └──────┘
              ┌────────────┼────────────┐
          ┌──────┐     ┌──────┐     ┌──────┐
          │ 前期 │     │ 中期 │     │ 后期 │
          └──────┘     └──────┘     └──────┘
```

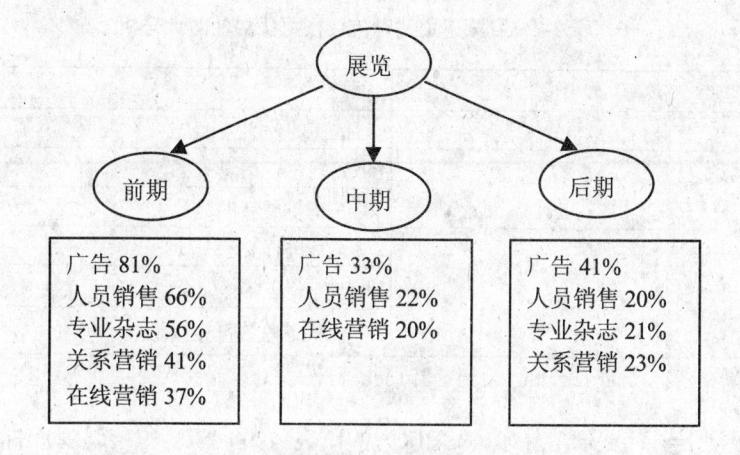

前期	中期	后期
广告 81% 人员销售 66% 专业杂志 56% 关系营销 41% 在线营销 37%	广告 33% 人员销售 22% 在线营销 20%	广告 41% 人员销售 20% 专业杂志 21% 关系营销 23%

图 2-3 企业参展营销组合办理

资料来源：Messe functions und potential analsis(J) AUMA sdition Nr1 1999;资料中的百分比数值是复选相同选项的参展商在全部调查对象中所占的比例。

第二节 展览营销的优劣势分析

一、展览营销的优势分析

1. 展览营销的效率较高

展览可以提供与客户进行面对面交流的机会，这种方式比企业逐一拜访客户的效率要高得多。展览具有很好的集聚性，在一定的时间和空间把大量的参展商和观众聚集在一起，让他们交流信息、思想和解决问题的方案。

对于某些营销渠道，如报纸广告、信件、宣传手册等，所传递的往往是一个抽象的概念，很难让顾客做出是否购买的决定。而在展览现场上，观众可以直接用视觉、听觉、触觉、味觉、嗅觉等感官去感受、理解展品，更准确地把握展品各方面的特性，进而做出是否购买的决策。当然，很多购买决策不是在展览现场做出的，但现场的感受却是影响购买决策的重要因素。

2. 展览所吸引的观众是企业积极的客户

展览上的观众都是某类展品的目标客户，即展览这个特殊的产品就已经把目标客户聚集在一起了。而其他营销渠道首先要确定自己的目标客户，才能通过各种方式把信息传递给目标客户。

表 2-7 展览、贸易杂志、网页优势的对比分析

媒　介	优　势
商业杂志	可信任的信息来源
商业网站	研究的主要信息来源
	可以获得最新的信息
展览	与同行进行交流
	与企业代表的个人接触
	产品和服务的直接接触

资料来源：Yankelovich/Harris Interactive, 2001 研究。

根据展览产业研究中心（CEIR）的研究成果，57%的参展观众打算在参展后的 12 月内采购。另外，93%的观众对企业购买具有某种影响力，66%的观众具有建议购买或供应商的权利，40%的观众具有确定供应商的权利，36%的观众是最终购买决策制定者。

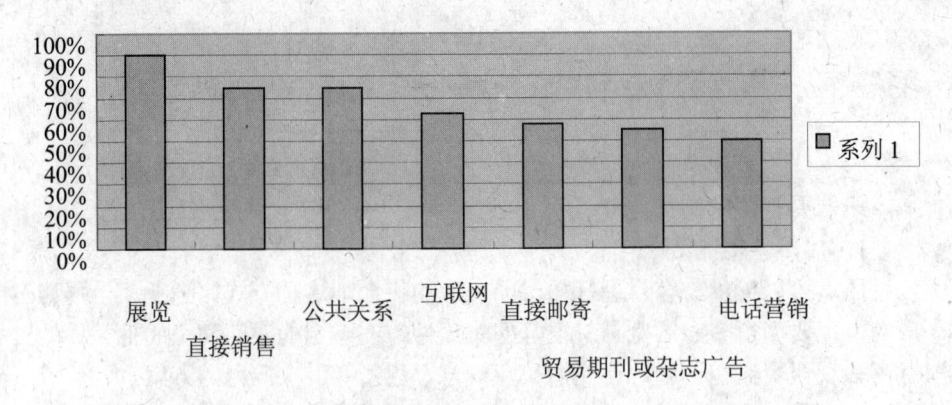

图 2-4 展览是观众制定最终购买决策的第一信息来源

资料来源：CEIR 关于展览会营销效果的调查

展览观众一般都是对购买决策具有某种影响力的人员，而这部分人员一般是企业销售人员很难见到的。但他们一般会参加所在行业的某个聚会，2001 年 Yankelovich/Harris 研究表明 76%的商人在 2000 年至少参加过一次展览，平均参加过三次展览，每年花在展览上的时间有 8 天。根据 CEIR 在 1996 年的研究，96%的被调查的 CEO 说他们打算在一年中参加 3 次以上的展览。

3．加速销售周期

展览上参展商和观众的接触可以加速销售周期。根据 CEIR 的研究，在展

续表

	该公司每个展览的平均数	展览调查公司所有顾客的平均数
仅从该公司	$ 5.01M	-
支出收入比率	1:14	-
影响采购的因素（5 分制/5=影响巨大）		
观看网页	3.8	2.9
参观展览	3.6	3.1
接受到的资料	3.6	3.2
与销售人员会面	3	2.9
看广告	3	2.4
电话跟进	2.7	2.8

资料来源："The Unique Value of Exhibitions In Accelerating the Sales Process"，Skip Cox，President Exhibit Surveys， Inc. Exhibition and Convention Executives Forum (ECEF)，June 15，2006.

从表2-8可看出，该公司的46%的销售线索更倾向于在参观展览之后采购公司产品，而展览调查公司的所有顾客的平均数只有42%，说明该公司所参加的展览在促进销售方面比一般公司的效果要好。该案例是公司所参加的所有展览的比较，可以强有力地说明展览在加速效果过程方面的重要作用。

二、展览营销的劣势分析

1．成本费用较高，成本控制较难

相比其他营销渠道来说，展览花费高昂。直邮方式每接触一个顾客需要 1美元，网络渠道需要 2 美元，而在展览上每接触一个顾客则需要 250 美元。因此要参加展览，就必须有一个很好的理由说明参加展览是值得的。

很多企业在一些表面上的元素上花费过多，如展台；而在一些真正重要的方面，如计划、促销、数据收集、展后跟踪、衡量标准等方面却花费过少。这是很多企业在参展方面投资巨大却收效甚微的主要原因。

2．参展绩效水平难以衡量

没有明确的标准和结果报告来衡量参展绩效，参展预算就像一个"黑洞"。当营销人员发现他们处于展示投资回报的压力下，管理的主要任务就变成了如何提高投资回报率。对于投资在营销活动中的每一分钱，管理层都要求有回报，也就是收入或对收入有贡献的边际收入。

然而在大多数的企业的业务中，把每一特定收入与每一特定的营销投资联览上获得的销售线索完成整个销售过程要比由直接接触获得的销售线索花费的成本低56%。从其他方面获得销售线索需要打3.7个电话完成销售,而从展览上获得的销售线索只需要1.6个电话就可完成销售。Yankelovich/Harris研究表明展览促使64%的被访者购买或建议购买产品,而贸易期刊的比例只有58%,网页只有50%的比例。

展览调查公司(Exhibit Surveys,Inc.)2006年研究表明展览和事件比其他任何中介或直接营销形式都能更快地加速销售过程。表2-8和表2-9表示的是展览调查公司对一个技术公司的展览项目在加速销售过程和转换销售线索(120天内)方面价值的评价,主要依据是2004-2006年期间该公司在美国参加的大约150个展览的评价结果。

表2-8 在展览现场加速销售过程(在销售线索)

作为参观展览的结果,他们的销售线索……	该公司每个展览的平均数	展览调查公司所有顾客的平均数
更愿意购买	46%	42%
将增加产品方面的投资	19%	-
平均报告的增长	33%	-
迟早会增加他们的产品投资	15%	-
增加产品投资的时间	5个月	-

资料来源:"The Unique Value of Exhibitions In Accelerating the Sales Process",Skip Cox,President Exhibit Surveys,Inc. Exhibition and Convention Executives Forum (ECEF),June 15,2006.

表2-9 在展览后120销售线索转为销售的情况

	该公司每个展览的平均数	展览调查公司所有顾客的平均数
采购产品		
从该公司和竞争者	30%	34%
仅从该公司	14%	11%
被报道的采购平均数		
从该公司和竞争者	$224386	-
仅从该公司	$86388	-
每个展览的全部采购额(从所有的销售线索)		
从该公司和竞争者	$35.24M	-

系起来是非常困难的,这主要由于:第一,采购周期很长而且很复杂,这其中会有很多销售和营销"接触"。怎么能合理地确定哪一部分收入是由展览产生的呢?在展览上产生的销售线索在变成销售之前,在买者和卖者之间会经历很多次的接触;第二,大多数企业的营销是通过很多渠道的,从理论上来讲,销售是在交易完成的那一点上确认的。如果其他营销渠道也对销售有贡献,也就是双重计算,那么营销、销售、财务问题会变得非常复杂;第三,很难确保销售报告结果只是隶属于一个具体的活动。当涉及第三方渠道,也许销售报告就是不合理或不可能的。即使是在内部销售团队中,把销售和特定的销售线索明确地联系起来也受长销售周期的限制。

为了在多渠道和复杂的商业环境里衡量营销策略,以上的做法也许过于短视。然而,公司管理层会在营销组合中寻找所有的刺激收入和利润的要素。因此,把计划和销售结果联系起来的系统和程序建立得越早,展览计划就越可能得到企业的重视和应得的预算。

3. 参展企业大多没有专门的展览经理

很多参展企业大多都没有专门的展览经理。展览经理的技能和培训更多的是后勤工作,而不是市场,但很多企业都用市场营销人员来代理展览经理。

这一方面是因为,近些年来,随着对商业活动结果衡量标准的要求更加严格,以及对合理化预算的压力逐渐增强,展览和活动经理被迫承担起某些战略性营销的责任,由他们做出选择决策、设定目标、决定关键的广告词、安排活动前后的营销计划。商业活动的营销战略必须出自训练有素的营销人员之手,而且必须是为实现销售和营销目标而考虑周全的计划的一部分。另一方面是因为,企业营销人员自己必须非常熟悉作为战略性营销工具的商业活动,必须能够把活动整合到整体营销战略中。这也就意味着营销人员要对活动的巨大投资负责,并能确保获得商业利润。但营销人员和高层管理者现在往往对展览效果是怀疑或困惑的。

第三节 参展行为对参展绩效的影响

现在很多关于展览的文献都关注绩效问题,因为参加展览被预期和其他商业投资一样可以产生积极的正面的效果。但关于展览绩效应该如何被评估却没有一致的结论(Hansen, 1996; Kerin and Cron, 1987; Seringhaus and Rosson, 1994)。理论发展的缺乏、展览绩效的定义和衡量标准的模糊使模型的建立及其相关研究更加困难。

一、参展绩效的衡量指标

展览曾被认为是与企业交流的工具,可以完成广告和展示的功能。后来这个观点受到挑战,并被"展览主要是销售产品和服务或签约"的观点所取代。但是,有时候由于提供产品(服务)和购买过程很复杂,使得现场交易达成很困难,因此展览就成了"促成展后交易的活动"。20 世纪 80 年代,关于展览的更广的观点被接受,许多研究者认为企业应通过展览追求除交流和销售之外的多重目标。考虑到对展览不同的定义,"绩效"也被用一些对比的方式来定义,这就使评估体系非常庞大(Bonoma,1983)。

在理论层面上定义展览绩效的工作非常有限甚至还没有。表 2-10 总结了展览文献中所发现的从产业、企业和展览层面检测以往参加展览的公司绩效的指标。

表 2-10 参展绩效衡量指标一览表

展览文献中绩效衡量	研究者
销售活动: ◆ 介绍新产品 ◆ 销售 ◆ 新产品测试 **非销售活动** ◆ 确定新的前景 ◆ 为现有客户服务 ◆ 提升公司形象 ◆ 收集竞争信息	Kerin and Cron (1987) Shoham（1999）
吸引效果: ◆ 被吸引到展台的目标观众的比例 **联系效果:** ◆ 参观展台的观众中被联系过的比例 **销售线索效果:** ◆ 被联系过的观众成为销售线索的比例	Williams, Gopalakrishna and Cox (1993) Gopalakrishna and Lilien (1995)
观众吸引: ◆ 目标观众的比例,即那些真正参观展台并交谈或索取资料的观众的比例	Dekimpe et al. (1997)
现场和展览绩效的定性和定量指标: ◆ 市场影响 (9 个项目) ◆ 实现目标 (16 个项目,所报告目标实现的比例) ◆ 现场销售(%) ◆ 有质量的销售线索(个) ◆ 联系 (个)	

续表

展览文献中绩效衡量	研究者
◆ 12个月内的销售 (%) ◆ 接触的主要决策制定者的比例(%) ◆ 12个月内销售线索的转化比例(%) ◆ 实现销售的时间(月) ◆ 新销售线索的比例(%) ◆ 平均每个员工获得的销售线索(每个员工联系的销售线索)	Seringhaus and Rosson (1998)
以结果为基础的维度： ◆ 销售相关活动 **以行为为基础的维度：** ◆ 收集信息 ◆ 提升形象 ◆ 动机活动 ◆ 建立关系	Hansen（1999，2004）

早期大多数研究者在测评公司展览绩效时，都把重点放在了展会所实现的销售业绩方面，仅仅使用一个或者很少的几个评估变量。而另一些研究者（Kerin & Cron，1987）则认为展览也能够实现销售之外的其他目标（例如，测试市场对于产品的接受程度，寻找可能的代理商和经销商），这些非销售的目标通常能够反映出公司通过展会在市场中的定位。但 Kerin 和 Cron（1987）把销售以外的其他目标看作是单一维度的。近些年，其他作者认为这种观点过度狭隘，例如 Shoham（1999）就提议应该还有三个独立的次级维度：信息收集、客户关系管理，以及员工心理精神方面的工作（士气和形象的保持和改善）。Williams, Gopalakrishna and Cox (1993), Gopalakrishna and Lilien (1995)认为绩效衡量指标包括吸引效果、联系效果和销售线索效果三个部分。Dekimpe et al. (1997)特别强调了在观众吸引方面展览绩效的衡量指标。Seringhaus and Rosson (1998)[16] 在研究中总结了 11 个绩效指标，包括综合指标（市场影响和实现目标）和个体观察指标（现场销售和有质量的销售线索等指标）。

Hansen（1999）认为通常管理者都有行为和结果目标，展览把一些直接销售因素（如结果）和其他市场营销和相关活动（如行为）结合在一起。因此运用控制系统哲学，展览绩效指标的构建就在于结果基础和行为基础两个方面。以结果为基础的控制系统主要使用衡量结果的指标来评估绩效，而不是用销售人员达到目标的方法来衡量；而以行为为基础的控制系统则更强调过程而不是结果，促进销售或者说在展览中展台人员的行为将成为企业市场战略的一部分，这可使管理者避免因使用简单产出衡量方法而导致的不公平。另外，Hansen

（2004）在其著作中从多个维度来看待展览绩效，并且认为展览计划是一个包含大量工作的过程。由于还没有人尝试发展系统的分析方法论，因此认识到会展评估工作包括定量评估和定性评估两方面内容是很有必要的。

二、参展行为对参展绩效的影响

1. 参展行为和参展绩效

销售是公司参展的最终目的，事实上，在一些案例中定单是在展台上签订的。然而在大多数行业中，获得定单线索才是参展的首要目标，这些线索在接下来的后续跟进工作中将会转化为销售额。在一些行业中，购买程序是很复杂的，也许购买产品或服务也会花费相当的资金，在这种情况下这种转化需要的时间就是数月甚至几年。大多数研究者在测评公司展览绩效时，都把重点放在了展会所实现的销售业绩方面，仅仅使用一个或者很少的几个评估变量。而另一些研究者（Bonoma，1983；Kerin& Cron，1986）则认为展览也能够实现销售之外的其他目标（例如，测试市场对于产品的接受程度，寻找可能的代理商和经销商）。这些非销售的目标通常能够反映出公司通过展会在市场中的定位。因此，刚进入市场的新公司将会对寻求未来的买家和经销商更感兴趣，而行业的领袖公司则看中于更大程度上监测竞争者的行为以及稳固现存的客户关系。

对于参展绩效的研究目前已经变得相对复杂。Kerin和Cron（1987）根据销售和非销售目标的完成程度，把参展公司分为绩效好和绩效差的两组，然后研究诸如行业类型、公司和展览会战略对于参展效果的影响程度。结果13项预期影响因素中只有4项被证明在统计上是重要的：产品数量、顾客数量、既定的参展目标，以及专业展会的用途。有趣的是，这4项全部是展会战略因素，都明确说明了参展项目运营管理工作对产生良好效果的重要性。Gopalakrishna 和 Lilien（1995）在分析工业展览会时使用了一个三阶段的模型来反映展览的工作多样化这一性质。他们使用了评估变量来评估公司在吸引潜在顾客、与客户的联系以及将客户线索转化为实际成交的效率方面的绩效。这些影响因素对展览效果的影响被模型化为：展前促销、展台面积、吸引观众眼球的技巧使用、竞争力以及展台销售人员的数量及培训。每个阶段的参展效果都是由不同的因素来增强的，这再一次证明了公司为参展所进行的各项工作对参展效果的重要性。Dekimpe et al（1997）在概念上相对地扩展了这项工作，即设定了衡量展台效率的变量，即展台人员实际接待目标观众的数量在目标观众总数的比例。研究发现展览效果的主要决定要素是展前的促销花费、展台面积、每平方英尺的工作人员的数量，以及专业展览（相对于综合性展览会来说）的作用。

以上研究表明了会展研究正在逐步走向成熟，以描述和叙述为主逐渐发展为更具分析性也更注重事实经验。过去，对展览会功能的认识相对简单，现在更多的观点则认为公司可以通过参展而达到更加具有现实意义的多维度的目标。这种进步产生了各种相互独立的评估方法用以对展览绩效以及影响结果的因素进行评估。然而，值得注意的是，大多数研究都把重点放在一个或少数几个效果评估方法上，并且只及时地研究评估方法的某一点，因此过度限制了评估的发展进程。Hansen（2004）的著作是一个例外，在他的著作中，他从多个维度来看待展览绩效，并且认为展览策划是一个包含大量工作的过程。由于还没有人尝试发展系统的分析方法论，因此认识到会展评估工作包括定量评估和定性评估两方面内容是很有必要的。

2. 参展过程各阶段工作对参展绩效的影响

展览的过程包括几个阶段，每个阶段都包括大量的工作。其占用的时间长、跨度大，从参展念头的产生到最后的展后跟进工作，通常要花费数年时间。如果想要达到参展目标，就要具备良好的市场营销能力和项目管理能力，要策划和管理许多工作。

（1）展前工作

展前的各项工作对于参展的成功很重要。展前的招展宣传可以采取不同的方式，可以结合打电话、发传真以及发送邮件等各种方式来传递相关信息，也可以采用新闻发布、在会展杂志上刊登付费广告的方式。每种方式都有助于参展商在潜在目标顾客和合作伙伴中树立知名度，并且促使潜在目标顾客和合作伙伴参加将要举办的展会。随着展会的临近，公关宣传工作日益频繁，使用更具针对性的方式来吸引重要的观众参展（Dekimpe et al, 1997）。聪明的公司不仅仅依赖自身的资源，而且充分利用会展组织者所能提供的各种资源。对于公司来说，较高层管理人员亲自打电话给重要的目标观众或者为重要目标观众提供免费的门票，都可以吸引到重要目标观众参展。参展公司也可以借助展会组织者的公众效应，例如在展会的宣传资料和分发的展台位置图上提供公司和产品的信息。

公司参展的原因有很多。公司所面临的市场形势将是公司树立参展目标的主要决定因素，公司参展目标从知名度的树立到寻求新老销售机会，各有不同。这些不同的参展目标将会使公司展览策划有很大不同，特别是在参展人员的选择和培训方面。Bello 的研究表明，当展台工作人员的知识和技能与观众的特征以及观众所需要的信息最相匹配时，往往能够产生最好的展出效果（Bello & Barksdale, 1986; Bello, 1989）。其他的研究也发现，经过专门培训的工作人员能够显著增加目标观众向能够达成成交意向的客户线索的转变。这些研究都为展前工作非常重要的观点提供了有力支持。

(2) 展中工作

研究显示，展品的展览展示是影响观众记忆度的十分重要的因素，因此，展台面积也被看作影响参展效果的因素（CEIR，1997）。但是展位面积也同样影响着参展的总成本，因为许多花费都是与展台面积相关的（如：所占空间、展台、工资、展品运费）。因此，公司管理层对于展台面积的承诺不仅影响公司在既定展会上的销售绩效，也影响着总花费（Gopalakrishna et al，1995；Dekimpe et al，1997）。为了维持一个持久的印象，参展公司所要做的绝不仅仅是提供展品的静态展示。要想参展成功将面临着许多困难，因为要确保与目标观众的接触以及客户线索的正确判断就需要具有吸引力的展台，具有吸引力的展台则会造成相当的运输费用和必须的各种手续。Hoshen（1989）为怎样应付展台可能吸引的不同类型的观众提供了建议。展台工作人员必须能有效识别出那些值得被给与更多关注的观众。在一些展会上，印有不同颜色代码的徽章被用以表示不同类型的观众。另外，参展商一般会在展览现场通过各种活动和其他营销技巧吸引目标观众。

(3) 展后阶段

在展后阶段，一项至关重要的任务就是利用在展会中已经确定的潜在交易及时开展展后跟进工作。

(4) 总结

文献回顾表明，参展是一个流程，而不是各个时间段的分散工作。参展流程或时间预期显然在两个方面是相关的：第一，必然要对参展效果进行评估——运用多种评估标准来对公司展中和展后的绩效进行评估；第二，围绕着参展而开展的一系列公司工作——如展前准备、展中工作以及展后工作都会对参展效果产生影响。因此，展会的流程和参展所需要的时间安排对于公司管理层在进行参展效果和参展工作的绩效评估时是至关重要的。一个有用的评估模型应该包括对于参展效果的评估（参展效果变量体系）和对于会展工作的评估（参展工作变量体系）。

三、参展绩效评估模型

虽然目前关于企业参展行为和绩效之间的关系还没有统一的结论，但已有文献中却有些模型为我们提供了认识参展行为和绩效之间关系的理论模型。这些模型的理论基础是：企业参展行为会决定企业参展绩效。

1. 三阶段绩效评估模型

图2-5所表示的是Gopalakrishna and Lilien（1995）所提出的一个三阶段绩效评估模型。模型的第一阶段表示展台的吸引力，即被吸引到展台的目标观众占整体目标观众的比例。吸引力衡量的是展台是否能够有效地吸引它的目标观众。

企业使用吸引技巧、展前营销、展台规模、战略位置等等来提高吸引效率；第二阶段表示展台工作人员的绩效，即沟通效率。沟通效率衡量企业所能控制变量的效果，例如，如果企业参展目标中包括处理顾客意见时，展台工作人员和培训则是一个合适的绩效指标；第三阶段考察销售线索。销售线索可从现有客户中产生，也可从新顾客中产生。线索代表潜在的销售，表示观众对于后续销售的兴趣，这里用转化效率来反映销售人员把沟通转化为线索的能力。除了销售人员的能力，转化效率也依赖于其他的不可控因素，如行业内企业的声誉、与竞争对手相比产品质量、感兴趣观众是否在近期具有购买计划等等。

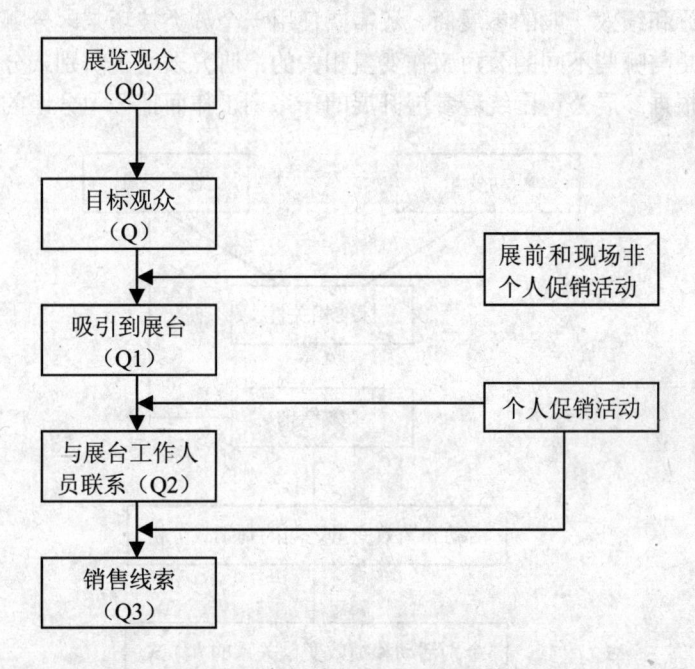

图 2-5 三阶段企业参展绩效评估模型

　　三阶段绩效评估模型在以下方面做出了重要贡献：首先，提出概念框架，使更直接地或更客观地评估展览绩效成为可能，清晰地把不同的目标和相应的绩效指标联系起来；第二，把绩效指标和企业控制变量联系起来，这样就可定量地研究展览绩效，并提供整合企业数据和观众数据的框架。模型把每个阶段的战术变量与合适的绩效衡量指标联系起来，来评估关键的决定性变量与所要达到的绩效水平之间的关系；第三，分析了在不同情况下展览资源的分配；最后，该研究所发展的模型对于不同类型展览具有可重复性。

2. 多维度绩效评估模型

图 2-6 表示的是 F. H.Rolf Seringhaus 和 Philip Rosson(2004)提出的多维度绩效评估模型。一个有用的评估模型应该包括对于参展效果的评估（参展效果变量体系）和对于会展工作的评估（参展工作变量体系），这两套变量体系也显示出具有一定的联系。多维度绩效评估模型使用标准相互关联方法来研究效果变量和工作变量之间的关系。标准相互关联是一种多功能的且功能强大的技巧，它能够对一系列广泛的变量体系进行分析，这种分析需要建立一个对参展效果进行评估的结构体系。对参展效果的评估标准是多方面的，这样才能够区分确认绩效好和绩效一般的参展商。还需要使用一个分类技巧来区分哪种水平的参展绩效是与哪些不同的公司工作变量相关的。研究采用了辨别式分析来验证，是可以根据参展公司围绕着参展开展的一系列工作而把公司分组的。

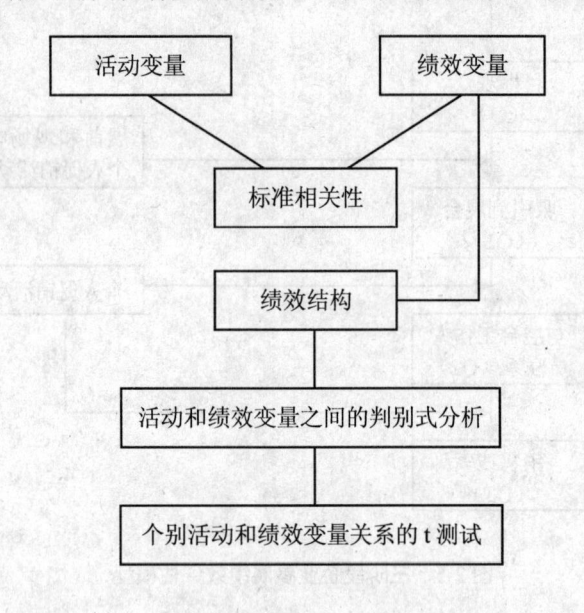

```
┌─────────┐       ┌─────────┐
│ 活动变量 │       │ 绩效变量 │
└────┬────┘       └────┬────┘
     └──────┬──────────┘
       ┌────┴─────┐
       │ 标准相关性 │
       └────┬─────┘
       ┌────┴─────┐
       │ 绩效结构 │
       └────┬─────┘
┌──────────┴──────────────┐
│ 活动和绩效变量之间的判别式分析 │
└──────────┬──────────────┘
┌──────────┴──────────────┐
│ 个别活动和绩效变量关系的 t 测试 │
└─────────────────────────┘
```

图 2-6 多维度评估模型

多维度绩效评估模型把展会作为一个程序来研究，动机在于为公司展会绩效测量提供一种更加与现实相符、更易理解的方法。多维度评估模型发现了一系列公司行为变量和绩效变量间的关系，强调了展会管理的影响及其充当的角色。通过对高绩效公司和低绩效公司之间的会展计划和管理行为的对比分析，显示出了他们在展前、展中及展后行为的巨大不同。即高绩效公司热衷于沟通、培训和充分的准备，投入更多的资源，并在展台上有更加积极的管理和与观众的互动沟通。多维度绩效评估模型第一次尝试介绍更多的系统和方法来了解展会。

3. 展览过程绩效评估模型

图2-7表示的是Li Ling-yee（2008）提出的展览过程绩效评估模型，该模型首先证明了三阶段绩效评估模型提出的"展览过程影响展览绩效"的观点，同时从两个方面拓展了三阶段绩效评估模型：首先，根据企业资源基础论引入了"展览过程"这个新的预测变量。更具体地说，外部关系资源和内部知识资源被用作描绘展览过程作用的新的独立变量；第二，作者检验了展览过程是否完全或部分地调节资源因素对于特定展览的销售目标和非销售目标完成程度的影响，而这个问题在三阶段绩效评估模型中并没有检验。

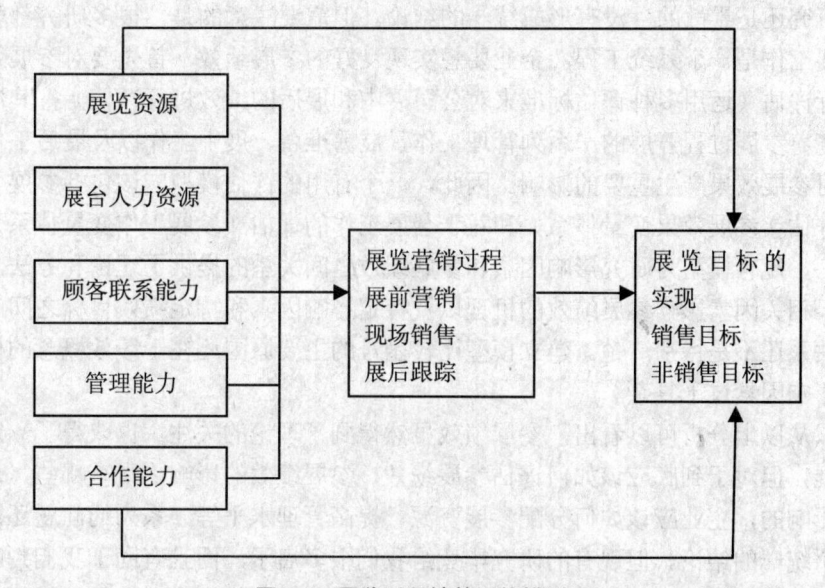

```
┌─────────────┐
│  展览资源   │──┐
└─────────────┘  │
┌─────────────┐  │
│ 展台人力资源│──┤
└─────────────┘  │   ┌──────────────┐   ┌──────────────┐
┌─────────────┐  │   │ 展览营销过程 │   │ 展览目标的   │
│ 顾客联系能力│──┼──▶│ 展前营销     │──▶│ 实现         │
└─────────────┘  │   │ 现场销售     │   │ 销售目标     │
┌─────────────┐  │   │ 展后跟踪     │   │ 非销售目标   │
│  管理能力   │──┤   └──────────────┘   └──────────────┘
└─────────────┘  │                              ▲
┌─────────────┐  │                              │
│  合作能力   │──┴──────────────────────────────┘
└─────────────┘
```

图 2-7　展览过程绩效评估模型

该模型的研究会对经理人和研究者有所帮助。例如，它可能会使经理人在展台设计、展台人员培训和后续工作等方面分配稀缺资源时更注重调节展览过程。对于研究者来说，展览过程可能成为未来研究中的一个重要的非独立变量。

四、总结

展览作为企业重要的营销手段，已经得到了理论研究的重视，本书在检索自上世纪70年代至2008年研究展览绩效主要文献的基础上，对国外关于企业参展绩效的研究做一相对完整的综述，主要包括参展绩效的衡量指标、影响因素及评估模型几个方面。

文献研究主要得出以下几个结论：第一，过去对展览会功能和绩效衡量的认识相对简单，现在更多的观点则认为公司可以通过参展而达到更加具有现实意义的多维度的目标。这种进步产生了各种相互独立的评估方法，用以对展览绩效以及影响结果的因素进行评估。然而值得注意的是，这些研究虽然给出了一系列绩效衡量指标，但却不能给绩效一个明确的概念。结果将会导致研究模型是在观察或衡量层面上建立起立的，而不是在理论层面上建立起来的，这样理论和观察之间的对应关系没有建立起来。也就是说，展览文献缺乏对展览绩效的一个综合理解，同时也缺乏科学性的标准。第二，关于参展绩效影响因素的研究还是零散的，没有形成统一的结论。但需要注意的是，很多研究都表明参展工作是一个系统工程，企业要想实现良好的参展绩效，首先要对参展效果进行评估（运用多种评估标准来对公司展中和展后的绩效进行评估）；其次要围绕着参展过程开展的一系列管理工作，展前准备、展中工作以及展后工作都会对参展效果产生重要的影响。因此，一个有用的评估模型应该包括参展效果的评估（参展效果变量体系）和对于会展工作的评估（参展工作变量体系）。第三，现有模型为研究影响因素和参展绩效之间关系的提供了理论和方法，但关于相关因素影响参展绩效的机理以及特定影响因素和特定绩效目标之间的具体关系还不是特别清楚。建立模型比较困难的主要原因还在于绩效概念的模糊和影响因素过于复杂。

从以上分析可以看出，参展绩效虽然得到了理论的关注，也取得了一定的进展，但对于到底应该如何评估参展绩效，参展绩效的影响因素有哪些、是如何影响的，企业应该如何分配参展资源、提高管理水平等一系列的问题还没有一个统一的结论。但现有的研究毕竟给我们很多启示，而且有助于我们判断未来关于展览绩效研究的方向：第一，要加强对展览绩效概念和衡量指标框架的研究。更重要的是，应该针对不同企业的特点，为不同的参展目标设定不同的参展绩效衡量指标。第二，应加强对参展绩效影响因素的研究。建立不同影响因素与不同绩效目标之间的关系模型，为有不同参展目标的企业分配有限的参展资源提供理论指导。同时，应再深入研究产业层面、企业层面以及参展行为战略层面等因素对参展绩效的影响。第三，应加强对理论模型的实证研究。目前关于展览绩效的研究大都是在美国、加拿大、英国等一些发达国家做的，经验研究使用的数据也都是这些国家的数据。这些研究结论对于大部分发展中国家尤其是我国企业是否具有适用性，还需要进一步的考证。因此，应加强我国企业参展绩效的实证研究。第四，应加强系统方法的研究和应用。参展工作是一个系统工程，应该采用系统的方法来研究。最后，应运用产业组织理论加强参展行为和绩效和关系的研究。目前已有的研究还只是以"参展行为决定参展绩效"为理论基础，很多文献都研究行为因素对参展绩效的影响，但对于绩效如何影响参展行为的研究不多，而这个问题无论是对于参展企业还是对于展览的组织者来说都具有重要意义。

复习思考题：
1. 如何理解"展览是一种营销工具"？
2. 展览在企业营销组合中的地位如何？
3. 展览营销方式的优点和缺点是什么？
4. 如何衡量企业参展绩效？企业参展行为是如何影响参展绩效的？

第三章

企业参展决策

[主要内容]

本章主要介绍企业参展决策过程所经历的动机、收集信息、决策、感受等多个阶段。主要内容是企业参展目的以及如何根据企业所处的市场环境和企业自身特点确定参展目的、参展需求的影响因素以及如何选择适合企业的展览。

第一节 企业参展决策过程

企业参展决策是一个复杂的过程，需要经历很多环节。从企业具有参展需要开始，要经历动机、收集信息、决策、感受等多个阶段（见图3-1）。

一、参展需要

需要（needs）描述了基本的人类需求。人们需要食品、空气、水、衣服和住所以生存，人们还强烈需要娱乐、教育和文化生活。当人们趋向某些特定的目标以获得满足时，需要变成了欲望（wants）。作为一个企业，同样对某些产品有需要，并形成趋向这些产品的欲望。

参展需要是企业根据自身所处的内外部条件而产生的对参加展会的需要。展览是企业重要的营销工具，具有其他营销渠道不可比拟的优势。不同行业、处于不同发展阶段、不同类型的企业为了进行营销管理活动，都对展览有或多或少的需要。

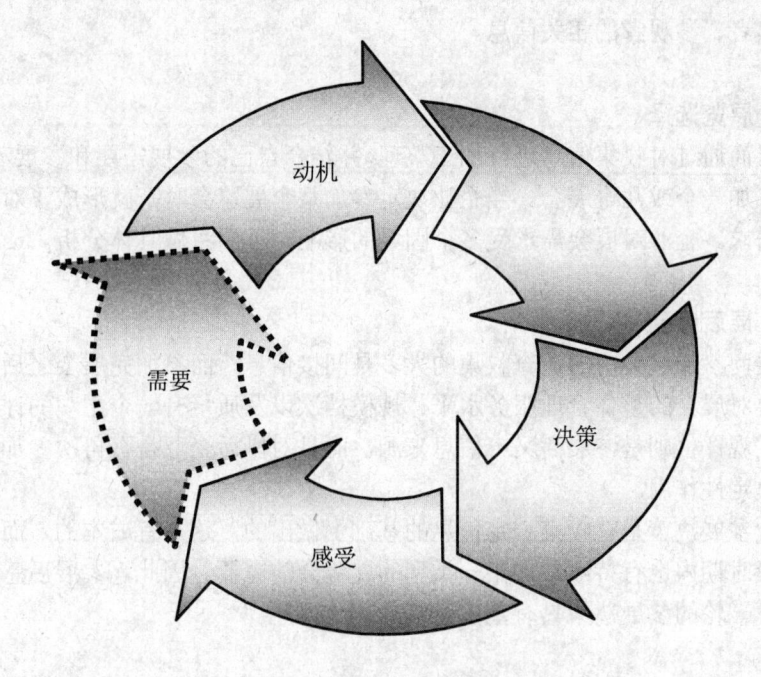

图3-1 参展商参展决策过程

二、参展动机

动机是由于个人的某种需要所引起的有意识的或无意识的行为指向。动机是在需要的基础上产生的,无论是物质需要还是精神需要,只要它以某种形式指向一定的对象,并激发起人的活动,就可以构成行为的动机。

参展需要和参展动机从某种程度上来说具有同样的含义,如企业有通过展览销售产品的需要,那么企业参展的动机(目的)也就是销售产品。但一般来说,是先有了参展需要才会根据需要确立参展动机。

三、信息收集

在世界范围内每年都会举办成千上万的展会,企业为了实现自己的参展目的和目标就必须从众多的展会中选择最适合自己的展会。选择展览会是在信息的基础上做出的,所收集的信息是复杂的,即包括企业内部的各方面信息,也包括企业所处市场环境的信息,还包括展览的有关信息。

与展览相关的信息包括综合信息也包括具体信息。综合信息主要包括展览的性质(贸易性或消费性)、展览的规模(国际、国家、地方)、展览的范围(专业性或综合性)。具体信息主要包括展览的名称、时间、地点以及展览会的组织者、展出者、参观者的相关信息。

四、展览选择

参展商通过对收集信息进行加工整理,并结合自己的参展需要和参展动机,要选择参加一个或几个展会。当企业决定参加某个展览会时,就形成了对该展览会的需求。企业对展会需求受多个因素的影响,下面将做具体分析。

五、展后感受

参展商参加展会前的调查收集的大多是间接信息,而参加完展会之后参展商自己要对展会的整体管理服务水平、规模档次以及质量有一个主观的评价,而这一主观评价则是参展商又一信息来源,而且对以后企业是否再次参加该展会起着决定性作用。

企业参展决策是在收集一定信息的基础上做出的,这是有成本的,而且企业在一段时期内也有持续参加某一类型的展览会的需要。因此,参展后感受对于企业下一轮的参展决策具有重要意义。

第二节 企业参展目的

企业在参展需要的基础之上有了参展动机,一定的参展动机是为了达到一定的参展目的。这里把参展目的和参展目标两个概念区分开来,参展目的是企业参加展览的原因,也是企业要达到的最终结果。而参展目标虽然也是企业要达到的目的,但相对具体一些。比如企业参展为了实现结识新客户的目的,具体的目标则可能是要结识国内某地区的新客户,或者要结识100个新客户。目的和目标之间的逻辑关系应该是:为了实现一定的参展目的,企业通过收集信息选择所要参加的展览,然后才能树立参展目标。参展目标包括定性目标和定量目标。

一、德国展览协会(AUMA)对参展目的的分类

德国展览协会(AUMA)是德国会展业行业协会组织,是德国会展行业的代表,负责协调德国各行业的展览活动,收集参展商、观众、组织者以及其他合作者的信息并为其提供咨询服务。AUMA把企业参展的目的分成五类:基本目的、产品目的、价格目的、沟通目的和促销目的(见表3-1)。可见,在基本目的的基础上,其他目的是把展览作为营销工具,按照产品、价格、渠道、促销这"4P"原则来分类的。

表 3-1 德国展览协会（AUMA）展出目的分类

目标种类	具体目标	
基本目的	了解新市场 寻找出口机会 交流经验 了解发展趋势 了解竞争状况	检验自身的竞争力 了解公司所处行业的状况 寻求合作机会 向新市场介绍本公司和产品
产品目的	推出新产品 介绍新发明 了解新产品推销的成果	了解市场对产品系列的接受程度 扩大产品系列
价格目的	试探价格余地	将产品和服务推向市场
渠道目的	建立个人关系 增强公司形象 了解客户需要 收集市场信息 加强与新闻媒介的关系	接触新客户 了解客户情况 挖掘现有客户的潜力 训练职员调研及推想技术
促销目的	扩大销售网 寻找新代理	测试减少贸易层次效果

二、参展的基本目的

上面AUMA关于企业参展目的的分类非常详细，但总结起来，企业参展的最主要目的表现在以下几个方面：

1．销售产品

企业所有的活动是为了最大限度地销售自己的产品，从而获得最大化的利润。实践证明，展览是企业销售产品的重要渠道。在德国80%的贸易量是通过展览会达成的，在我国有1/3的进出口额是通过广交会完成的，由此可见，会展在实现产品销售方面具有重要作用。尤其是对于一些规模比较小的企业，由于所占的市场份额小，没有形成自己独立的营销网络和销售渠道，就更加需要通过参加会展而寻找到自己的买家。

美国哈佛大学商学院教授曾经根据营销学理论把参展目的分为销售类和非销售类两类指标。销售类目标就是签订贸易、技术、投资、经营等方面的合同或协议，而非销售目标则是市场调研、信息交流、树立形象等方面。一般认为，展览的最终目标是为了实现产品销售。

2. 树立、维护形象

虽然很多企业都认为销售产品是企业参加会展最重要的目标，但越来越多的企业却把展会作为树立和维护自身形象的舞台。

对于行业内部的知名企业或者在市场上占较大份额的企业，他们已经建立起自己的营销网络，有自己的销售渠道，其实展会对于其扩大销售的作用已不是很明显。这些企业参加会展大多是为了彰显自身实力，树立和维护形象。如可口可乐公司是全球著名的饮料公司，其是否参加饮料食品展对于其销量基本上没有太大的影响，而该公司参展无非是为了维护自己在行业中排头兵的形象，而一个展会如果能有这样的公司参展也会提高展会的质量。再比如2004年广交会设立品牌馆，吸引了许多已经退出广交会多年的名牌企业重返广交会，也说明了树立、维护形象是参展商参加展会的重要动机和目的。

资料3-1 广交会是推广品牌的大舞台

年年广交会，届届有新意。第95届广交会最大的新意，就是首次设立品牌展区，2000多个展位，虽然占全部展位的比重仅是7%，但其政策指向性很明确，就是"要将广交会办成名牌产品博览会"。

其实，从品牌学角度看，广交会本身就是展览业中的知名品牌。这个新中国历史最悠久、层次最高、规模最大、商品种类最齐全、到会采购商最多的综合性展览会，以其庞大的客流量、巨大的交易额在海内外享有盛誉。无论是从参展商层次，还是从广告效应上看，广交会对品牌的成长，特别是对那些有志于创建国际知名品牌的中国企业来说，都是一个很好的平台。每届广交会，流花路展馆四周，知名品牌的广告招牌琳琅满目，目的就是尽力吸引海内外客商的眼球。这表明，广交会以其巨大的影响力，既成为国内企业产品品牌成长的大平台，也具有助推中国名牌走向世界的能力。

当然，一方面，以前广交会受场馆限制，能够提供给企业以展示品牌形象的展位展区有限；另一方面，出口大类如机电产品绝大多数是贴牌加工企业，造成知名品牌的相对不足，限制了广交会在助推品牌上的作用。随着广州国际会展中心的投入使用和国内一大批知名品牌的迅速成长，广交会品牌展区也就顺理成章地出现了。

一个知名品牌的成长，涉及的方面比较多。商务部负责人表示，今后，广交会还将采取一系列措施，对品牌产品提供种种便利。这和划出专门的品牌展区一样，是广交会助推中国知名品牌走向世界的一种政策倾斜。它所传达的信息，值得参展企业注意：今后那些没有注册商标、没有知识产权的产品将有可能被拒之于广交会大门外。向参展的外商传达出的信号则是，广交会采购到的产品，是中国最好的产品，也是中国最知名的品牌。

新意带来新效应。前几届国内某些知名家电厂家在有了出口国外的渠道后，选择了退出广交会。但当广交会划定品牌展区后，他们又重返广交会。他们所看重的，有成交额，也有企业产品形象展示的机会。

资料来源：信息时报

3. 调查、了解市场

展览会是企业进行市场调查的好机会，因为好的展览会可以集中行业内部的大部分买家和卖家。参展商可以通过展会了解市场供求水平、发展趋势、消费者消费习惯和偏好、销售渠道、客户的反映等等。参展商不仅需要和顾客交流，还需要和其他参展商交流。美国哈佛大学商学院教授甚至提出市场调研、信息交流将是展览的发展方向，将成为展览的主要目标。

4. 推出新产品或新服务

展会是推出新产品和新服务的重要场所，这主要是因为展览会的生命周期要先于产品生命周期。展览会和产品都要经历萌芽期、成长期、成熟期和衰退期四个生命周期阶段，但相比而言，展览会的生命周期要提前于产品的生命周期。在产品还没有进入市场之前，关于产品设计的理念、模型就可能在展会上展示，因为商家需要通过展览会来调查市场对即将面市的产品反应如何；当经过在展会上的调查研究，市场对新产品有大量需求时，产品则进入萌芽期，而为了宣传产品，展览会则进入了快速的成长期；当消费者对展品已经比较熟悉时，展会用来宣传产品的功能渐失，展会则进入成熟期，而产品的销售则大幅增长，进入快速成长期；最后，当产品的技术已经十分成熟，市场已经基本饱和，产品进入成熟期，而展会则进入衰退期。由此可见，展会作为推介新产品和新服务的重要工具始终走在产品的前面。

5. 建立并巩固客户关系

在市场竞争日趋激烈的今天，企业越来越重视客户关系管理。会展是一个重要的结识新客户、维护老客户的机会。相对而言，在展览会上结识的新客户往往是比较专业的、比较有诚意的。至于老客户，参展企业平时难得有机会与国外客户进行面对面的交流，借展出机会可以邀请老客户到展台参观，让老客户看看新产品，听取老客户对产品的要求和意见。

资料 3-2　营销人员的参展目的

美国展览产业研究中心（CEIR）在 2000 年对制造业的营销人员做了一项

调查，以确定他们在展览营销中的目的。以重要性为标准，根据调查回应者选择的比例来排列各种目的的先后顺序：

1. 从现有客户处获得销售线索。
2. 从新客户处获得销售线索。
3. 培训消费者如何使用公司的产品和服务。
4. 向经销商演示如何有效地促销。
5. 提高公司和产品性能的知晓度。
6. 介绍新产品和服务。
7. 收集竞争者信息。
8. 公共关系或获得媒体支持。
9. 结识新客户。
10. 与其他参展商洽谈业务。
11. 接触高质量的潜在主顾。
12. 会见重要的消费者。
13. 进入新的市场。

三、参展目的新观点

在现有的大多数研究中，参展商被等同于销售者，而观众则被等同于购买者。现有研究的一个方面集中于从参展商角度把展览视为不连续的采购行为(Belizzi和Lipps，1984；Faria和Dickinson，1985；Gopalakrishna和Williams，1992；Lilien，1983)，研究重点放在了参展商的参展动机和对销售效果的评估上。另一个研究方面是从观众的角度(Bello，1992；Morris，1988；Munuera和Ruiz，1993；Rothschild，1987)，主要研究的是观众在展会上的购买动机和行为。这两方面的研究都把重点放在了参展的销售动机方面。

"参展商—观众"只是表明了参展模式，说明一个主体要么以参展商要么以观众的身份参加展览。现有文献没有区分参展模式和参展动机。从理论上讲，某些展览会尤其是一些专业性展览会在某种程度上是一个产业中的各个环节上企业的聚集，参展商既可以遇到下游企业，也可能会遇到上游企业。也就是说，参展商既可作为销售者也可作为采购者，而现有文献对于参展商作为采购者身份的研究很少。对于观众也一样，当面对销售者时，观众是采购者；当面对采购者时，观众则是销售者。这种观点认为参加展览，尤其是国际性展览的观众和参展商可能都具有既是购买者又是销售者的双重目的。这种观点拓展了参展商和观众的身份，同时也拓展了展览对于参展商和观众的作用和功能。

表 3-2 展览参与者的扩展模型

参展模式	参展目的	
	销售者	采购者
参展商	(a) 目前的观点 参展商等同于销售者	(b) 新观点 参展商也有采购动机
观众	(c) 新观点 观众也有销售动机	(d) 目前的观点 观众等同于采购者

四、参展目的的选择

虽然展览对于参展商来说具有很多功能，企业参展也有很多目的，但对于一个特定的企业参展需求，企业应选择一个或两个主要的参展目的和不多于两个的次要目的，这可以使企业的参展工作更加集中，而不至于因为过于分散精力而使整个参展计划失败。选择一个或两个主要目的有非常重要的意义，这将使企业在各个主要和次要目的的指引下排列好每个战略和每个策略。

产品的相对新度、竞争性市场的性质、企业的市场份额（以现存消费者和顾客为特征）等因素都会使企业有不同的参展目标。例如，某企业只展出新的产品，那么该企业的目标可能是提升产品认知度、发布产品信息等等；参展产品为已经在市场上出现的产品（现存产品），那么它的主要参展目标可能是从现有顾客那儿收集现有产品或服务质量的反馈信息。又如，一个打算在有农民参加的展览上展示产品的农业机械公司可能会把获得销售订单作为其主要目标，而把维持现有客户作为次要目标。再如，一个宣称在商业营销专业会议上提供新的入境服务的电话营销服务公司可能会把介绍新产品作为主要目标，而把调查和信息交流工作为次要目标。又如，一个正在进入全新市场并且是不为市场所了解的公司可能会把提高品牌知晓度作为它参展的主要目标，所参加的展览可以吸引来自新市场的观众。

选择参展目的应该主要考虑如下因素：

1．市场环境

市场主要是由采购方和销售方组成的。了解采购方可以分析消费者市场和购买行为以及企业市场和企业购买行为，了解销售方可以从分析企业的竞争对手和行业状况入手。

消费者行为研究是研究个人、集团和组织如何选择、购买、使用和处置商品、服务、创意或经验，以满足他们的需要和愿望。消费者购买行为受到文化、社会、个人和心理因素的影响，其中文化因素的影响最广泛也最深远。消费者会经历问题认识、信息收集、对可供选择方案的评价、购买决策和购后行为五个阶段。企业市场与消费者市场相比，具有一些鲜明的特征：购买者比较少、购买量较大、供需双方关系密切、购买者在地理区域上集中、需求缺乏弹性、需求波动大、专业性采购、影响购买的人多、多次销售访问、直接采购等。如果企业面对的是消费者市场，企业参展的目的更多的应该是促进销售、培训消费者如何使用公司的产品和服务、提高公司和产品性能的知晓度、介绍新产品和服务等；如果企业所面对的是企业市场，那么企业参展目的则更多的应该是从现有客户处获得销售线索、从新客户处获得销售线索、接触高质量的潜在主顾、会见重要的消费者、结识新客户等。

另一方面，分析企业竞争对手和行业状况，主要分析市场结构以及企业与竞争对手相对地位。如果企业在行业中处于领头羊的地位，那么企业参展的主要目的应该是树立企业形象、公共关系或获得媒体支持；如果企业处于跟随者的地位，则企业参展的主要目的可能更多的是收集竞争者信息、巩固老顾客、结识新顾客、与其他参展商洽谈业务、进入新的市场等等。

总之，企业所处的市场环境是影响企业确定参展目的非常重要的因素。

2．企业营销战略

是企业市场营销部门根据战略规划，在综合考虑外部市场机会及内部资源状况等因素的基础上，确定目标市场，选择相应的市场营销策略组合，并予以有效实施和控制的过程。营销战略主要是对宏观环境、市场、行业、本企业状况等进行分析，以期准确、动态地把握市场机会。

3．产品销售周期

不同类型的产品有不同的销售周期，一般来说，生产周期短的产品销售周期也短，如日用消费品企业，其生产周期较短，一般为一个月内就有好几批成品生产出来，因此其销售周期也较短。而某些生产大型设备的行业，或者以提供项目服务为产品的企业，服务周期一般都比较长，其生产周期往往是跨月度、跨季度，甚至是跨年度的，其销售周期也较长。

销售周期较长的企业，不可能期望通过一次展览就实现最终销售，因此其参展目的往往是结识新客户并巩固老客户。如果产品的销售周期较短，展览可以使参展商直接面对具有决策权力的采购者（允许现场销售），那么展览的合理目标就是在现场所获得的订单或订单线索。

例如，美国 Northrup Grumman 公司是一家国防类产品生产企业，其产品销售周期长达 7 年，它每年在世界范围内要参加多达 300 个展览。其电子系统部门的营销经理乔治·瓦尼克（George L. Vanik）要负责其中的 30 个展览项目，他所在部门的参展目的都是围绕着会见特殊顾客展开的。在国防业的展览上是不可能获得任何订单的，展览上的观众甚至不是决策制定者，作为参展企业甚至不追踪在展览上获得的订单线索。因此，Northrup Grumman 公司的参展目的主要包括两层：一是举行消费者会议以接触重要的特殊的顾客，二是与商业合作者雷神（Raytheon）公司、洛克希德（Lockheed）公司、波音（Boeing）公司建立团队合作关系。对于某些商业机会，这些消费者是公司的竞争者，但是它们更可能是合作者。

4．产品生命周期

产品生命周期要经历四个阶段：萌芽期、成长期、饱和期和衰退期。在产品生命周期的前三个阶段，展览都可以成为重要的营销渠道。但在不同的阶段，企业参展的目的是不同的。在产品的萌芽期，企业参展应以介绍新产品（新服务）以及市场调查和信息交流为主要目的；而在产品成长期，应以结识新客户并获得订单线索为主要目的，以市场调查和信息交流为次要目的；在产品饱和期，应以维持老客户和销售为主要目的。

五、根据参展目的设定衡量标准

为了能更有好地实现参展目的，参展企业应该为每个参展目的设定具体的衡量标准，从而能更好地衡量参展目的的实现程度，具体可见表3-3。

表3-3　围绕目标设定具体的衡量标准

主要目标	相关的衡量标准
介绍新产品	所做的演示数量 参观展台的观众数量 预订的样品数量 新闻报道的数量 有质量销售线索的数量 征求建议书（RFP）的数量
获得销售线索	有质量销售线索的数量 每个有质量销售线索的成本
汇集新的潜在顾客	汇集的潜在顾客的数量 每个新的潜在顾客的成本
进入新市场	潜在顾客所在产业的分类 获得的销售线索的所在产业分类 征求建议书（RFP）的数量
销售	收入 完成的交易数量 签订的采购订单的数量 成本收入比投资回报率 新客户的数量

续表

主要目标	相关的衡量标准
知晓度	参观展台的观众数量 所做的演示数量 分发的传单数量 经过展台的观众数量 可视机会的数量（会议、活动、新闻发布会等等） 展前、展后的知晓度水平 新闻报道的数量
吸收渠道合作者	吸收的合作者的数量 每个吸收的合作者的成本 吸收的合作者的地理渗透
招募新员工	招募新员工的数量 每个新员工的成本 招募员工的技能分类
竞争者调查	展览上竞争者的数量 完成的竞争性分析
市场研究	完成的消费者调查 调查的重点群体
投资回报率	投资回报率 成本收入比
维持现有客户	事先安排和举行会见消费者的数量 向现有客户所做的新产品演示的数量 从现有客户获得的收入
支持所在产业	参加的协会数量 协会赞助所投资的资金

第三节 参展需求的影响因素

影响参展需求的因素很多，主要有展览产品价格、参展企业在参展方面的开支、其他营销方式的价格、互补品的价格、展览的质量。另外，整体经济形势、产业发展状况以及展览的选择范围也在一定程度上影响会展产品的需求。

一、展览的价格

一般来说，商品价格与需求量之间呈负相关关系，用几何图形表示则是一条向下倾斜的需求曲线。从需求曲线上可以看出，产品价格越高，产品需求量越低；价格越低，产品需求量越大。对需求曲线的理解，要区分需求数量的变化和需求的变化。需求数量的变化是沿着给定的需求曲线进行的，即：如果价格变化，需求量就会发生变化。需求数量的变化是指当除价格以外所有其他影响需求的因素保持不变时需求量的变化就是完全由价格的变化来决定。如果需求数量的变化是由产品本身价格之外的因素决定的，需求曲线就会发生位移，也就是需求的变化。在研究影响展览需求的因素时，也要区分展览本身价格及其他因素的影响。

　　需要说明的是，这里所指的展会价格主要是指向参展商所收取的展位费用，因为对于一些与展览密切相关的服务，如展台搭建、展台设计、展品运输，很多参展商要根据实际情况来决定是接受组展商的服务还是自己独立完成，因此，在组展商向参展商收取的费用中很难统一规定是否包括相关服务的费用，但可以肯定的是其中肯定包括所收取的展位费，因此，为了使所研究问题简化，这里我们假定展会价格中只包括展位费用，至于相关服务产品的价格则放在互补品价格中分析。

品牌性展会的需求曲线　　　　　　　　一般性展会的需求曲线

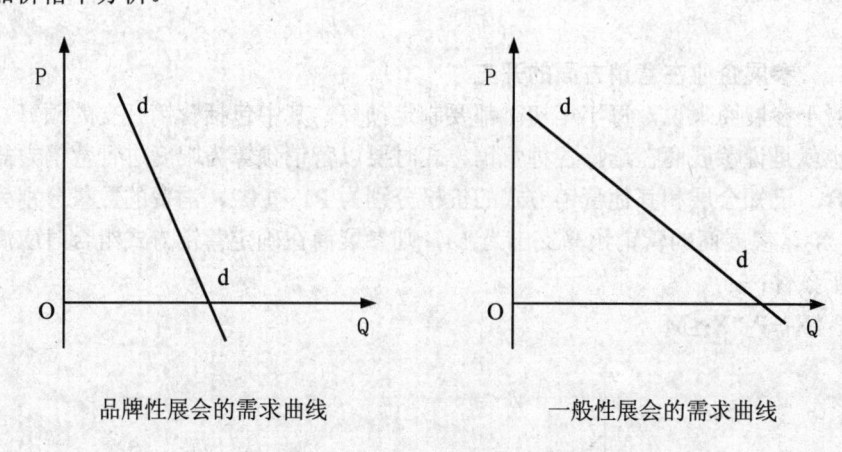

图 3-2　展会产品需求曲线示意图

　　从对某一特定展会的产品需求来看，展会的价格和需求之间的关系也遵循上面的需求法则，即展会的价格越高，则对该展会的需求就越小；而展会的价格越低，则对该展会的需求则越高。但在不同展会之间进行选择时，参展商往往倾向于选择价格高的展会。因为此时的价格可能是展会质量、品牌、管理服务水平的显性信号。越是价格高、档次高的展会越能吸引到参展商，市场的需求量越大。这也是为什么我国很多展会虽然参展费用很高，却还有很多企业无法获得参展资格，如广交会、国际服博会等，而有些展会虽然价格低，却没有人来参展的重要原因。这也从另一个侧面说明，虽然展会价格是参展商选择需要考虑的重要因素，却不是唯一因素，参展商选择购买一个展会更重要的是看重展会是否能够为其提供优质的服务，是否能实现自己的参展目的。如果无法实现，展位价格再低的展会对参展商来说也是没有吸引力的。

图 3-2 中的两个图表示了两种类别展会的需求曲线：一个是品牌性展会的需求曲线，一个是一般性展会的需求曲线。可以看出，两个图形的相同之处在于，无论是品牌性展会还是一般性展会的需求曲线都向下倾斜；不同之处在于，品牌性展会的需求曲线比一般性展会的需求曲线更陡峭一些，也就是说品牌性展会的需求价格弹性比一般性展会更小。需求价格弹性指的是需求量变动的百分比与价格变动百分比之间的比值，品牌性展会的需求价格弹性较小说明价格的上升并不能引起需求量的大幅度下降，而一般性展会的价格变动将会对展会需求量产生很大的影响。也就是说，参展商在决策参加展会时，如果是品牌性展会，参展商对展会的价格并不敏感；如果是一般性展会，参展商则比较关注展会价格问题。

二、参展企业在营销方面的开支

对于参展商来说，每年年初时都要制定预算，其中包括营销开支的预算，那么也就是说参展商在选择各种营销方式时要以营销预算为限度进行营销方式的组合。已知会展和其他营销方式的价格分别为 P1 和 P2，消费的数量分别为 X_1 和 X_2，参展商的营销预算支出为 M，则参展商在确定营销方式组合时应满足以下条件：

$P_1*X_1+P_2*X_2 \leq M$

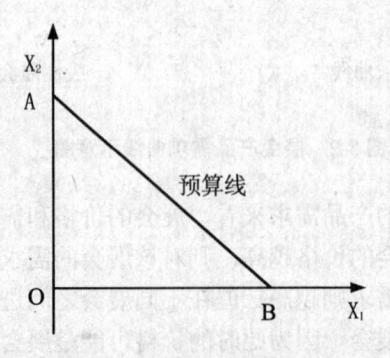

图 3-3　参展商开支预算示意图

也就是说，参展商在会展产品和其他营销方式上的营销组合支出不能超过它的营销预算支出。

图 3-3 中 AB 即为预算线，A 点代表所有的营销开支都用于其他营销方式的购买，所能购买的最大量，B 点代表所有的营销支出都用于购买会展产品所能够买到的最大量。预算线与坐标轴之间的面积是参展商可以选择的范围。而预算线右上角的点则是参展商所不能达到的。

从图 3-3 还可以看出，如果参展商的营销开支的预算增多，预算线就会向右上方移动，那么对展会的需求量就会增大；如果参展商的营销开支的预算减少，预算线就会向左下方移动，那么对展会的需求量就会减少。

三、其他营销方式的价格

如果把展览作为参展商的一种营销手段的话，那么其他营销手段就是展览的替代品。现实生活中除了展览这种营销方式之外，还有许多其他营销手段，如报刊、杂志、广告、新闻媒体、电话、上门推销等等。与一般的营销手段相比，通过展览进行交易的费用要低得多。据英联邦展览联合会调查，展览是优于专业杂志、直接邮寄、推销员推销、公关、报纸、电视等最有效的营销手段。通过一般渠道找到一个客户需要 219 英镑，但通过展览会只需要 35 英镑。还有资料显示[1]，展览会上参展商将和客户进行面对面的交流，而这种交流可以节约 30% 的经费，个体上门推销费用为 302 美元，包括销售代表的工资、交通费和招待费等，而展览会的费用为 230 美元，包括展台设计搭建、展品运输及参展人员的差旅费。在展会与其他营销方式相比比较低廉的情况下，参展商会更愿意选择会展作为营销手段。当其他营销方式的价格下降时，参展商可能会做出重新选择。

假设营销支出总额和会展产品价格不变，其他营销方式价格的下降，将会给会展产品的需求带来两个方面的影响：替代效应和收入效应。

一种商品价格的变化会对两种商品的消费量产生如下影响：一是价格的变化会导致两种商品之间的最佳替代率变化。这种变化足以使消费者调整两种商品的消费比例。消费者将增加对相对价格变便宜的商品的消费，减少对相对价格变贵的商品的消费。二是价格变化所引起的实际收入的变化。即使名义收入没有变化，但一种商品价格的降低会使其实际收入增加；反之，则会使实际收入下降。

---

[1] 资料来源：《展览与专业市场信息》 2001年第8期，第35页，转引自《深圳特区报》。

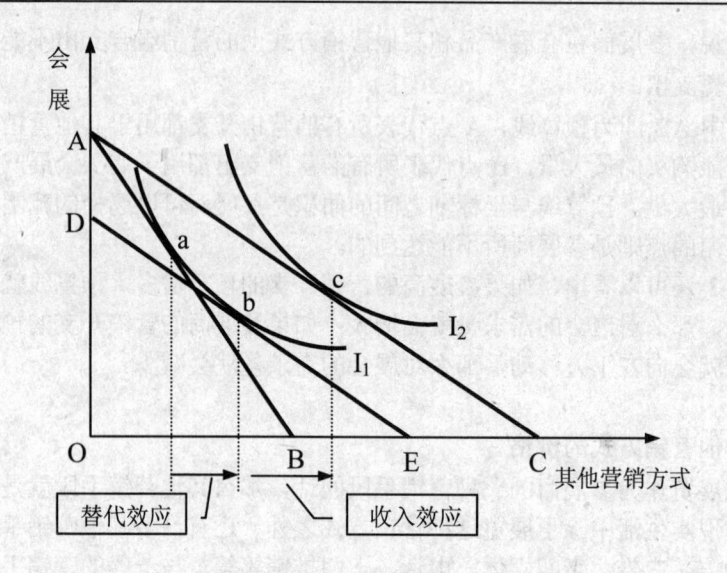

图 3-4 会展产品的替代效应和收入效应

替代效应表示在实际收入不变的情况下，相对价格变化所引起的两种商品需求数量的变化。收入效应是在其他因素不便的情况下，实际收入（购买力）变化所引起的需求数量的变化。

在图 3-4 中，假定参展商的偏好以无差异曲线描述，他的营销预算线为 AB，他所选择的营销组合为 a。如果其他营销方式价格下降，那么营销预算线将转动到 AC。在所有其他与会展产品需求相关的因素不变的情况下，参展商选择的新的营销组合为 b。在理论上，可以画出一条与新的营销预算线 AC 相平行的一条人为的预算线 DE，其斜率反映新的相对价格，借助于 DE 曲线，可以把从 a 到 b 的横向运动划分为两部分。

替代效应假定实际收入不变，因而就必须使消费者回到原来的无差异曲线 I_1 上，剔除由于价格下降而导致的实际收入的增加量。由于其他营销方式价格下降，在假定参展商实际营销支出不变的情况下，应增加对其他营销方式的消费，而减少对会展产品的消费以实现参展商的效用最大化。在图 3-4 中，a 和 b 都处于 I_1 上，从点 a 到点 b 的移动就完全是替代效应。替代效应仅仅是由于某商品的价格变化引起最佳商品组合沿着原来的无差异曲线移动的而发生的该商品（展览）需求量的变化。

如果把其他营销方式价格下降而导致的实际预算支出增加这一因素考虑进去，那么对营销方式购买力的增加将导致参展商对会展产品和其他营销方式的需求同时增加,这个新增的购买力反映在图上就是预算线从 DE 平行向右上方移动到 AC,这样最佳营销方式的组合又由点 b 移动到点 c。因此,收入效应仅仅是由于收入变化而引起的最佳组合点从原来的无差异曲线移到另一条无差异曲线上而发生的需求量的变化。

替代效应总是同价格变动的方向相反,因而必定是负的;但收入效应却能在两个相反的方向上发挥作用。因此,总效应可能是正的,也可能是负的。如果会展和其他营销方式是正常商品,即价格的下降会导致对其需求量的增加,那么这两种效应就会在相同的方向上起作用,从而是相互加强的。以上关于其他营销方式价格变动对会展需求的替代效应和收入效应正是以二者均为正常商品为基础的[①]。

四、互补品的价格

前面讨论了作为展览替代品的其他营销方式的价格对展会需求的影响,现在分析展会的互补品价格变动对会展需求的影响。

会展从某种程度上来说是一个复合性商品,是由多个厂商共同提供的,其中包括会展中心、会展公司、饭店、旅行社、展台搭建公司、展览设计公司、礼仪服务、展览运输公司等等。前面我们提到会展产品价格中只包括展位费,而相关服务产品则是展会的互补品。当一种商品的价格上升(或下降),引起另一种商品的需求减少(或增加)时,这两种物品就是"互补品"。与替代品相互之间可以取代所不同的是,互补品一般是同时消费。也就是说,作为参展商参加展会的同时,他还要同时消费展台搭建、展览设计服务以及饭店产品和旅游产品。假设饭店产品的价格下降,参展商参加会展的总的开支就要减少,那么就可能增加对会展产品的需求。

五、展览的质量

1. 观众的数量和质量

观众的数量和质量是决定参展商参展目的是否能实现的重要因素,因此某展会观众的数量和质量就成为决定展会需求的重要因素。对于不同的展会,参展商对观众的考察角度是不一样的。如果是综合性或消费类展会,参展商比较注重观众的数量。因为观众越多,说明展会的人气越旺,展会的影响力越大。而对于专业性展会或贸易性展会,参展商更注重的是观众的质量,如专业观众

[①] 这里我们假定各种营销方式是正常商品,而不考虑劣等品或吉芬商品的情况,相关知识请参考经济学教材。

所占的比例、专业观众中具有购买决策权的人或能够影响购买决策的人的比例等等。

2. 会展企业的服务水平

展览从本质上是一种服务产品，是生产和消费同时进行的产品，因而会展公司服务水平的高低也成为影响会展产品需求的重要因素。会展公司服务水平越高，参展商对展会的需求就越大。

需要说明的是，会展公司的服务不仅仅体现在展会现场为参展商提供的各种服务。服务应该是全方位的，是贯穿整个会展活动始终的。除了展会现场上的服务之外，展前的展台搭建、展台设计、展览运输等服务以及展后的展会评估、信息反馈等服务同样重要，而这两个阶段的服务恰恰是我国会展公司容易忽视的地方。现在很多会展公司为了扩大展会的需求，都积极地从提高展会服务水平入手，以争取更多的参展商。如针对很多参展企业没有参展经验的情况，很多会展公司在招展时为每个参展企业量身定做一整套参展方案，取得了很好的效果。还有的组展公司帮助参展企业对展会举办地的市场情况进行调查，为参展商的参展决策提供依据。

3. 会展产品的宣传力度

会展公司为扩大展会的知名度，争取更多的参展企业，会加大对会展产品的营销。会展公司的营销会从两个方面影响参展商对展会的需求。一方面，会展公司的营销会使更多的企业了解会展产品，从而购买会展产品。另一方面，很多企业参加会展的动机是为了扩大自己的影响，树立自己在行业中的形象和地位，因此媒体曝光度就成了很多参展企业选择展览的一个重要参考指标，而媒体曝光度和会展产品的整体宣传力度有关。从某种程度上来说，会展产品的宣传力度越大，参展商对展会的需求就越大。

反映展会质量的指标有很多，除了上面提到的比较重要的几个之外，还有组织者的资信状况、展览会的始办年代、展览会在行业展会中的排名、支持单位状况、关联活动等等。限于篇幅，这里就不一一分析。

六、展览的选择范围

根据不同的标准，展览有多种分类，每一个参展商在选择参加展会时都会选择最适合自己的展会。如果参展商的参展动机是促进销售和成交，那么他就会选择贸易类或专业类展会；如果参展商的参展动机是扩大产品在展会举办地的影响，那么他就会选择综合性或消费类展会。也就是说，不同的会展产品之间是具有差异性的，可供选择的展会种类越多，参展商就越能够选择到最适合自己的展会，从而最大限度地实现参展目标。从这个角度上来说，展览产品的多元化可以从整体上增大参展商对会展产品的需求。但由于会展市场被更进一步地细分，因而每一个特定展会的需求可能增加也可能减少。

七、整体经济形势和产业发展状况

从会展产业发展的历史和现状来看，经济发展水平和产业发展状况是决定会展产业发展水平，影响会展产品需求的重要因素。经济发达、产业体系完备的国家往往也是会展业发达的国家，如德国、英国、法国、意大利、美国、加拿大等等。经济发展水平越高，企业竞争越激烈，就越愿意通过参加会展的方式实现自己的营销目的。

从产业发展状况来看，当某一产业处于萌芽期或是成长期，产业内部的企业对会展就有更多的需求，因为企业希望通过参加会展的方式来展览、展示自己的新产品，树立自己在行业中的形象，为自己的产品迅速打开销路。会展产业发展的实际情况也证实了这一点，目前举办最多的展会大多可以反映未来产业发展趋势，如IT展、体育用品展、房展、车展等等。因此，在考察某类展会的需求时，一定要深入了解举办地整体经济情况和与展览相关的产业发展状况。

第四节 选择适合的展览

确定了参展目的之后，企业就应该选择合适的展览以实现参展目的。企业参展决策是在一定的信息基础之上做出的，这些信息包括企业所处的内部环境信息、外部市场环境信息和相关展览信息。

一、收集展览信息

1. 展览信息的主要内容

（1）综合信息

综合信息主要包括展览的性质（贸易性或消费性）、展览的规模（国际、国家、地方）、展览的范围（专业性或综合性）。

（2）具体信息

有关展览本身的信息是复杂而具体的，需要企业详细考虑，主要集中在以下几个方面：

■ 展览的组织者，包括主办单位、协办单位、支持单位、媒体等参与者。展出者可以通过分析展览组织的工作质量来判断展览会的质量。如通过了解组织者宣传工作的广度和深度，组织者的服务是否周全，包括设计、施工、装饰、运输、搬运、储存、银行、保险、邮政、电信、会议、餐饮、旅游、人员等等来考察展览组织者的工作质量的好坏。

■ 展览的时间。展览会举办时间的选择可以有多方面的考虑，比如是否是订货高峰季节等。

■ 展览的地点，包括举办城市和举办场馆。展览会举办地点的选择，可以从两方面考虑，一是从贸易角度考虑，即展览地点是否是生产流通中心，二是从差旅角度考虑，即展览地点是否吃住便利。

■ 展览的内容，包括展品的范围、参展商范围、观众范围。对展出者的统计分析一般限于地域、行业等，尤其要注意行业内处于领导地位的大型企业是否参展，是否连续参展。对于观众的分析也可从两个方面入手：一方面，通过了解参观者的总数，可以了解展览会的规模，并在一定程度上了解其质量和影响。另一方面，通过对参观者进行行业分析。可以了解参观者是否来自展出者所期望的行业。在此基础上进一步了解目标观众的质量，包括对采购的决策权和对采购的影响力，也是一个重要的步骤。此外，参观者的区域分析数据也很重要。外地参观者的比例越高，参观者来自的地域越广，越能说明展览会的影响。展出者也是反映展览会质量的关键因素之一。

2. 展览信息的来源

对于展览信息的收集，可以从以下几个方面入手：

■ 顾客和潜在消费者，了解他们希望在哪参加展览。

■ 销售人员的建议，这也可能是企业参展信息的最好来源。

■ 商业合作伙伴、分销商、零售商的建议。

■ 供应商，询问他们的参展计划。

■ 以前曾经参加过的展览。

■ 竞争者，在他们的网站上可能会列示每年参加的活动、展览项目。

■ 专业贸易杂志。主要用于收集专业性的展览的信息。

■ 行业协会。行业协会是展览的主办主体，掌握行业协会的展览信息也就从源头上掌握了展览的信息。

■ 展览中心。具有一定规模的展览都会在展览中心举办，而展览中心一般都在年初甚至更早的时间就已经有了当年的展览计划。因此，掌握展览中心的展览计划就可以从展览场地方面掌握展览的信息。

二、选择正确的展览

对于一个特定的公司来说，很难说哪个展览是最有效率的。但可以通过缩小范围确保成功选择正确展览。

首先，在选择参加一个展会前，必须得回答以下三个基本问题：
- 展会的主题能涵盖我的产品/服务吗？
- 展会能代表我的市场吗？重要性如何？
- 展会能让我接触现有的和/或新的目标群体吗？

此外，以下问题应由展会主办机构提供答案：
- 该展会是全国性、区域性还是国际性的活动？
- 展会的频率是怎样的？下一届展会日期是什么时候？
- 哪些公司会参展？
- 每平方米的展览面积的价格是多少？
- 除了展会，还有一些额外的会议/大会吗？
- 将会采用哪些推广活动来吸引参观者到展会来？
- 上一届展会的观众和展商的统计数据？(国内和国外观众的数量？观众的类型是专业还是大众？来自哪些国家？决策水平是怎样的？国内和国外展商数量？净国内和国际展商租用的展览面积？)
- 上届展会后的调查结果显示的观众和展商的满意程度是怎样的？

然后，根据展览与企业的标准，如采购者类型、权力水平、行业等等的匹配度排列可能的候选展览。通过这个程序，最适合的展览就会被选出来。

选出一个相对较少的候选展览清单后，就应该对展览的信誉状况进行调查。以下是了解展览质量的一些技巧：

- 在参展之前以观众的身份参观展览。了解展场内举办的活动、声音、会议的标准和观众的特征。如果你是潜在参展商，展览管理者会给你一个免费通行证提前视察展览情况。
- 与以前的参展商交流。展览管理者会给你提供一份参展商名录清单，或者可以查阅以前年度展览的小册子或网页，联系以前的参展商。
- 与竞争者交流。假设你有与竞争者交流的渠道，那么探寻他们在展览上的经历还是值得的。或者看看竞争者的网站，他们也许会在网站上公布他们的活动安排。
- 要求销售人员尝试通过消费者网络、竞争者网络和渠道合作伙伴等方式获得各种信息。
- 对展览管理机构做信用调查。
- 记住展览的变化和观众的变化。展览有自然的生命周期，因此要密切关注要参加的展览的趋势。

复习思考题：
1. 企业参展决策过程是什么？
2. 企业参展目的主要有哪些？
3. 如何根据企业的特点和市场战略要求来确定参展目的？
4. 影响展会需求的因素有哪些？
5. 展会的信息来源有哪些？
6. 如何选择适合自己参加的展览？

案例 1　根据市场策略制定参展目的——施耐德的参展选择

施耐德的产品广泛，既有工业类产品，也有民用产品，比如大家经常使用的奇胜开关、梅兰日兰等等，都是施耐德的产品，因此，适合施耐德的展会是非常多的。但是施耐德并没有将全年国内这些行业涉及的展会统统纳入参展计划，而是根据其产品的核心程度、对各行业前景的估计等等因素，加上对展会的一系列考察，包括展会的定位是否符合自身的需要、展会的规模是否达到一定要求、展会组织者的能力、展会的影响力和知名度、参展的费用以及举办地是否合适等等，最终选择了 2007 年的制冷展、橡塑展以及包装展，从而使得投入的时间和精力获得最大的回报。

每次参展，施耐德都会和合作商共同选择一个明确的目标作为展览的主导方向，从而成为后续的一系列设计、制作、功能的围绕中心，所有的后续工作都围绕这个目标而展开，显得有条不紊。施耐德在 2007 年的展会目标上，考虑到公司新产品的不断涌现，成熟技术的不断推出，加上施耐德本身具有的较高知名度，采取了产品展示为主、形象展示为辅的方针，实现了加强对外合作交流的参展目的。

只有根据自己的市场策略的需要来制定参展目的，才能打造一个成功的展览项目。加上一个考虑周到的全盘的参展计划，对参展的地域分布、参展的时间安排以及参展的类型做详尽的分析和安排，参展效果才可以得到保证。

思考题：
1. 企业参展目的一般有哪些？
2. 影响企业参展目的的因素有哪些？
3. 对于产品范围较丰富的企业，应该如何确定企业参展目的？

案例2 IBM 的联合指挥中心转向目标展览

IBM 联合指挥中心主要面对美国和欧洲的政府采购者，联合信息技术采购者非常重视与他们的供应商面对面的交流，但近年来这种情况有所变化，即采购决策更加集中于某一组织。因此，IBM 的参展战略也随之而变，主要包括：

■ 大量减少参展的数量。过去，联合指挥中心的经理每月要参加 2~3 个展览，而目前每年大概参加 12 个展览。相比过去，联合指挥中心每年参加的展览数量大大减少。如果面对一个新的或正在发展的市场，IBM 会派经理人员以观众的身份参展，而不是以参展商的身份参展。

■ 参加更少的一般性的展览，参加更多的专业性展览。

■ 提前做好会见约定。IBM 希望能够在展会上见到应该见到的人，因此 IBM 要在展前做很多准备工作，并安排各种会见。

■ 更小的展台和更少的员工。事先的会见安排意味着 IBM 可以在展会现场上对展台的客流量关注更少。因此，我们不在需要非常大的展台、非常多的销售人员。我们有一些技术人员负责做展览展示。

■ 强大的网络展览。我们的消费者和潜在顾客需要能够找到他们想要寻找的东西，我们的采购者在线，我们也要建设强大的网络展览，让顾客能够找到我们。

思考题：

1. IBM 的参展策略在近年来出现哪些变化？
2. IBM 为什么更倾向于参加专业性的展览，而非一般性的展览？
3. 提前做好与重要客户会见的约定对于企业完成参展目标具有什么重要意义？

案例3 微软的参展决策机制

微软公司是世界 PC 机软件开发的先导，分支机构遍布全球 61 个国家，一年内参与 5000 场形色各异的展会，平均一天约有 14 场次。在微软参加的 5000 场展会中，有 60%是国际级知名展会，如 COMDEX、CeBIT；30%是一般性展会；10%是小型私人展会。那么微软是如何选择这 5000 多个展会的呢？下面从以下几个方面介绍：

第一，成立专门的展会市场运营集团。 由于微软公司分支机构遍布全球 61 个国家，展会的运作管理也相对分散。为此，微软高层及时成立了展会市场运营集团（CMG），由两位资深展会经理人，负责微软全球展会的统筹安排。展会市场运营集团的任务就是提高最终客户与合作伙伴的出席率。为此，CMG需要改进展会运营进度、成本控制和资源的有效整合。另外，CMG也要承担公共关系、广告策划、品牌定位和市场调研等一系列辅助性工作。

第二，展会市场运营集团下设不同部门负责不同的业务。CMG下设6个部门：展会创意、高科技运用、演讲稿/图例、展会项目管理、商业运作和合作意向。展会项目管理是最大的部门，它是体现团队精神的核心。其主要职责是项目管理、预选、物流计划、展馆运营等。

第三，制定选择展会的流程图。为了确保展会的顺利进行，CMG策划了一个选择展会的流程图：确定展会计划——制订执行方案——评估展会业绩——计划付诸实施。决定参展之前，CMG必须做详尽的分析，流程图帮助他们确定投资回报率并做出正确的决策。CMG准备对已经历的合作展会进行重新筛选，内容包括：展会规模、参展机构、展会运作、媒体出席率等。其中1级代表展会实力不足，有被筛下的可能。5级则代表展会实力强悍，性能价格比令微软满意。展会的排名也是选择的关键。对展会的评分一旦发表，所有在微软选择标准以外的展会，都会在微软的视野中消失。为了保证每个步骤的顺利实施，CMG以交通信号灯的红、黄、绿三色，作为控制流程的信号。具体控制程序为：假如对过去展会的业绩评估做得不完善，就会亮起红灯；如果在实施计划时发现了问题，则亮黄灯。据此CMG就能及时找到改进方法。

第四，严格控制参展成本支出。CMG把展会预算分为6个部分：35%为内部耗费（包括服务人员的开销、食品及饮料等）、25%为场地租用费、15%为视听耗材和舞台及灯光设备费、10%为展会管理和市场运作费（包括宣传广告、精美画册等）、10%为运费、5%为硬件技术支持费。价值和成本好似一个跷跷板，微软所期望的是成本低廉、品质高的展会。

从以上的分析可以看出，微软并不刻意减少展会的数量，只是淘汰一些对其已经没有价值的展会。微软的信条是，绝对不能错过展览会，因为它是向客户、合作伙伴以及观众证明微软真正价值所在的绝佳机会。同时，对它的资金投入，也可产生相当可观的回报。这种投资回报率既是有形的，也是无形的。发掘潜在利益和扩大市场占有率，是微软参展的根本目的。

微软参展的成功，在于它能够抓住参展时机，无论规模大小、知名与否，微软都积极参与。品牌展会是企业提高声誉和影响力的捷径，微软也希望在品牌展会上提高知名度。微软愿意所有参加展会的观众，都能享受到客户级服务和经历，这也是微软扩大客户群的手段之一。

思考题：
1. 微软选择展会的流程是什么？
2. 微软的展会市场运营集团起到了什么作用？
3. 微软参展的成功之处在哪里？

案例 4　电子行业企业的参展策略

2006 年 CeBIT 展会，各大电子行业巨头纷纷退出展会。欧洲电子巨头飞利浦公司宣布继 2004 年后再次退出 CeBIT，索尼公司也宣布退出 2006 年的 CeBIT，德国著名的移动通讯服务提供商 E-plus 也同期宣布退出，紧接着，著名的网络设备提供商思科公司也宣布跟 CeBIT 说再见，大有多米诺骨牌效应大爆发的趋势。CeBIT 作为全球最大的计算机及通讯设备展，为什么在其喜迎第 21 届展会开幕之际，却遭到数位行业巨头的冷遇？同时，另一些行业巨头却不受索尼和 E-plus 的影响，仍将 CeBIT 视作首选。还有的公司，则选择自办展会。可见，不同的公司都有自己的参展策略。

缺乏目标观众，跟不上时代步伐——跟 CeBIT 说再见

"我们的很多客户都不再参观 CeBIT，所以继续参加 CeBIT 不符合公司 2006 年的整体市场战略。"这是 E-plus 在新闻发布会上对退出 CeBIT 给出的解释。索尼德国公司给出的解释与 E-plus 大同小异：CeBIT 已经不再是索尼的最佳展示平台，与科技和电子行业的飞速发展相比，CeBIT 已经不合时宜。索尼德国公司一位高管称："为了发布新产品，我们每三个月就要参加一次科技信息产品展，每六个月就要参加一次电子娱乐产品展。"

不受索尼和 E-plus 的影响——CeBIT 仍将是首选

有意思的是，同为移动通讯服务提供商的德 O2 公司表示，在 2005 年的 CeBIT 上，该公司展台的访问人数达到了 6 位数，公司对此非常满意，2006 年将继续大力度参展。英特尔更是对 CeBIT 赞赏有加，称每年参展 CeBIT 对其都非常重要，甚至表示 2006 年展位面积将大幅度增加，从 2005 年的 600 平米增加到 1000 平米。英特尔对此的解释是：英特尔不仅需要企业级客户，还需要很多终端客户的认同，再没有其他展会能为英特尔提供如此众多的高品位终端客户群。为了使每种产品有更充裕的展示空间，继而决定增加展位面积。

"我们不会受索尼和 E-plus 的影响，将继续参加下届 CeBIT。"IBM 也对 CeBIT 持支持态度，但其同时表示：我们一直敦促汉诺威展览公司在保证展会参观人数的同时，要确保和提高企业级观众的比例，2005 年的 CeBIT 在这方面已经有了很大的改善。届时，IBM 将派遣 1000 名工作人员赴汉诺威负责该公司的 CeBIT 参展事务。

自己的展会自己办——"公司展会"在 IT 行业内渐成气候

网络设备提供商思科也于今年初宣布退出 2006 年的 CeBIT，该公司并没有给出直接的解释，而是宣布思科将举办该公司在欧洲范围内自己的展会"Cisco Expo"，并且相信该展会将成为在德国举办的另一个信息通讯技术领域的专业展会。"公司展会"近两年在 IT 行业内渐成气候。除新近加入的思科公司外，数据库软件服务提供商 Oracle 公司和苹果电脑公司都有各自的公司展会，而且苹果电脑公司只在自己主办的展会"MacWorld"上发布公司的最新产品。也有公司自己办展和参展两不耽误，例如德国著名的商务软件解决方案提供商 SAP 公司在参加 CeBIT 的同时，也在经营着自己两年一届的公司展会"Sapphire"，并在欧洲范围内巡回举办。

思考题：
1. CeBIT 作为行业内知名展会，为什么在 2006 年却遭遇了数位行业巨头的冷遇？
2. 公司展会与一般展会有何不同？公司展会对企业有何重要作用？
3. 如何理解"不同的公司都有自己的参展策略"？

第四章

企业参展计划

[主要内容]

本章主要介绍企业参展计划的内涵、构成要素及主要内容。参展计划主要包括进度计划、人力资源计划和财务计划，而制定参展目标和工作分解结构图是制定参展计划的基础。本章详细介绍了如何制定参展的进度计划、人力资源计划和财务计划。

第一节 参展计划

一、参展计划

认真地做好计划工作是参展项目成功的关键。为了使工作能够顺利地完成，所有的工作都要事先制定正式的、详细的计划。计划就是选择企业目标并建立为实现这些目标而必需的方针、政策和程序的职能。制定计划的主要目的就是建立详细的指导方案，以确切告知项目团队必须做什么，必须何时做以及需要什么资源等等，从而成功地完成项目任务或交付项目成果。参展所涉及的人力、物力和财力都是非常庞大的，而且需要考虑的细节问题众多，这就更需要在参展之前制定详细的计划，以指导项目团队的工作，保证参展工作顺利完成。

参展计划就是根据企业所确定的参展目的，确定参展所要完成的目标，并制定为实现这些目标的进度计划和预算安排。参展计划不仅有利于项目团队对目标有更清楚的认识和理解，提高参展管理的水平，还可以为参展控制提供依据。另外，从参展策划开始到实际参展还有一段时间，在此期间会发生很多意外或风险性事件，参展计划可以最大程度减少不确定性，可事先对风险性事件进行预测，并能够事先制定预防性措施。总体来看，参展计划需要解决以下五个问题：

◆ 何事（参展目标）：参展要实现什么样的目标，是展览经理和项目小组人员在工作过程中必须清楚的。

◆ 如何（工作分解结构图）：通过工作分解结构图可以将参展项目目标分解为具体的可实现的任务。

◆ 何时（进度表）：决定参展项目的每一项工作在何时实施、需要多长时间、每项工作需要哪些资源。

◆ 何人（人力资源计划）：人员使用计划主要决定何人在何时做何事，并要在工作分解结构图中简单注明人员使用计划。

◆ 多少（财务计划）：这里主要指参展的财务预算，预测参展需要多少经费。

这五个问题中，"何事（参展目标）"和"如何（工作分解结构图）"是制定参展计划的基础，"何时"指的是进度计划，"何人"指的是人力资源计划，"多少"指的是财务计划，这三项计划是企业参展计划的主要内容，也是本章要介绍的主要内容。

二、参展计划的要素

1. 概述

概述是关于一个项目的简要概括，主要是为了让组织的最高领导层了解参展的目标和大概情况。内容主要包括参展目标说明、与组织整体目标之间的关系、参展项目的组织结构、项目的主要事件和进度安排。

2. 计划目标

确定计划目标是参展计划的首要任务。目标是指一个目的、指标或在一定时间内需要完成的份额。任何一个项目都应该有特定的目标，目标可以分为总目标和子目标，一般来说，项目目标和组织的总体目标应该是一致的。组织中各个层次的全体参与者、全体经理人员都应该知道项目的目标，避免由于项目目标在各个层次之间传递的不准确而导致不同人对项目目标产生不同的理解。项目主要部分计划目标的不准确定义对成本和进度产生的负面影响最大，突出的成功项目展现出明确的范围和工作定义。清晰界定项目目标对于项目能够顺利完成起着决定性的作用。一项对美国和加拿大超过 1400 名项目经理所进行的研究表明，将近有 50%的计划问题和不明确的范围与目标定义有关。由此可见，清晰界定项目目标对于项目能够顺利成功完成起着决定性的作用。

在制定参展目标时，既需要有总目标，还需要有各个子目标。总目标是对参展最终交付结果的要求，而子目标则是每一项具体任务的结果要求，总目标是靠子目标的实现而实现的。在参展具体运作过程中，必须把总目标分解为单个子目标，在子目标完成的基础上有效地整合资源，从而实现总目标。另外，参展目标既需要有定性的目标，又需要有定量的目标。比如参展的定性目标是结识新客户，相应的定量目标则可以是结识 50 个新客户等等。定量目标可以衡量，可以作为参展过程控制和绩效评估的基础，而定性目标则表明参展的长期发展方向，所以总体目标和每一个子目标要从定性和定量两个标准来判断。

需要说明的是，参展目标一定要建立在可行性基础之上，而且是经过项目小组成员的共同努力可以达到的，而不能不顾企业所具有的可利用资源的限制而盲目制定不切合实际的目标。

3．项目范围

确定参展目标之后，应该明确确定为完成项目目标所要做的各项工作，也就是项目范围。一般来说，确定参展项目范围主要包括以下内容：

一是制定合适的营销战略，即通过一定营销方式的组合，实现展前、展中、展后的营销，以确保有足够的客户来到展览现场，实现参展目的和目标；二是展品的选择，即根据企业营销战略、市场环境、产品情况选择合适的参展产品或样本；三是确定服务外包的范围，如展品运输、展台搭建、保险、清洁、餐饮、邮寄等各项服务；四是展会现场的管理工作；五是参展绩效评估工作，即在参展活动结束之后要对展会环境、展览工作、展览效果进行评估。

4．进度计划

进度计划是表达参展中各项工作的开展顺序、开始及完成时间及相互衔接关系的计划。进度计划主要是安排具有里程碑意义的事件的执行时间，有利于对参展的进度实行控制。执行并完成每项里程碑事件所需的工作需要预先估计，最好是和执行该项任务的人员取得沟通，以获得最合适的时间。对于参展计划来说，里程碑事件可能包括展位的租用、营销方案的启动、与会展服务商签订合同、展台的搭建、展品的运输等等。每一个里程碑事件的完成都应该有一个考核标准，所制定的标准是参展能够保质保量运行的关键。按进度计划所包含的内容不同，可分为总体进度计划、分项进度计划、年度进度计划。总体进度计划是对整个参展的工作和资源进行安排，而分项进度计划则是对每一项工作做具体安排，比如营销进度计划、展品运输进度计划、展台搭建进度计划等等。年度进度计划则是在参展期间较长时，对每一年的工作做具体安排的计划，比如参加世博会的参展商就需要做年度计划。

5. 资源配置

计划所解决的问题就是什么人在什么时间做什么事,包括里程碑事件的所有项目工作都需要一定的人员在一定的资源条件下完成,资源配置所解决的问题就是确定每一项工作需要哪些资源,在这里资源包括人力、物力和财力资源。参展活动涉及主体众多,组织工作复杂,需要大量的人力、物力和财力共同协调完成,因此在计划中一定要有所预算,合理配置资源。资源配置工作主要包括三个方面:一是人力资源预算,主要解决人力资源的来源及分配问题。参展中的各种工作具有不同的性质,不同性质的工作需要具有不同性格和能力的人,因此人力资源的合理配置是参展成功的关键;二是物质资源的配置,如需要什么样的设备、需要什么样的配套服务设施以及需要什么样的高新技术等等;三是财力的配置,也称为财务预算。财务预算能够预先估计参展的支出,以确保参展能取得最大的投资回报率。

6. 评估方法

评估是参展流程中一个非常重要的步骤,是参展的收尾工作。参展是否达到了预期的目标、是否完成了任务都需要通过项目评估来确定,所以在做参展计划时一定要明确项目评估方法。参展评估方法应该包括评估所依据资料的收集和储存、评估指标、评估的程序、评估人员等等。

7. 潜在问题

会展业属于敏感性行业,容易受外界环境和突发事件的影响,如战争、瘟疫、政治风波、自然灾害等一些外部不可控制的因素,经常会造成展会的停办或延期举办,给会展组织者和参展商造成巨大的经济损失。还有参展管理过程中会发生一些突发事件或危机事件,如总服务承包商或分包商违约,导致展览运输、展台搭建等工作无法顺利进行,如展会举办过程中发生火灾也会对展会产生巨大影响。这些危机事件虽然可以通过加强管理尽量避免,但这些危机事件发生的概率却是存在的。因此,作为参展项目管理者一定要在作会展计划时就充分考虑到会有哪些危机事件发生,并在项目早期就制定出处理这些危机事件的计划。

三、参展计划的主要内容

参展计划主要包括进度计划、人力资源计划和财务计划。

1. 进度计划

进度计划是表达参展项目中各项工作的开展顺序、开始及完成时间及相互衔接关系的计划,是根据实际条件和参展目标,按照合理的顺序所安排的实施日程。其实质是把各活动的时间估计值反映在逻辑关系图上,通过调整,使得整个项目能在工期和预算允许的范围内最好地完成任务。进度计划也是人员计划和财务计划编制的依据，如果进度计划不合理，将导致人力、物力使用的不均衡，影响经济效益。

2. 人力资源计划

人力资源计划主要是以项目工作分解结构为基础，为每一项工作安排具体的负责人，并明确表示出有关部门（或个人）对各项工作的关系、责任和地位。参展项目的人力资源包括两部分：筹备人员和展台人员，当然实际过程中这两类工作是可能会由同一批人承担的，但由于两部分工作的性质不同，对工作人员能力的要求也是不一样的，这里还是把两类工作人员分开论述。

3. 财务计划

企业参展财务计划主要是指参展支出预算，即预测企业参展的各项支出。通过财务计划可以起到控制参展支出的目的。

第二节　进度计划

参展管理过程中尤其在前期准备中有大量细致的工作，而且每项工作相互交叉，必须对每项工作开始的时间、需要的时间以及完成的时间做出详细的规定。展览的举办时间都有严格的规定，而且具有不可更改性，所以参展计划都要以举办时间为基点，以倒推的方法制定进度计划，以控制各项工作的进度。

一、参展进度计划编制的流程

参展进度计划的编制一般包括以下几个步骤：参展项目描述；项目分解；工作描述；工作责任分配表制定；工作先后关系确定；工作时间估计；进度安排。

1. 参展项目描述

参展描述是用表格的形式列出参展目标、项目的范围、如何执行、完成计划等内容。项目描述是制作项目计划和绘制工作分解图的依据。项目描述的依据是项目的立项规划书、已经通过的初步设计方案和批准后的可行性报告。

2. 参展工作分解

参展目标确定之后，要编制出完善的进度计划就要对项目进行分解，就是把整个参展过程分成便于执行的各项具体的工作。项目分解得越细，就越能够准确、恰当地确定各项任务所需要的时间，以及所需要的人员和财物资源。项目分解是编制进度计划、实施进度控制的基础。表4-1就是对企业参展工作的分解。

表 4-1　企业参展工作分解

阶段划分	主要工作	具体内容
参展前	设定参展目标	定性目标和定量目标
	制定参展计划	包括进度计划、人力资源计划、财务计划
	营销战略的制定和实施	展前、展中、展后的营销对象、内容、渠道和策略
	展品的选择	根据参展目的和目标、营销策略、产品特点等因素选择参展展品
	展台设计搭建	展位选择、设计、搭建
	供应商管理	供应商的选择、开发、维护
	公共关系	媒体公关、各项活动等
参展中	现场管理	展台搭建、现场控制和展台拆卸
参展后	总结和评估	展后总结和参展绩效评估

项目分解所采用的工具就是工作分解结构图（WBS）（见图 4-1）。工作分解结构可以把一个项目分解为由任务、子任务、工作包等构成的等级式结构，就好像直接源于项目行动计划的一种树状图一样，是一个对项目工作由粗到细的分解过程。

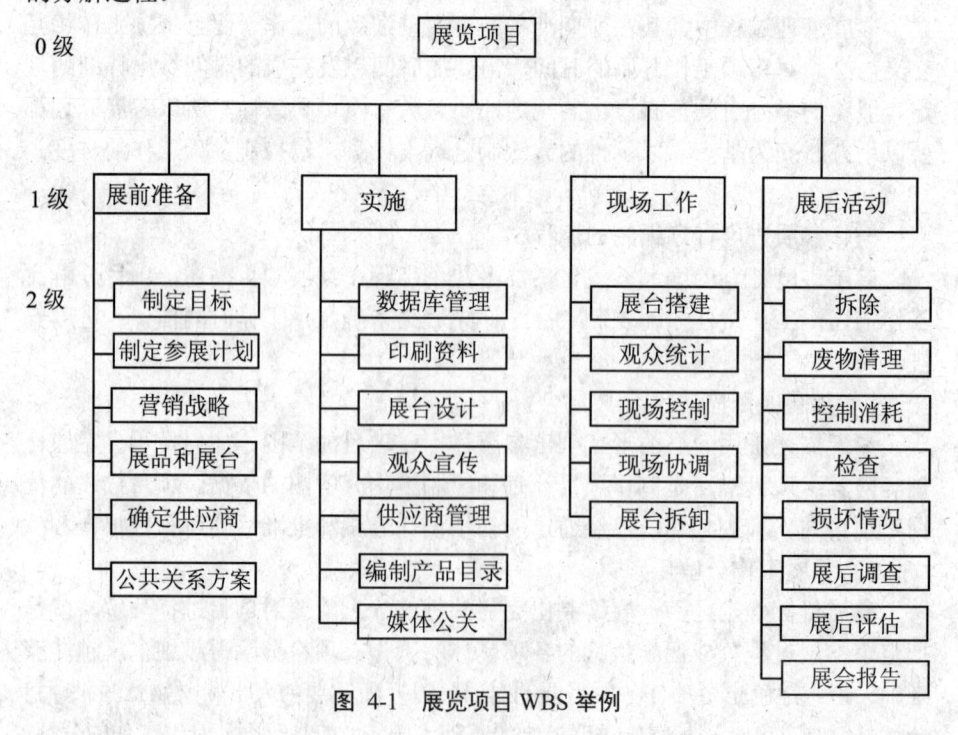

图 4-1　展览项目 WBS 举例

0级：展览项目

1级：展前准备｜实施｜现场工作｜展后活动

2级：
- 展前准备：制定目标、制定参展计划、营销战略、展品和展台、确定供应商、公共关系方案
- 实施：数据库管理、印刷资料、展台设计、观众宣传、供应商管理、编制产品目录、媒体公关
- 现场工作：展台搭建、观众统计、现场控制、现场协调、展台拆卸
- 展后活动：拆除、废物清理、控制消耗、检查、损坏情况、展后调查、展后评估、展会报告

3. 工作描述

在对参展进行分解的基础上，为了更明确地描述项目包含的各项工作的具体内容和要求，需要对工作进行描述。工作描述可以更进一步地描述每项工作的内容，便于项目小组成员加深对每项工作的了解。工作描述的依据是项目工作分解图，其结果是工作描述表及项目工作列表。

4. 工作责任分配表制定

工作责任分配表就是将所分解的工作落实到有关部门或个人，并明确表示出有关部门（或个人）对各项工作的关系、责任和地位。比如参展工作的主要负责人是营销人员，但还需要后勤人员的辅助，财务人员不仅要制定财务预算，还要对所有工作实施监督和控制。工作责任分配表可以明确每个部门及每个项目成员在项目中的职责，还可以表明项目组织内部各部门之间、人与人之间的相互关系。责任分配表使每个人能清楚自己的职责，还能够清楚自己与他人的协作关系，有利于项目小组成员之间以及部门之间的协调。责任分配表通常是将工作分解结构图与项目的有关组织机构图相对照，根据每项工作的任务描述和性质特点以及每个部门成员应该承担的责任分配任务，从而形成责任分配矩阵。

5. 确定工作先后顺序

根据任务描述表或工作列表可以看出，在参展中很多工作的执行必须有一定的前提条件，依赖于一定工作的完成。也就是说，某些工作必须完成之后才能进行下一项工作，各项工作之间具有先后的顺序关系。当然，参展项目中也有很多工作是同时进行的，具有一定的交叉关系，这会使任务排序工作变得相对复杂。确定工作先后顺序是制定进度计划的前提，项目管理人员必须知道每项工作的先后顺序，再结合完成每项工作所需要的时间，才能制定具体的进度计划。一般来说，参展项目无论大小，其基本的流程或项目工作分解结构基本相同，各项任务的先后顺序也基本一致。

6. 工作时间估计

参展项目的工作时间估计是对已确定出的工作时间进行估算，某项工作时间是指在一定条件下，直接完成该工作所需时间与必要间歇时间之和。工作时间估计是参展计划中非常重要的基础工作，直接关系到各项任务起止时间的确定以及整个项目的完成时间的确定。对于会展活动来说，时间是非常重要的资源，也是优先考虑的因素。如果给某项工作分配时间过短，则可能使项目成员不能保质保量地完成任务，而分配时间过长，则有可能影响整个参展的顺利进行。

经验在参展管理中非常重要，所以一般来说，对于参展工作的工作时间估计都是由参展项目负责人或具有丰富的会展组织经验的人员完成。当然也可以通过计算机项目管理信息系统进行估算，再由相关专家审查以确认这种估算的准确性。

7. 进度安排

在把参展分为各个分任务，并确定各项工作和活动先后顺序以及每一项任务的工作时间之后，就可以安排参展项目的时间进度。项目进度安排是项目控制的重要依据，它是以项目工作分解结构、项目工作先后顺序、项目工作时间为依据，详细安排每项工作的起始终止时间一种有效的项目管理方法。编制进度计划是管理者的重要职责，各负责人员都应该参加项目进度计划的制定工作。

二、进度安排

进度计划编制过程最重要的环节就是进度安排，因此这里单独讲解。参展项目分为各个分任务，并确定各项工作和活动先后顺序和每一项任务的工作时间之后，就可以安排项目的时间进度。项目进度安排是以工作分解结构、工作先后顺序、工作时间为依据，详细安排每项工作的起始终止时间的一种有效的管理方法。进度计划是管理者的重要职责，各负责人员都应该参加项目进度计划的制定工作。编制项目进度计划的方法主要有以下几种：

1. 甘特图

甘特图是美国学者甘特在20世纪初发明的一种最早的项目计划方法，这种方法使用棒图（或叫条形图）表示活动的顺序及其时间。甘特图把活动的内容按照纵向排列展开，而横向则表示活动时间，并将每项活动的持续时间的长短用棒图的长短来表示。甘特图法的特点是简单、明了、直观、易于编制，至今还在项目管理的进度计划中被普遍使用。图4-2是用甘特图表示某展览项目的进度安排。

图4-2是用甘特图编制进度安排表的例子，主要是介绍甘特图在进度安排中的应用。在实际工作中，需要进度计划的制定人员根据具体的展览项目编制进度计划的甘特图。

2. 里程碑计划

项目中的里程碑事件是对整个项目有重大影响，决定项目成功与否，并对其他工作有重要参考价值的重大事件。里程碑计划是以项目中某些重要事件的完成或开始时间作为基准而形成的计划，是一个战略计划或项目框架。通过里程碑计划可以对项目进度有宏观上的把握，是编制更细的进度计划的基础。在参展项目管理中会有很多里程碑事件，如会展目标的制定、营销计划的制定、观众的宣传等等。

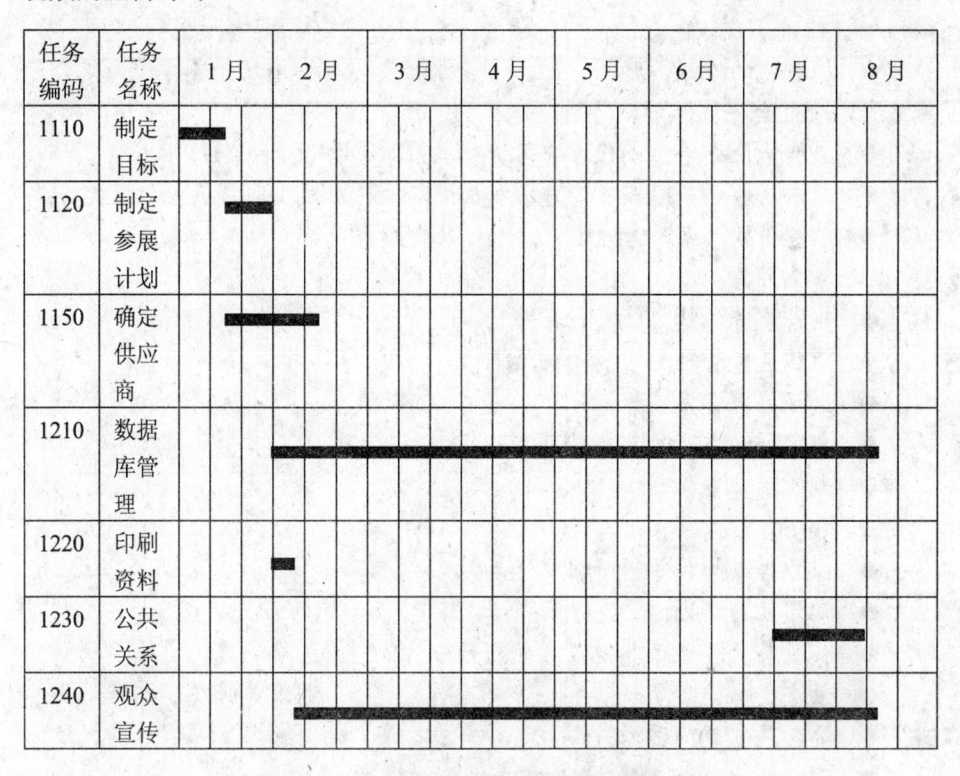

任务编码	任务名称	1月	2月	3月	4月	5月	6月	7月	8月
1110	制定目标	■							
1120	制定参展计划	■■							
1150	确定供应商	■■■							
1210	数据库管理		■■■■■■■■■■■■						
1220	印刷资料		■						
1230	公共关系							■■	
1240	观众宣传		■■■■■■■■■■■■■						

图 4-2　参展项目进度安排的甘特图

3．网络计划

网络计划技术是用网络计划对任务的工作进度进行安排和控制，以保证实现预定目标的科学的计划管理技术。网络计划是在网络图上加注时间参数等而编制的进度计划。因此，网络计划由两部分组成，即网络图和网络参数。网络图是由箭线和节点组成的用来表示工作流程的网状图形。网络参数是根据项目中各项工作的延续时间和网络图所计算的工作、节点、线路等要素的各种时间参数。

4．项目计划表

项目进度表是项目进度的详细安排，表中给出了每项工作的持续时间、开始时间和完成时间。

资料 4-1　参展进度计划

一、12 个月前
- 从展览的规模、时间、地点、专业程度、目标市场等各方面，综合专家意见，选定全年展览计划；
- 与展览主办单位或代理公司进行联系取得初步资料；
- 选定场地（一般而言，首次参加国际大展，较难取得最佳位置）；
- 了解付款形式，考虑汇率波动，决定财务计划。

二、9 个月前
- 设计展览结构；
- 取得展览管理公司的设计批准；
- 选择并准备参展产品；
- 与国外潜在客户及目前顾客联络；
- 制作展览宣传册。

三、6 个月前
- 以广告或邮件等进行推广活动；
- 确定旅行计划；
- 支付展览场地及其他服务所须预先付款；
- 复查公司的参展说明书、传单、新闻稿等，并准备必要的翻译；
- 安排展览期间翻译员；
- 向服务承包商及展览组织单位定购广告促销。

四、3 个月前
- 继续追踪产品推广活动；
- 最后确定参展样品，并准备大量代表本公司产品品质及特色的样品贴上公司标签，赠送索取样品的客商；
- 将展位结构设计做最后的决定；
- 计划访客回应处理程序；
- 训练参展员工；
- 排定展览期间的约谈；
- 安排展览现场或场外的招待会；
- 购买外汇。

五、四天前
- 将运货文件、展览说明书及传单等额外影印本放入公事包；
- 搭乘飞机至目的地。

六、三天前

- 抵达，饭店登记；
- 视查展览厅及场地；
- 咨询运输商，确定所有运送物品的抵达；
- 指示运输承包商将物品运送至会场；
- 连络所有现场服务承包商，确定一般准备就绪；
- 与展览组织代表连络，告知通讯方法；
- 访问当地顾客。

七、两天前

- 确定所有物品运送完成；
- 查看所订设备及所有用品的可得性及功能；
- 布置展位；
- 将所有活动节目做最后的决定。

八、一天前

- 将摊位架构、设备及用品做最后的检查；
- 将促销用品发送直接分配中心；
- 与公司参展员工、翻译员等进行展览前最后简报。

九、展览期间

- 尽早到会场；
- 于展览第一天即将新闻稿送到会场的记者通讯厅；
- 实地观察后尽早预约明年场地；
- 详细记录每一个到访客户的情况及要求，不要凭事后记忆；
- 对于没有把握的产品需求，不要当场允诺，及时回报总部作出合理答复，一旦应承，必须按质按期完成，以取得客户合作信心；
- 每日与员工进行简报；
- 每天将潜在商机及顾客资料送回公司，以便即时处理及回应。

第三节 人力资源计划

一、展览人员构成

展览人员按性质可以分为两大类：第一类是筹备人员，即负责筹备各方面的工作人员，包括设计、施工、展品、运输、宣传、广告、公关、行政、财务、后勤等工作人员。筹备人员也称"后台"人员，参观者在展览会期间基本见不到。这组人员的负责人是项目经理，在大公司里多由展览部门、广告部门、宣传部门的负责人担任，具体办事人员也多出自这些部门。第二类是展台人员，即负责展台各方面工作的人员，包括负责接待观众、介绍产品、记录情况、洽谈贸易、签订合同等工作人员。主要是营销经理、生产经理、推销员、产品开发技术员等，以及服务于这些工作的翻译、讲解员、招待员等。展台人员可以称作"前台"人员，参观者在展览会期间见到的多是这部分人员。这组人员的负责人是展台经理，多由营销部门、推销部门、生产部门的经理担任，展台人员也多出自这些部门。

二、展出工作分工

展出工作必须明确分工，一人负责全面协调，其他人负责指定范围的工作。

首先任命项目经理或项目协调人。项目经理是"后台"工作的总负责人，其职责是：选择或参与选择筹备人员和展台经理（如果项目经理本人不兼任）；制定工作内容和日程，并根据实际情况和条件调整工作内容和日程；编制、调整预算并控制经费开支；监督、协调、管理筹备人员的工作；与展台经理共同选择、培训展台人员；参与评估总结展出工作和效果。

其次，根据需要指派各方面的负责人，比如宣传联络、展品运输、设计施工、行政后勤、财务预算等方面。

第三，任命展台经理。展台经理是"前台"工作总负责人，如有条件，应由项目经理兼任，其主要职责是：贯彻公司营销、市场战略，参与确立展出目标，决定在展览会上如何开展贸易工作；与项目经理协调安排展前宣传；选择展台人员，并安排展台工作培训；协调、监督、管理展台工作；安排展后评估、总结工作；安排、监督展览后需做的工作。

人员分工情况可以用工作责任分配表表示（见表 4-2）。责任分配表可以有多种表现形式，可用表格表示，还可用矩阵形式表示。表示责任人在项目中地位的图例符号（▲——负责，◆——参与，●——监督）也可以用字母或数字来表示。但不管用何种形式来表示，表格或矩阵的列项都是用 WBS 编码标明分解后的各项任务，横项则列出项目组的各部门或各负责人员，在横项与列项相交的空格内则用图例符号表示任务和各部门或各成员之间的关系。不同的展览项目的组织机构不同，项目成员不同，而且所分解的任务也不会完全相同，不能在实际工作中简单地套用表 4-2 的任务分配。

表 4-2 责任分配表

WBS 编码		任务名称	策划部	展览部	设计部	营销部	运输部	财务部	办公室
1100	1110	制定目标	▲	◆		◆		◆	●
	1120	参展计划	▲					◆	●
	1130	观众营销	◆	◆		▲		◆	●
1200	1210	数据库							
	1220	印刷资料	◆	◆	◆	▲			●
	1230	实施宣传							
……	……								

注：▲——负责，◆——参与，●——监督。

三、展台人员的选择和培训

对于大部分参加展览工作的人员来说，展览工作只是其全部工作中的一部分，甚至是一小部分。筹备组、展出组也是临时组建的机构，工作是临时的，人际关系也是临时的，因此参展项目的团队管理并不容易。对于筹备人员来说，展出工作虽然只是其工作的一部分，但工作性质与其日常工作没有太大的区别，不需要为展览工作进行特殊的培训。而对于展台人员，展台工作不仅是其工作的一部分，而且与其日常工作有很大区别，需要选择合适的人员承担，并且要对其进行正规的培训。

很多研究表明，展台工作人员的能力和素质对于成功展出具有重要意义。德国专家说展出成功与否 70%在于展台工作人员；英国全国展出者协会指出，展览成功的 80%在于展台人员。

如果展台工作人员不能满足展出要求，也会给参展商带来很大的损失。有研究显示：只有（最多）15%的观众在被你的销售团队接近时感到自在。大多数观众更喜欢用他们的方式主动接近你的员工。一项针对参观了展览会但却没有达到其预期参观目标的观众研究发现：16%的此类观众不信任展台销售人员，或在后者接近他们时感觉不自在；28%的此类观众说当他们来到一个展台时，没人上前来帮忙。有时候员工会忙与照顾其他的客户/潜在客户，没法照顾到每个人。如果需要翻译服务，但却没有人能够提供翻译服务；42%的观众感觉展台上的销售人员没有真正了解他们的需求。因此，选择合适的展台工作人员，并对他们进行正规的培训至关重要。

1. 展台人员的种类

展台人员基本可以分为三类。第一类是展台管理人员，其任务是展台管理，主要工作是维护展台工作秩序、保证展台工作效率；第二类是展台业务人员，其任务是洽谈贸易，主要工作是接待观众、介绍展品、洽谈贸易、签订合同；第三类是展台辅助人员，其任务是辅助展示、维护展台秩序，主要工作包括纯操作（比如表演）、模特展示、维护展台安全、清洁等。从展台人员种类来看，展台工作人员的数量最少不要少于3人。

当然，参展工作相当艰苦，为此应安排足够人手应付忙闲时段的工作量。适当增加1~2名工作人员所增加的成本往往能通过提高工作效果得以补偿。

2. 展台人员的选择

展台人员根据条件和素质来选择。条件是展台人员的外在因素，包括经验、知识、技术等。素质是展台人员的内在因素，包括个性、自觉性等，一般认为外向型人员比较适合做展台工作。其中外在条件一般可以通过后天的培养、培训获得。

展台经理须具备在展会现场高效、灵活、老练地处理各项事务（包括激励展位工作人员、与服务承包商联系、接待重要客户等）的能力。应确保销售人员、技术人员及高级管理人员的比例适当。展位工作人员专业知识不足是最大的观展抱怨之一，而买家来到展位参观时往往会就产品性能、价格及配送提出非常具体的问题。因此，务必保证展位上随时有工作人员能解答这些询问。展位工作人员必须具备积极的态度，这样才能争取最大的参展效果，否则还会影响其他团队成员的工作热情。

3. 展台人员的培训

为了保证良好的展出效率和效果，在配备展台人员之后，必须对他们进行培训。不论是临时雇佣人员还是固定工作人员包括公司高级人员都应当接受培训。培训的目的是使展台人员了解展出目的，掌握展台工作技巧，培养合作及集体精神。

展台人员培训工作应当列入展出工作计划，成为一项正常工作。如果条件许可就安排比较正规的培训，至少要在开幕前进行简单的工作交代和技术指导。培训工作可以在选定展台人员后即着手进行。比较正规的培训形式包括筹备会或培训班，时间可以是半天至几天，甚至十几天乃至几十天。地点要专门安排，要尽量使用教学辅助工具，比如投影仪、讲义等。培训方法要尽量正规，越正规越显示组织者的重视，培训效果也就越好。若有主要负责人参加展览，也应参加训练，这对提高训练效果有利。

培训内容要有系统，培训材料要编印成套。欧美一些国家的展览行业协会、展览研究机构、展览咨询公司安排专门的展览培训时，一般有专门的展台工作培训教材、录像带等，可以购买参考使用。

资料4-2　展台人员的培训内容

情况介绍。 包括人员介绍、筹备情况介绍、展出情况介绍等。情况介绍的目的是使展台人员熟悉展出背景、环境和条件。首先相互自我介绍，培训者和接受培训者自我介绍，不仅要介绍姓名、工作，还要介绍在展览方面的知识和经验。展出介绍，包括展览会和展台情况。展览会情况，包括名称、地点、展出日期、开馆时间、场地平面、展馆位置、出入口、办公室、餐厅、厕所位置等，展台情况包括展出意图、展出目的、目标观众、展台位置、展台序号、展台布局、展出工作的整体安排等。展出活动介绍，包括记者招待会、开幕仪式、馆日活动、贵宾接待活动等，并对展台人员提出相应的工作要求。展品介绍，要详细介绍每一项展品，其性能、数据、用法、用途等。市场介绍，包括销售规模、销售渠道、规章制度、特点习惯和销售价格等。

工作安排。 向展台人员布置展台工作，并提出要求和标准，必须使展台上的每一个人知道、理解展出目的；布置展台工作，包括观众接待、贸易洽谈、资料散发、公关工作、新闻工作以及后续工作等，进行分工，提出要求；管理安排，包括工作时间、轮班安排、每日展台会议、记录管理等；行政安排，包括展台人员的宿、膳、行、日程等安排。展出主要是为了成交，展台工作准备就是围绕此开展，包括市场调研、准备货源、准备产品资料、准备贸易条款等。

技术训练。 主要训练展台的接待和推销技巧。展台工作与其他环境下的工作有所不同，即使是有经验的推销人员也应接受展台技巧培训。可以使用模拟方式并应准备完善、系统的培训资料。另外，如果可能，要培养展台人员认真的工作态度、协作精神和集体感。

第四节　财务计划

财务计划应该从收入和支出两个方面来分析，但参展项目的收益是无法简单地从项目本身来测算的，因此此处仅就企业参展的费用方面进行分析。

一、参展费用构成

参加国际展览的费用包括展台费用、展品运输费用、宣传公关费用和行政后勤费用四大块，另外还有报名费、会刊登记费、杂费等相对数额较小的费用。

表 4-2 企业参展费用一览表

费用项目	内　　容	比例	备用额
展台费用	设计、施工、场地租用、展架租用或制作及搭建和拆除、展具制作和租用、电源连接及用电、电气设备租用及安装、地毯租用、展品布置、文图设计制作安装、防火器材租用、展台清扫等。	35%～70%	15%
展品运输费用	包括展品的制作、包装、运输、装卸、仓储、保险等。	10%～20%	10%
宣传公关费用	包括宣传、新闻、广告、公关关系、交际、联络、编印资料、摄影、摄像等。	10%～30%	20%
行政后勤类费用	包括人员的交通、膳食、住宿、长期职工的补贴、人员培训、人员制服、临时雇员的工资等。	10%～30%	5%

1. 展台费用

展台费用包括设计、施工、场地租用、展架租用或制作及搭建和拆除、展具制作和租用、电源连接及用电、电气设备租用及安装、地毯租用、展品布置、文图设计制作安装、防火器材租用、展台清扫等费用，占参展费用的 35%～70%，是参展费用中比例最高的一部分。

不同国家对于场地租金、展台费用会有一些不同的规定，参展商应该对此情况有基本了解。比如，慕尼黑的展览会公布的场地价格一般是指光地价格。AUMA 认证的展览会还有每平方米 0.6 欧元的管理费用，博览会在收取净场地租金的时候，一般还预收每平方米 15～20 欧元的服务费押金。这项预收服务费指抵扣在参展时发生的和展览公司各项费用．如电费、接电费、插座费、人工费、租赁道具费、清洁费等杂费，一般基于上届展览会平均服务费用标准。德国展览会的所有报价都需加收 16％的增值税，如果公司自行报名参展索要 20 平方米单价 150 欧元的场地，那么在确认报名后，参展商收到的场地费付费账单将是(150+0.6+20)×（1+16％）×20=3957.92 欧元，而不是 3000 欧元。另外，博览会报名费、会刊登录费也是依据各个展览会的标准而有所不同，均需列入成本预算中。

展位搭建是一笔可高可低的预算，如果要节省费用，可以用最简单的装修，如果要体面而有风格．自然花销不菲。如果希望节省成本又醒目实用，参加展团统一施工是最好的选择。很多有实力的国内公司非常注重参加境外展时的公司形象，他们往往不惜花重金从国内送去展架及搭建工人。其实，与在国外寻找适合的搭建公司做装修方案并搭建展位相比．前者的费用支出及所消耗的人力、物力并不少。如果找国外的搭建公司．语言方面的障碍也可通过值得信赖的组展公司得以克服。

2．展品运输费用

展品运输费用包括展品的制作、包装、运输、装卸、仓储、保险等费用。随展团运输展品对参展企业来说是比较便捷并节省成本的途径，组展公司报出的展品运输价格．通常分为海运(按照体积：××元／立方米)、空运(按照重量：××元／公斤)两种方式．包括从指定仓库集货起，至博览会展台的全程运输费、仓储费、报关手续费等费用。参展商只要根据自身运输的展品情况结合相应的报价，即可提前计算运输成本。需要注意的是，因为展品类别或参展国别、地域的不同，展览品的关税额度也有各自的规定．组展公司会根据当地海关的要求提前报价．并指导参展商计算关税开支。

3．宣传公关费用

包括参展企业宣传、新闻、广告、公关关系、交际、联络、编印资料、摄影、摄像等的全部费用。

4．行政后勤费用

包括人员的交通、膳食、住宿、长期职工的补贴、人员培训、人员制服、临时雇员的工资等。

二、费用预算的原则

1．尽量减少不必要的开支

对不同的公司和展会而言，决定削减哪一部分的预算是不同的，并没有一个统一的标准。对某些公司来说，聚会不可缺少；对另一些公司来说，招待会对于建立和维系客户关系是必须的，因此，这些都不可削减。新闻发布会对某些公司是不需要的，但是对另一些公司来说，使媒体不断地对公司的新产品和新服务保持关注是公司战略的重要组成部分。

因此，要做好费用预算，每个特定的公司必须严格地论证每一项费用的必要性。这其中有一些规律可以遵循。比如，尽量减少赠品的费用。赠品虽然是吸引注意力的很好方式，但靠赠品吸引来的参观者往往不是企业真正的客户，因此对于一个预算紧张的公司应该尽量减少赠品方面的费用。有调查显示，赠品是提高预算的典型开支，经常占到展会预算的 8%~12%。英特尔公司参加 COMDEX 展会时在赠品上花费了大约 3 万美元，占总参展费用的 1.5%；再比如，降低展位清洁服务的费用。在一些小的展位上，比如说，10×10 英尺、10×40 英尺或者 20×20 英尺的展位，一般都是由展位上的员工做清洁工作。在一些大型展位上,如 40×50 英尺、50×50 英尺或者 50×70 英尺的展位,可能有专门的清洁工人来清扫垃圾或者废料。在展台搭建完后可请专人打扫,而不需要每天都打扫。因为过了第一天之后,展位的清洁工作往往就很少了。这样既节约了清洁费用,也不会影响参展的效果。另外,展位上少装几部电话,不租植物盆景等都可以减少费用开支。

2. 重点产品的展示推广费用不可少

重点产品信息的发布和宣传费用是不可缺少的。展会现场是发布产品信息的重要场所。当然,新闻媒体也能做到这一点,但是客户不能亲眼看到真实的产品,也不能亲身体验新产品。不过,不是所有的展会都能做到让顾客对公司以及公司的产品有直观的认识。有经验的参展商会花一笔钱雇佣受过训练的专业人员,他们能够用最有效的方式展示公司的明星产品,用最少的时间获得最多的回馈,这笔预算是不可节约的。

3. 招待客户的费用不可少

在展会上让你的客户高兴是参展的主要理由之一,所以殷勤招待客户的费用不可少。参展商也许需要为此举办一些酒会或者活动,用来加固与客户之间的联系。

复习思考题:
1. 参展计划需要解决的问题是什么?
2. 参展计划的构成要素是什么?
3. 参展计划主要包括哪些内容?
4. 如何制定进度计划?
5. 参展费用的构成?

案例1 水家电企业如何使参展满载归来?

潘总是一家以生产和销售净水器产品为主的水家电企业老板,公司生产的"丽水宝"净水器在技术方面处于行业的前列,但销售一直不能称心如意,首先表现在招商方面就"惨不忍睹"。此时,有朋友建议潘总参加一下全国重要的与太阳能相关的展览会,或许会有所收获。

行动:招商为零又迷茫

为了确保参展载誉归来,潘总决定亲自出马,从申办参展到参展接近尾声的时间段内,潘总既是决策者,又是执行者,甚至连给观众倒水的"小事情"他都亲历亲为,但直到参展第三天中午,眼看下午两点就要撤展了,"丽水宝"却一个客户都没有签下来,这让他心痛不已。痛定思痛,潘总发现了自己所负责的参展招商工作的确存在问题，尤其是在自己并不太懂得参展工作的前提下，任由自己一人的想法全权去执行所有的工作，很是不妥。为了使两个多月后在北京参加的一次展览会上能成功，潘总聘请了小马做其参展项目总负责人。

诊断：金玉其外，败絮其中

为确保再次参展成功，小马迅速展开了对首次参展招商工作的深度调查，发现存在很多问题：

1. 展台大气但产品陈列一塌糊涂。由于是首次参加全国性的展览会，公司花血本把展台从设计到制作，都做得非常好。但是，对于净水器产品的陈列，却拒绝了装饰公司的建议和产品陈列工作，而是自己带领员工进行了产品的排放，结果产品陈列一塌糊涂。

2. 资料印刷精美但内容乏味。招商画册和产品画册印刷质量不错，但除了一堆毫无生气和关联的图片之外，没有对"丽水宝"这一产品的突出特点有所介绍，也没有公司在招商方面的优势、优点和承诺方面的内容。

3. 合同排版优秀但内容超级苛刻。招商合同在排版和打印方面无可挑剔，但内容与经销商的期望值过远。合同中处处显示的是"丽水宝"自身的利益，而对经销商却异常苛刻。

4. 员工着装整齐但无一能说会道。每个员工着装都很"标准"，但没有一个人熟悉公司的招商政策、制度、具体内容，无法与客户深入交谈，把客户"拿下"。

准备：扎扎实实打基础

"丽水宝"的首次招商工作并不是一无是处的，例如在展台形象、资料排版与印刷、员工着装等方面还是很可取的，只是在展览与招商的核心内容方面没有做到位。根据丽水宝公司的实际情况，小马将以下内容进行了强化，以确保在随后到来的展览会上进行成功的展示和招商：

1. 招商策略和招商政策的科学制定。科学制定公司的全年招商策略和招商政策，既要保护好公司的利益，又能快速地实现招商，还能有效地保护经销商的利益，让其乐于与丽水宝公司合作。

2. 招商内容与宣传资料内容的更新。组织公司的策划人员、文案人员、市场部相关人员和销售部的相关人员，具体完成招商的具体内容、招商手册、产品画册、经销商管理手册等工作。招商内容、招商手册、产品手册等资料朴实又有亮点，增强了经销商对公司的信任感。

3. 销售人员业务开拓与洽谈的培训。针对公司的特定情况，将销售人员业务开拓技巧与洽谈方法的培训作为一个重点来抓，足足进行了45天的系统培训，使得原来那批着装整齐的销售人员真正成为了较具业务开拓能力的销售人员了。

4. 优质设计，主题鲜明。秉承丽水宝首次参展优质设计的传统，深挖丽水宝品牌的核心价值，进行整个展台设计和产品陈列设计，使丽水宝的展台形象既有视觉感，吸引了观众，更能让观众喜欢并记住"丽水宝"这个品牌。同时，小马还为本次展会创作了"丽水宝——甜美生活好滋味"的参展招商主题，以及一系列与此主题相关的细节内容——让准经销商更深入地了解、认识和认可丽水宝。

5. 检测基础，扎实整体。小马在参展前的一周，专门组织人马对参展招商的系列基础内容进行了查漏补缺，同时，还对每一个销售人员进行了书面和答辩式的考核，确保了基础全面而实用，销售人员整体能力可满足本次展览招商工作和日常的业务开拓工作。

功夫不负有心人。通过小马团队的全面努力，丽水宝公司的第二次参展招商工作取得了"火爆式的胜利"——短短三天时间里，在展台和宾馆里成功签约的经销商就有32人，另外还有近50个经销商对丽水宝极具兴趣，只要销售人员的后续工作做得好，相信多数准经销商很快就能成为丽水宝真正的合作伙伴了。

（文中人名和企业名均为化名）

资料来源：中洁网 http://www.jieju.com/InfoHtml/Detail204093150.htm，沈海中

思考题：

1. 该企业首次参展为何失败？
2. 该公司再次参展为何成功？
3. 展前准备工作对于成功参展具有什么重要意义？
4. 展台工作人员对于企业参展招商有什么作用？

案例2　如何锯掉你的成本

雷登巴赫曾是华纳电气的展览负责人，如今已成为Altra公司的一员，因为他的公司被Altra公司并购了。2004年，雷登巴赫共参加16个展会，全年的预算是25万美元（平均每个展会15625美元）。2005年，雷登巴赫的预算额度被砍到20万美元，参加展会数量却增加到20个，这意味着2005年平均每个展会的参展预算较上一年缩减了36%。2006年，Altra管理层将2005年的参展预算又砍掉了

一半，不过这次他们要求雷登巴赫去除9个绩效不佳的展会。即使如此，雷登巴赫参加每个展会的平均预算还是较2005年降低了9%（9090美元）。为此，雷登巴赫采取了一系列的策略降低其参展预算：

1. 体现企业形象。当华纳被Altra鲸吞后，调整参展预算仅仅是一方面，雷登巴赫还必须尽快让公司的展台"改头换面"，体现Altra的企业形象。这不仅包括变换企业logo、各种图像，还包括整个背景色调以及更多体现企业形象的元素。如果按照通常思路来做，就意味着庞大的成本支出。然而雷登巴赫有他的办法。他在华纳时拥有一个"弹性架构"（pop-upstructure）。他将原有展位的制图板，用可伸缩的绑扎带粘贴到华纳公司的弹性架构上，然后用价格便宜的乙烯树脂制作Altra公司的logo，接下来把Altra的logo贴到弹性架构上。重复这样的操作，在允许的时间内，企业形象被彻底更换。由于弹性架构的重量只及一个标准展位的25%，故而装运费用实现了大幅度的降低。与此同时，搭建/撤展成本被省掉了。使用这套办法，Altra2005年的展位制图成本较上年缩减了25%，2006年比2005年降低了95%。雷登巴赫使用2005年的制图板作为底版来进行设计，使得可能的重复劳动降到了最低。

2. 订制标准菜单。每次参展，雷登巴赫都会为团队订制标准菜单。雷登巴赫说："雇员们喜欢在吃饭前知道他们会吃到些什么，而我喜欢提前知道餐饮费用是多少。"结果是，尽管雷登巴赫他们并不是每次都按"预定菜单"点菜（一般一个展只有两次），但当年公司的参展餐饮成本却少了24%。

3. 眼光放远。从前雷登巴赫参展都用Gaylord条板箱来放置各类设备和产品资料。这种使用木头和硬纸板制作的包装箱，其成本在15～20美元上下。因为不够结实，通常使用两次后就会被丢弃。2005年，雷登巴赫开始用一种材料结实的包装箱替代Gaylord条板箱，每个箱子的成本是75美元。这个价位比Gaylord高出了好几倍，但两年之后，Altra发现，新包装箱的平均成本是1.8美元(已使用40次)，而Gaylord包装箱的平均成本是7.5美元。雷登巴赫估计，该费用还会继续下降，原因是——新包装箱还能使用几年。

4. 化零为整。通常，华纳公司员工出差或参展，都会选择汉普顿酒店入住。每年的20个展会中平均每个展会有约15名员工出行。考虑到公司未来参展次数只会多而不会少，雷登巴赫与汉普顿酒店相关部门进行了接触。汉普顿人员研究后推荐他采用eAdvantage方案。这一方案规定：10人或以上的公司团队，在入住了不同地点的五个汉普顿连锁酒店后，就可以享受大额折扣。于是，雷登巴赫果断地选择了这一方案。结果是，2005年，Altra公司酒店住宿成本较上年降低了18%，雷登巴赫他们出行的次数越多，汉普顿酒店给他们的折扣就越大，最高可达25%。

思考题：
1. 参展费用由哪几部分构成？
2. 雷登巴赫在参展预算降低的压力下，主动采取了哪些应对措施？

第五章
参展商营销——展前、展中、展后

[主要内容]

企业参展营销包括展前、展中、展后营销。本章首先重点阐述了参展商营销的重要意义，目的是使参展商充分认识到参展营销对企业实现参展目的是非常重要的。然后分析了观众（专业观众和普通观众）的消费行为。本章重点分析了展前、展中、展后的营销对象、营销内容、营销渠道和促销策略。

第一节 参展商营销的内涵和意义

一、参展商营销的内涵

1. 参展商营销

展览本身对于参展企业来说，就是其营销战略的重要组成部分。而企业要想取得良好的参展绩效，还应该制定参展营销战略，使企业的目标客户能够来参加展览并参观企业的展台，使企业获得销售线索，最后实现销售。以营销发生的时间为划分依据，参展商营销可分为展前营销、展中营销和展后营销（见表5-1），不同阶段的营销工作重点是不一样的：展前营销的工作重点主要是吸引目标客户参观展览并参观企业展台，参展商展前营销工作往往需要和组展商密切配合；展中营销的工作重点是吸引参加展览的观众来参观企业的展台，并获得销售线索；而展后营销的工作重点则是对在展台上获得的销售线索继续跟踪，把销售线索转化为实际销售。

表 5-1 参展商营销的层次

	展前	展中	展后
吸引目标客户参观展览	展前营销	——	——
吸引观众参观展台	展前营销	展中营销	——
获得销售线索	——	展中营销	——
销售线索转为实际销售	——	——	展后营销

2. 参展商营销的不同阶段

展前营销就是参展商充分利用公司自身的资源和渠道以及主办者提供的资源和渠道，将本公司的参展信息传递给目标受众，并使后者对本公司的展品产生兴趣，最终促使其做出参观决策的行为。展前营销是参展商展前工作中最重要的一项工作，展前营销直接决定了参展商能否在参展过程中接触到更多的顾客，达到其预定的参展目的，获得良好的参展绩效。展中营销则是指在展览期间（从展台搭建到展台拆卸）将企业参展产品信息有效地传递给参展观众，促使其来参观企业展台并最大限度地获得销售线索；展后销售则是指在展台拆卸之后将有关企业参展产品和其他有关信息传递给已在展台上获得销售线索的观众，最终促成销售线索转化为实际的销售。有关于展前营销、展中营销和展后营销在营销目标、营销对象和营销内容上的差别具体见表 5-2。

表 5-2 参展商营销各个阶段的特点和内容

	营销目标	营销对象	营销内容
展前营销	吸引客户参观展览、展台	目标客户（现有的和潜在的）	企业参展的具体信息（包括展览时间、地点、展台位置等）、企业参展产品
展中营销	吸引观众参观展台、获得销售线索	参加展览的观众、参观展台的观众	企业参展产品
展后营销	销售线索转为实际销售	对企业产品感兴趣的观众、已获销售线索的观众	企业参展产品和其他有关信息

3. 参展商营销的流程

参展商营销贯穿于企业整个参展过程，也是决定参展成败的重要工作，因此企业应该了解整个参展商营销的步骤和流程（见图 5-1）。企业首先应该通过市场分析，确定自己的目标客户（包括现有的和潜在的客户），企业首先通过展前营销促使目标客户参观展览并参观企业展台。需要说明的是，参展商吸引观众参观展览要与组展商密切配合；另外，观众参观展览是有特定目的的，不选择参观展览也是有一定标准和指标的。其次，参展商应通过展中营销使参观展览的观众来参观自己的展台，并尽可能地获得销售线索。最后通过展后销售使销售线索转化为实际销售，实现参展的目的。

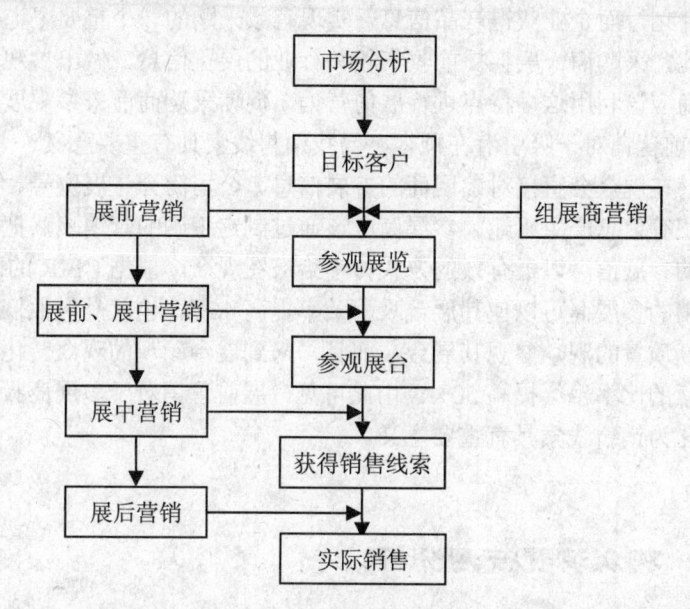

图 5-1 参展商营销结构图

二、参展商营销的意义

1．组展商营销无法替代参展商营销

展览本身对于企业来说就是一种重要的营销方式，而对于参展企业而言，为了能够获得更好的参展绩效，还需要制定详细的营销战略吸引更多的观众，尤其是专业观众来到自己的展台。大多数参展商为参展支付了较高的摊位费、运输费和人员费用后，限于财力和精力的不足，对展会宣传工作基本置之不理，普遍认为那是组织者的事情。虽然组展商的营销宣传可以吸引到观众，有时组展商为了提高服务质量还为参展商邀请特邀买家，但仅仅这些对于参展商来说是不够的。组展商的营销宣传虽然可以吸引观众，但却不能保证每一个观众都能到特定的展台来。所以组展商和参展商所关注的观众的侧重点是不同的，组展商关注所有来参加展览的观众的数量，而参展商则更关注在所有来参加展览的观众中有多少能来到自己的展台。

2．专业观众一般都提前制定采购计划

相比于普通观众来说，专业观众会提前制定采购计划，包括参加展览的计划以及采购产品的计划。采购预算是采购部门为配合企业年度销售预测或生产计划(包括产品品种、数量)，对所需求的原料、物料、零件等数量及成本做详实的估计，有利于整个企业目标的实现。一般来说，企业在年初时就会制定采购预算和计划，而企业获得产品信息，实现有效采购的一个重要渠道就是参加展览。因此，采购商一般会提前收集相关行业的展览信息，做出参观展览的决策。参展商应该利用这一特点进行展前营销，促使采购商前来参观展台。

3. 展前营销对于吸引潜在顾客、寻找销售线索具有重要意义

没有潜在观众会直接对参展商的参展信息、公司简介、展位号、联系方式和展览面积等信息产生兴趣。参展商应该通过制定正确的营销战略把最能吸引潜在观众的参展信息以最有效的方式传递给潜在观众。根据 CEIR 的研究，进行展前营销的参展商可以使其展台吸引效率提高 46%，也就是说他们可以吸引到更多的高质量的观众参观其展台。而且，来到展台参观的观众转化为高质量的采购线索的比率也会提高 50%。由此可见，展前营销对于参展商吸引潜在顾客，并转化为销售线索具有重要意义。

第二节 观众消费行为分析

营销的目标是使目标顾客的需要和欲望得到满足和满意，营销需要对消费者的行为进行研究。所谓消费者行为（consumer behavior）研究是指研究个人、集团和组织究竟怎样选择、购买、使用和处置商品、服务、创意和经验，以满足他们的需要和愿望。

对于参展企业来说，研究客户消费行为包括两个方面：一是观众（包括专业观众和普通观众）参观展览的行为，二是观众对企业展出产品的采购行为。

一、观众参展的原因

1. 观众参展的原因

展览是参展商和观众交流的平台，参展商和观众参观展览都有各自的动机和目的。前面已经对参展商的目的和动机做了详细的分析，而参展商营销就必须要清楚观众参展的动机或原因。表 5-3 表明了格瑞曼（Granmman, 1994）对507 名观众所做的调查，研究表明有一半以上的观众是为了参观新产品/新发明而参观展览的，还有 20%左右的观众是为了获得技术和产品信息、获得最新立法信息、适用新产品。当然也有少数观众是为了看某一具体公司/产品、签订合

约，与专家探讨具体问题而来参加展览的。

表 5-3 观众参加展览的原因

参展原因	比例（%）
参观新产品/发展	53
获得技术和产品信息	23
获得最新立法信息	21
适用新产品/演示	19
察看新公司	14
看某一具体的公司/产品	10
签订合约	8
探讨具体问题（与专家）	5
比较产品/服务	5
获得培训信息/产品	5

信息来源：Granmman，1994。

2．观众再次参展的原因

格瑞曼（Granmman，1994）的研究还表明，观众还会再次参加展览。69%的观众再次参加展览是为了与客户保持联系/获得新信息（见表5-4）。因此展览是参展商和观众保持密切联系的重要场所，企业应该很好地利用这一营销工具。

表 5-4 观众再次参加展览的原因

原　　因	比例（%）
保持联系的需要/获取新信息	69
看到新的事物	21
产业展示舞台	12

信息来源：Granmman，1994。

3．客户不参加展览的标准和指标

当然，并不是企业所有的客户都会去参加展览。不仅仅参展商参加展览需要科学的决策过程，观众参加展览的决策也需要考虑一些标准和指标。他们主要考虑产品和沟通方面、位置和时间的便利性、成本和回报三个方面，具体项目描述见表5-5。如果按照这三方面标准和指标不能参加展览的客户，参展商应该使用其他的营销方式获得客户。

表 5-5 不参观展览的标准和指标

标准/范围	项目描述
产品和沟通	缺乏机构支持 对展览组织不熟悉 缺乏一般信息 企业更倾向选择其他沟通渠道 不能满足企业的需要 没有参展的传统
位置和时间的便利性	展览时间不便利 活动地点不便利
成本和回报	参观成本 没有合适的员工 参观展览对于企业利润没有贡献

二、观众对展品的采购行为

1．普通观众的采购行为

（1）消费者购买行为模式

认识购买者行为，首先要认识刺激反应模式。营销和环境的刺激进入了购买者的意识，购买者的个性和决策过程导致了一定的购买决定。

购买者都具有一定的文化的、社会的、个人的和心理方面的特征，就许多产品而言，识别购买者相当容易。所以在此不对购买者的特征做分析，而着重分析购买者的决策过程。消费者购买决策随其购买决策类型的不同而变化。在购买牙膏、网球拍、电脑和新汽车之间，存在着很大的不同。较为复杂的和花钱多的决策往往凝结着购买者的反复权衡，而且还包含许多购买决策的参与者。

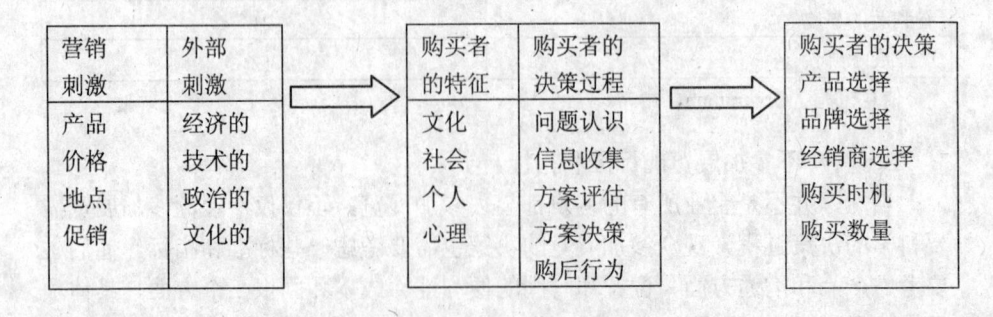

营销刺激	外部刺激	购买者的特征	购买者的决策过程	购买者的决策
产品 价格 地点 促销	经济的 技术的 政治的 文化的	文化 社会 个人 心理	问题认识 信息收集 方案评估 方案决策 购后行为	产品选择 品牌选择 经销商选择 购买时机 购买数量

图 5-2 购买行为模式

复杂的购买行为包括三个步骤。首先，购买者产生对商品的信念；其次，移项对这个商品形成态度；第三，做出慎重的购买选择。当消费者专心仔细地购买，并注意现有各品牌间的重要差别时，他们就完成了复杂的购买行为。消费者一般对花钱多的商品、偶尔购买的商品、风险大的商品以及引人注目的商品等的购买都非常专心仔细。一般说来，消费者对商品的类型了解较少，需要大量的学习。高度介入产品的营销人员必须懂得对高度介入的消费者收集信息并评估其行为。有必要发展营销战略以便协助购买者学习有关产品类别属性、它们之间的重要关系以及它的品牌在比较重要的属性方面的声望。此外，营销人员还有必要区别其品牌的特征，利用一些主要的印刷媒体和内容文字较长的广告文稿来描述产品的特点。但有时消费者对于各种品牌看起来没什么差别的产品的购买也持谨慎态度，而消费者在购买完产品后又会产生一种购后不协调的感觉（如消费者了解到所购产品的一些缺点，或者了解到其他同类产品的一些优点），这就是减少失调的购买行为。在这种情况下，营销的主要作用在于增强信念，以帮助购买者对其选择的品牌有一种满意的感觉。

还有许多产品的购买是在消费者低度介入、品牌间无多大差别的情况下完成的，消费者对这类产品几乎不存在介入情况。消费者的购买行为只是出于习惯，而非出于对品牌的忠诚。消费者对大多数价格低廉、经常购买的产品的介入程度很低。某些购买情况是以消费者低度介入但品牌差异很大为特征的。在这种情况下，消费者被看成是会经常改变品牌选择的。品牌的选择变化常起因于产品的多品种，而不是起因于对产品不满意。

表 5-6　购买行为的四种类型

	高度介入	低度介入
品牌间差异很大	复杂的购买行为	寻找多样化的购买行为
品牌间差异很小	减少失调的购买行为	习惯性的购买行为

（2）购买决策过程中的各个阶段

消费者会经历问题认识、信息收集、对可供选择方案的评价、购买决策和购后行为五个阶段。显然，购买过程早在实际购买发生之前就开始了，并且购买之后很久还会持续影响。购买过程从购买者对某一问题的认识开始，内在的和外部的刺激因素都可能引起需求。当购买者对某种商品有了需求，就需要收集各种信息。

问题认识 → 信息收集 → 对可供选择方案评价 → 购买决策 → 购后行为

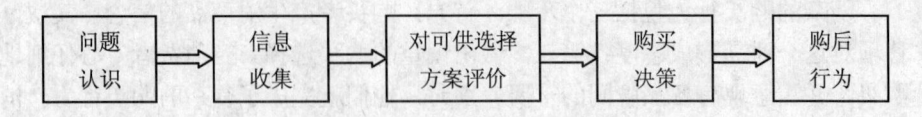

图 5-3　购买过程的五个阶段

2．专业观众购买行为

（1）企业购买类型

企业购买者在进行一项采购时面临一整套决策，这些决策的数量取决于购买情况的类型。购买情况分为三类：直接再采购、修正再采购和新任务采购。

表 5-7　企业采购类型

购买类型	具体含义和内容
直接再采购	采购部门按照惯例再订购产品，购买者按照"供应商名单"选择供应商。名单内的供应商将尽力保持产品质量和服务质量，名单外的供应商会试图提供新产品或开展某种满意的服务，以便使采购者考虑从他们那里购买产品。
修正再采购	购买者希望修改产品规格、价格、其他条件或者供应商的情况。修正再采购通常扩大了决策参与者的人数，对名单外的供应商则把修正再采购看成是一次提供较好条件的机会，以得到一些新业务。
新任务采购	采购者首次购买某一产品或劳务，成本或风险越大、决策参与人数越多，决策时间越长。

新任务购买过程经过几个阶段：知晓、兴趣、评价、试用和采用。在每一阶段，信息传播的有效性是各不相同的。就最初的知晓阶段而言，大众媒体最为重要；而在兴趣阶段，销售人员的影响甚大；在评价阶段，技术来源最为重要。

在直接再采购方面，企业购买者所作的决策数目最少；而在新任务情况下，他们所作的决策数目最多。在新任务情况下，购买者必须决定产品规格、价格限度、交换条件与时间、服务条件、支付条件、订购数量、可接受的供应商以及可供选择的供应商。不同的决策参与者会影响每一项决策，并将改变进行决策的顺序。新任务情况是营销人员的最佳机会与挑战。他们设法尽可能多地接触主要的采购影响者，并向他们提供有用的信息和协助。

（2）企业购买过程的参与者

在直接重购时，采购代理人起的作用较大，而在新任务采购时，则其他组织人员所起的作用较大。在作产品选择决策时，通常是工程技术人员影响最大，而采购代理人却控制着选择供应商决策权。

采购中心：所有参与购买决策过程的个人和集体，他们具有某种共同目标并一起承担由决策所引发的各种风险。

◆ 发起者。指提出和要求购买的人。他们可能是组织内的使用人或其他人。

◆ 使用者。指组织中将使用产品或服务的成员。在许多场合中，使用者首先提出购买建议，并协助确定产品规格。

◆ 影响者。指影响购买决策的人。他们常协助确定产品规格，并提供方案评价的情报信息，作为影响者，技术人员尤为重要。

◆ 决定者。指一些有权决定产品要求和/或供应商的人。

◆ 有权批准决定者或购买者所提方案行动的人。

◆ 购买者。指正式有权选择供应商并安排购买条件的人，购买者可以帮助制定产品规格，但其主要任务是选择卖主和交易谈判。在较复杂的购买过程中，购买者中或许也包括高层管理人员一起参加交易谈判。

◆ 控制者。他们是有权组织销售人员或信息与采购中心成员接触的人。如采购代理人、接待员等。

企业营销人员必须判断：谁是主要决策的参与者？对哪些决策他们具有影响力？其影响决策的程度如何？每一决策者使用的评价标准是什么？

第三节 展前营销

对于展览会来说，大多数与会者在步入展览大厅之前就已决定要参观哪些展位，所以参展商的展前营销对与会者决定参观什么展位将产生很大程度的影响。有调查显示，70%的与会者对于参观哪些展位的决定是建立在参展商提供的信息和请柬基础上的。还有资料显示，与会者参观那些曾经在展前寄发过邀请函的参展公司比参观其他公司的展位机会大4倍，可见展前做好宣传是十分重要的。

一、展前营销对象

会展为参展商和观众搭建了交流、交易的平台，企业参展主要是为了接触观众，也就是企业的客户。企业为了在展览现场能接触到更多的客户，就需要制定营销战略，而制定营销战略首先要了解谁是自己的客户，客户的消费行为。

1. 现有客户和潜在客户

企业参展不仅可以巩固和维护与现有客户的关系，还可以挖掘和建立与潜在客户的关系。

2. 消费者客户和企业客户

企业在展览上接触的观众可以分为两类：专业观众和普通观众，普通观众就是一般的消费者客户，专业观众则是企业客户。

专业观众构成了企业市场。企业市场是由一切购买商品和服务并将它们用于生产其他商品和服务以供销售、出租或供应给他人的组织所组成。与消费者市场相比，企业市场有一些明显的特征：

◆ 购买者比较少、购买量较大。一般来说，企业营销人员面对的顾客比消费者营销人员面对的顾客要少得多，但企业消费者的购买量比一般消费者要大。

◆ 供需双方关系密切。由于购买人数较少，大买主对于供应商来说更具重要性。

◆ 专业性采购。企业的采购是由受过专门训练的采购代理商来执行的，他们必须遵守组织的采购指示，如对报价、计划和采购合同的要求，这在一般的消费者购买中是找不到的。

◆ 影响购买的人多。通常，企业购买中影响决策的人比消费者购买中影响决策的人多得多。采购委员会都由技术专家组成，在构成主要商品时经常还有高级经理参加。

◆ 多次的销售访问。由于越来越多的人加入到销售过程中，因此需要更多的销售访问来赢取商业订单，有时销售周期可以长达几年。

3. 首次参观者和长期参观者

第一个考虑的对象应该是最近一年中曾向公司做过咨询的人。即使他们不来参加展会，但通过告知你的企业参加行业展会，会在他们心目中树立良好形象。

其次考虑的是那些去年曾参观过公司展位的人，他们是公司的潜在客户。去年的参观，他们对公司的产品和实力都有了一定印象，而且相信他们在过去的一年中也在关注你的企业和产品。通过促销努力，他们很可能成为回头客。

第三考虑的是那些列在所购买的名单上的人以及那些已经在展览会管理部门提前登记的人，这些人可能对公司的产品还一无所知，因此需要从头开始和他们联系，进行促销。

二、展前营销的主要内容

1. 参展企业的基本信息

参展企业的基本信息是和企业参展相关的最一般的信息，包括企业基本介绍、展位号、联系电话、网址、企业地址等。这些基本信息为观众提供了提前了解企业的途径。

2. 展品信息

展品信息其实也是参展企业的基本信息，这里单独列出是为了突出展品信息的重要性。展品是观众最关注的信息，可以通过展品了解行业发展的最新动态。而对于参展企业而言，展品的选择也与企业的参展目的、市场营销战略、参展战略等一系列因素有关，所以参展产品可以折射出参展企业和市场的很多信息。让观众在展前了解企业展品，尤其是展品的基本功能、在技术上的突破、在市场上的前景等一些基本信息是非常重要的。

3. 展台现场活动

展台现场的活动也是吸引观众的重要工具，参展商一般都会在现场举办一些活动，如娱乐表演、知识问答、评奖活动等等。参展商在展前营销时应充分利用各种渠道让企业的目标客户了解企业将在展台现场举办哪些活动，从而增强对目标客户的吸引力。

三、展前营销的渠道策略

1. 充分利用展会组织者的营销资源

参展商可以充分利用主办者提供的渠道和资源：将有关本公司参展的新闻稿提交给主办方发给相关媒体；在主办方的网站、展会快讯或门票上打广告，介绍公司概况，展位面积、位置和将展示的产品情况；将主办方提供的电子票个性化后发给潜在观众；推荐自己的潜在观众在展会网站上进行预登记，以便快速入场参观和洽谈；在展前预订展会现场的广告位，在展场入口处利用醒目的广告牌，吸引更多的观众到公司展位参观和洽谈；向主办方询问是否有其他展前宣传推广机会等等。其中利用最多的组织者的营销渠道有以下几个方面：

登录展会目录。 展会目录是最权威的观展指南，其中全面介绍了参展商、展品及展位分布等各种展会信息。展会目录不仅在展会期间发放，而且越来越多地在展会相关网站上公布，是观众制定观展计划的重要依据。因此，应尽量利用展会目录的免费编辑版面重点宣传即将展出的新产品、新服务及公司最新发展情况。

刊登会刊信息。 采购商获得采购信息的一个重要渠道是会刊，会刊信息量大，发行量大，对参展商的宣传和推销极有好处，参展商应该在展览会刊上登全有关企业参展的全部信息。从现实情况来看，很多参展商对会刊的兴趣只限于免费部分，刊登的信息量非常小，只限于公司的名称和地址，而不愿付费登载信息，这样不利于参展商的宣传。

刊登广告的信息。较大的展会都有专门的媒体从事广告征集工作，主要有会刊广告、特刊广告、展讯（每天一次）广告、专业媒体广告。国内参展商鲜有刊登者，近年来国内名牌企业已开始注意此类广告。参展商手册中会有细节告知如何取得优惠的版面和增值服务。

演讲、高峰论谈、技术交流等活动的信息。一些知名品牌的展会都会在参展商手册上预先告知主要的活动并邀请参展商参加。绝大部分国内参展商对此项内容不感兴趣，究其原因，受制于公司实力不足、语言和费用的障碍。

网络资源信息。参展商应该在展会网站上尽快完善自己的虚拟展台，充分把握"在线商机"。现在越来越多的展览都设有网络平台，而且还为参展商提供和买家的配对服务，参展商应该丰富网络上登载的信息资源。

2. 利用企业自身的营销渠道

组展商的营销虽然非常重要，但对于特定的参展企业而言，还需要依靠自己的营销把观众吸引到的展台上来。除了利用组织者的渠道资源之外，企业还可以选择以下营销方式：

直邮。直邮是一个非常有效的促进因素。有研究证实每一轮新的邮件都可增加回复率：一轮邮件可得到25%的参观者回复，两轮可产生50%的回复率，三轮可将回复率增至75%。此外，随着你发出的每一轮邮件，买家对你企业参展的感知也有提升。

广告宣传。广告宣传在整个参展过程中扮演主要角色，不同广告的选择取决于企业的需求：互联网、展会出版物中的印刷广告、行业刊物、本地或区域性的报纸、户外广告牌、广播和电视、酒店录像节目、多媒体小亭子或在展场的旗帜、穿梭巴士广告等等。参展商应在展览会前在行业的专业杂志以及展览会刊上刊登广告及自己产品的特别报道。最好提前将刊有自己产品彩页的专业杂志寄给现有的及潜在的顾客群，并附信提醒顾客，这些产品将于展会上展出，同时赠予展会入场券或贵宾卡，附注自己的摊位号，使客商感到十分荣幸来展会参观。

网页宣传。参展厂商亦可在参展前，制作宣传网页在网上做宣传并做链接，提高自己产品的知名度，并与客户在网上探讨技术问题，相约在展览期间的会谈。

快讯。不管是印刷还是电子形式的，快讯是另一种有效推广企业参展的方式。针对企业目标客户和潜在客户的快讯是便于阅读和内容组织的，内容主要专注于工艺和技术。在展前和展后（作为最终的推广）发送更为有效。

赞助。对展览的赞助可以表明企业对一个展览会的支持态度，说明企业致力于该行业的发展。要确保赞助计划将提供增加企业的曝光率机会，参展企业要确保目标观众知晓自己是一个展会的赞助者。

3．选择合适的营销渠道

需要说明的是，无论采用何种营销渠道，都应将展会作为企业整体营销方案中的有机组成部分。研究表明那些仔细计划并将其他营销媒体集成到其参展计划中的展商在吸引目标观众和将其转化为高质量的销售线索方面更为成功。各种营销手段（如直接邮递、直接销售、广告、公共关系、电话、传真销售、互联网等）应与展览会配合使用，达到它们之间完美的结合。在展前通过登广告、新闻发布会、直接邮递等营销手段更有利于吸引高质量的观众去展台参观。研究表明成功的参展公司的高层管理人士非常关注和支持展览会，并且对其投入更多的预算，展会上各种营销手段的完美整合都是确保其增加利润、树立品牌形象、获得高投资回报率不可或缺的手段。

不同的目标要求不同的推广策略。例如，如果希望提高新公司或新产品的知名度，横幅广告及活动赞助是不错的选择；如果您已经找出目标群体，则选择针对性的直邮与个别参展邀请更为适合。

首次参展和长期参展的观众要求不同的推广策略。研究表明，在一个典型的展会上，40%的观众是第一次前来参观，且超过50%的重要买家和/或采购说明者不会在下一年参加另一个展会。因此，如何吸引并维系这些首次参加展览的观众对于企业来说是一个巨大的营销机会。对于首次参展的观众，可以选择在展前出版物上登广告（包括印刷和电子广告），特别是行业出版物中有关展会的特刊，或者利用互联网上的推广机会。而对于长期参观者而言，直邮是比较有效的方式。

任何营销渠道都不是一概而论，应该针对不同的条件和情况选择不同的营销渠道，取得最大的效果。

四、展前营销的促销策略

1．展前举办一些活动

活动是配合展前营销的重要策略，很多企业都会在展前通过举办活动来提高观众对企业的关注度，比如在参展前举办新闻发布会、举行路演等，这可以为企业参展进一步造势，尤其会增强观众对展品的兴趣。另外，有些企业还会为特殊的顾客提供在展前预先看展品的服务。

2. 重视新闻媒体宣传

准备全套媒体资料。完整的媒体资料应包括关于新产品上市或公司最新进展的媒体发布稿（强调产品为客户带来的利益）、公司背景介绍（最好能引用相关事实数据）、高质量图片等。

向媒体通报参展活动。向展会主办机构了解哪些媒体将进行展会前报道（多数展会宣传指南会列明报道媒体名单），同时应特别注意提交宣传资料的截至日期，及时提交相关新闻及图片资料。相关媒体宣传资料应同时向展会主办机构宣传经理发送，以确保在正式展会预览及展会回顾中发布。

第四节 展中营销

展中营销不仅仅是指展台营销，虽然展台现场的营销是最重要的。展中营销贯穿于企业参展准备工作结束之后到展览结束并拆卸展台的整个过程。前来参展的观众能否到企业展台上，并成为重要的销售线索，展中营销至关重要。

资料 5-1 展台营销：抢在观众走下舷梯前

观众参观展览的旅行是很枯燥的，我们都经历过：飞到办展的城市，走下飞机去领取行李，然后乘坐机场巴士或出租车，经过高速公路和城市街道到达宾馆，最后匆忙入住。在这个过程中，我们有机会在战略上加强宣传，这包括：

- ◆ 在飞机客舱提供的杂志上刊登广告。
- ◆ 在机场大厅发布平面广告。
- ◆ 在机场报刊零售点张贴广告。
- ◆ 在去往展览中心的高速公路和街道两旁发布室外广告。
- ◆ 利用出租车发布广告。
- ◆ 利用宾馆大堂悬插旗帜广告。
- ◆ 在宾馆推出门挂广告，挂在所有观众的房门旁。
- ◆ 付钱给宾馆或宾馆门童，让他们穿上广告促销服，突出你的展销主题。
- ◆ 在会议中心宾馆的闭路电视插播广告。
- ◆ 在当地电视台的早新闻栏目播出广告。
- ◆ 展览会印发的每日通报，会送到主要宾馆的房间里，也可以发布广告。

以上各广告发布地点，在观众赶到展览馆注册之前，都有机会看到或接触到。然而，一旦到了展览现场，观众要观看成百上千的展台，经受无数的感官刺激，你的展台及活动无疑只是大海的一朵浪花。但是，以上列出的广告机会，有可能只属于你的公司、你的独特销售主题,以及你要表达的增值信息。

一、观众参观展台的原因

基于广泛的研究,以下列举出你的客户拜访你展台的原因:
- ◆ 了解相对他们现有产品/服务的最新潮流、趋势、修改、改进等;
- ◆ 看最新的产品供应;
- ◆ 就设备升级或问题解决方案来会见技术代表;
- ◆ 会见管理团队;
- ◆ 比较和评估竞争产品;
- ◆ 社交性拜访或出席一个招待活动;
- ◆ 拓展网络;
- ◆ 采购新品。

二、展中营销的目标

有研究表明,典型展会观众里只有15%在展会上产生一般的兴趣,而10%会对展会上的产品、服务或者公司有特别的兴趣。因此,只能基于这10%的观众群体来做出企业对目标销售或销售线索的预期。任何超过这一比例的有效联络/潜在客户都是额外的收获(也可能是团队出色的工作成果)。

展中营销的主要活动在展台现场,因此展中营销的目标也主要是针对展台现场的销售活动来制定,而销售活动是建立在展台上工作人员数量以及他们与观众的互动能力基础上的。例如:如果在展台上需要花10分钟和观众/潜在客户来讨论、演示产品并确认对方身份的话,那么每个团队成员应该每小时大约得到6条销售线索。但是,这却没有将休息、午饭时间考虑在内。所以,在这个例子里,每个员工每小时获得4条销售线索是比较合理的目标,将其乘以一个员工在展台上的工作小时数后,可以得到一个人总的销售线索机会。把所有展台工作人员的销售线索机会加起来,就可以得到你能从一个展览会上获得的最大化的销售线索。

另外,在展会现场上,收集潜在客户的姓名地址以便在展后跟踪,并加入企业的电邮数据库是非常重要的工作。在这种情况下,每小时获得大量的销售线索是可能的。此时,让一个人单独负责将名址录入数据库里非常有效。

三、展中营销的步骤

1. 确认潜在客户

展会是获得高质量销售线索的一个绝佳机会。但是,并不是所有来参观的潜在客户都能在展会上做出购买决策，有时他们只希望比较公司/产品/服务/价格等。展台员工应了解这一点，并收集重要的销售线索和情报，这样可促进销售联系。对潜在客户的确认需从以下几个方面入手：

- 确保对方对你的产品或服务有需求；
- 确定对方有一个合理的采购时间段；
- 确定对方有足够的资金或预算；
- 确定对方有权力进行购买或有能力影响购买。

2．对销售线索进行分类

有些公司采用一种"线索分类系统"来反映影响一个展会销售线索的两个重要变量：时间和金钱。参观者将购买的产品或服务的时间确定为首要考虑因素，这样公司才能及时给予答复。第二个考虑因素则是可能的采购金额，因为这通常会决定公司在后续跟进时要投入的精力。表5-8是一个简单的线索分类系统，世界各地的许多公司都在使用。

表 5-8 销售线索类型

线索类型	时间	可能的采购金额
A 类	短	大
B 类	短	小
C 类	长	大
D 类	长	小

这一分类流程的另一个原因也很简单：展会结束后大家都精疲力竭，唯一需要我们立即采取行动的就是A类和B类销售线索。其他的可以在以后的时间里再行跟进，那时候团队经过一段休息精力也恢复了。许多公司采用基于互联网的处理系统来保证线索能被妥善存储、归类和跟进。这些系统通常可自动准备给潜在客户的信函，包括价格信息，并设定随后与公司代表面对面的会见等。

3．跟踪所有在展会上获得的销售线索

最后，也是最重要的，跟踪所有在展会上获得的销售线索，衡量你最终在销售方面的成功和总体结果。这能帮助证明对展会投资的合理性，以及比较不同展会的参展效果。当然，大部分跟踪销售线索的工作都是在展后做的，但对于一些需要在短时间内给予答复的A类和B类线索可能在展览期间就需要进行联络和洽谈。

四、展中营销的策略

1. 展品演示

展品展示不是做产品特性的说明,而是要激起客户决定购买的欲望。展示指把客户带引至产品前,透过实物的观看、操作,让客户充分地了解产品的外观、操作的方法、具有的功能以及能给客户带来的利益,藉以达成销售的目的。展示过程是客户了解与体验产品的过程,也是销售人员诉求产品利益的最好时机。要针对客户的需求,以特性及利益的方式陈述,并通过实际操作证明给客户看。

2. 现场活动展示

展会表演是展商经常使用的一种营销手段,它能够吸引人的注意,提高展出效果。参展企业可以根据自己公司的文化,社会环境、展出需要决定取舍。一般认为,表演活动可以与展品无直接关系,但是应当与展出主题相关。在第十一届中国国际煤炭采矿技术交流及设备展览会上,德国 DTB 公司没有按照惯例在馆内搭建特装展位,而是在展厅门口搭起了一间篷房。开展仪式更是独出心裁,他们专门聘请了三位杂技演员为观众做柔术表演,在力与美的震撼中吸引观众走进自己的展位。

在"2005 中国国际厨卫技术展览会"上,海尔除了在产品概念与展台设置上充分加入了奥运元素外,还设置了很多互动环节。如在海尔的展台上,竟然有个烧烤区域,由海尔聘请的大厨坐阵,现场摆放玉米、面包、牛肉、土豆等诱人的食物原料,来参观的观众都可以选择其中的一种食品请厨师用海尔的灶具现场烹制后品尝。因为烹制不限时间,所以仅这一项就为海尔吸引了不少观众。

3. 举办客户招待会

展会期间各地经销商都汇集到展会所在地,在这个时机召开招商会能节省大量的人力和物力,并且能达到最好效果。比如在第 19 届深圳国际家具展上大富豪、宜华木业等企业都与主办方合作,以经销商大会、论坛等形式做了颇有成效的招商和宣传工作。另外企业也可能利用参展的机会自行举办经销商大会,如金剑南的经销商大会就成功地为其树立了品牌形象,维护了和经销商的关系;再如惠普成像打印群(IPG)的"执行官通气会"也使 IPG 更好地实现了参展目的。

4. 吸引技巧

企业可以采用多种方法吸引观众来参观展台,这些方法包括样品、赠品等等,这些方法都会有选择地吸引感兴趣观众的注意力,并使他们进入展台以咨询更多信息(Hatch, 1991)。企业在展览上会用到很多技巧,然而,食品样品或赠品，如钢笔、杯子等等一般来说是最普遍的。

礼品被人们看作是公司友好的使者，它具有长久的记忆价值。它是商务活动中的"润滑剂"，也是参展企业最有效的营销手段之一。它往往比口头表达的情感更有说服力。参展商在选择礼品时，大体上要从以下几点考虑：礼品价格不高、质量上乘、趣味高雅，或具有本地特色，或具有公司产品的标识，强调实用，体积小或重量轻。2003年采访上海车展的2500多位记者，都会收到米其林公司赠送的一份小礼物，一只黄色的印有"必比登"图案的微型旅行袋。由于它体积小、容量大、便于装载各种资料，很快就成为老记们的贴身武器。善于挖掘新闻的猎手们，也不自觉地成为米其林公司的产品代言人。一个"必比登"，两个"必比登"……数以千计的"必比登"，在车展上不断地流动。观众在看名车美女的同时，也记住了"必比登"和它的主人——米其林。每一位参展商在接受记者采访时，自然会注意到牵着记者手的"必比登"，特别是它那对盯着汽车商的圆乎乎、贼溜溜的大眼睛。给观众提供一份值得"永久记忆"的礼品，就等于为你自己创造了一次商机。

5. 举办娱乐活动

参展企业还经常在展台上举办各种娱乐活动，达到吸引观众的目的。2005年11月4日，"第七届上海国际工业博览会"在上海新国际博览中心开幕。工博会是展示企业品牌形象的展览会，会有很多老百姓前来参观，如何吸引大家到展台上来并且对宝钢有一个更深切的认知，是参展企业首先需要达到的效果。游戏是很多参展单位选择的在现场提升人气的方法。问卷就是个不错的方式，答案就在展台的各个角落，观众可以自己寻找，根据答对的情况领到不同的小礼品，如充气棒、水晶链、钥匙扣等，全部答对的观众还有特别奖，这些物质奖励都激发了观众领取问卷进行回答，而且非要找出正确答案的欲望。展会每天三次游戏，每到游戏时间总有几十个观众前来参加。

第五节 展后营销

一、展后营销的意义

展后营销主要指参展企业回到企业所在地后，根据在展会上收集到的销售线索，对现有顾客和潜在顾客进行跟踪，并利用各种营销渠道进一步宣传推广企业产品，最终达到销售产品、建立客户关系目的的行为。

展后营销是企业参展营销系统中的重要一环，很多参展商在投入大量的财力、物力、人力参展之后，觉得参展营销并没有收到预期效果。其中一个非常重要的原因就是企业没有充分地利用展览现场收集到的各种信息资源，做好展后营销工作。展后营销是销售线索转化为实际销售的重要环节。

二、展后营销的步骤

1．建立数据库

展后营销的第一步就是把企业在展览现场收集到的有关顾客的信息进行整理，建立数据库。如果有部分潜在客户观众没能在展会期间联系，应在展会后主动向他们邮寄资料开展联系。许多展会主办机构向参展商提供观众名单，从中可根据自己的标准（如职位、感兴趣的产品及地理位置等）精确挑选潜在客户；此外，还可以从外部租用或购买名单进一步扩大自己的邮寄数据库。

每份客户询问表均应该在分配前在数据库中保留备份，并记录接收表格的人员姓名。分别给所有销售线索分配标识代码，以便避免与一般客户数据混淆，并将客户记录一直跟踪至实现销售为止。

2．销售线索和客户分类

根据销售线索和数据库把顾客划分为不同层次的顾客：一是购买型顾客，即顾客对企业展品表现出强烈的购买意愿，具有预先的采购预算和计划，并对展品有浓厚兴趣。这个层次顾客的销售线索是企业在展会上获得的最有可能转化为实际销售的线索，也是展后营销的重点对象。二是考虑型顾客，即可能会在短期内（如半年）采购企业的产品的顾客。这个层次的顾客也是展后营销重点关注的对象，但从时间上来看，没有购买型顾客的要求紧迫。三是收集信息型顾客。这类顾客在参观企业展台时只是简单了解了展品的基本情况。展览上很多的人由于时间的关系，只能问问价格，有的是看看产品或拿走产品信息，但是回去之后他们会研究的。

3．安排营销人员

确保为展会后销售线索跟进工作分配负责人，并安排足够的时间完成任务。根据预期收集的展会反馈数量，安排1周或2周时间集中开展销售跟进工作。

4．实施展后营销

为了最大限度地转化展会搜集的销售线索为订单，应该趁热打铁。购买型顾客的销售线索应立即跟进。为此，应该在展位装置传真机或与公司办公室联网的电脑，以便将展位上搜集的销售线索随时发回公司安排即时跟进。所有销售线索须在1周（最多2周）内回应。

展后销售要坚持跟进。大多数展会销售线索通常在展会后3~8个月内转化为订单，那些与生产设备或高价值采购相关的销售线索可能需要更长时间跟进。

因此，必须坚持不懈地定期跟进直到实现销售为止，否则销售线索将逐渐丧失价值。

5．确定销售

要建立有效的销售汇报体系。要求销售人员定期记录和汇报销售线索跟踪进度对于业绩财务评估非常重要。但是执行中可能遇到困难，特别是当销售跟踪区域机构的时候。为此，在分配销售线索时，应附带汇报表格，并要求在规定时间内反馈销售跟踪进度。如果反馈显示销售跟踪仍在继续中，则应发出下一份汇报表格及反馈截止时间，如此直到销售线索跟踪结束为止。

替代持续销售线索跟踪记录及销售汇报机制的另一方式是在展会后约定周期内执行销售审计。为此，应要求每一销售人员定期汇报各自负责的所有销售线索的跟踪进度、已实现销售额度及预期销售额度等情况。

复习思考题：

1．参展商营销的内涵是什么？参展商营销对于企业实现参展目的具有什么重要意义？
2．观众参观展览的动机是什么？
3．展前营销的营销渠道有哪些？
4．展中营销的步骤是什么？
5．展中营销的促销策略有哪些？
6．展后营销的步骤是什么？

案例1 高新技术企业的参展营销——Fish 公司的捕鱼记

Fish 是一家软件研发企业，它为会展行业提供项目评估软件，帮助客户更有效地对潜在客户实施管理。2006 年 Fish 公司将参加 Exhibitor2006 展览，其参展计划的核心是 Immersive Medi 软件的推广，这个软件包含有当今科技界所推崇的无线射频识别技术(RFID)，可通过射频信号自动识别目标对象并获取数据。每个 RFID 标签都拥有唯一的电子编码，它附着在物体上以标识目标对象。RFID 已广泛应用在各种商品上，小到 T 恤衫、家庭宠物，大到货物集装箱。标签的大小最大可如硬币，最小可如同针尖麦芒。所有的 RFID 标签都可发送无线电波，无线数据为接收设备所读取后进行识别。许多世界级企业，如美国零售巨头沃尔玛，依靠 RFID 攫取了大量利润。尽管如此，要让大多数用户明白 RFID 的工作原理，还是非常困难的。

这就像你教一个新手开车，你不可能用幻灯片反复播放发动机是如何跑起来的，你的任务是把他带到驾驶室里去亲自体验。为此，Fish 实施了如下参展营销策略：

■ 到了离开展还有两个礼拜时，Fish 工作人员开始向 244 个预登记的观众发送纸邮和 e-mail，邮件里提供网络链接，通过点击可以完成一个线上调查。这样可以使 Fish 了解观众的"需求点"在哪里。每个完成线上调查的"准观众"有机会得到一台 iPod。

■ 当获得反馈结果后，工作人员对它们进行了归类，筛选出"最佳潜在客户"（top prospects）。所谓"最佳"，是指那些年参展不低于 25 次，能够做出采购决策，并有着提升现有参展评估效果强烈意愿的顾客。最终工作人员从候选者中挑出了 60 位"最佳潜在客户"，评估价值介于 15000 美元～50000 美元之间。

■ 距离开展还有四天的时候，Fish 向选出的 60 位"最佳潜在客户"和 20 名经销商及媒体发送了联邦快递（FedEx）包裹。工作小组给每位收件者打电话，确认他（她）当天是否能在办公室，这样做是为了激发收件人的兴趣和创造出一种"紧迫感"。在邮件里面有一条花领结、一封感谢信和一个仿真 iPod，一个字条上写着"它（iPod）或许已属于你了。请持 iPod 标签访问 167 号展位"。秘密就藏在 iPod 标签里，在里面，工作人员嵌入了 RFID 技术。

■ 当被邀请者距离 Fish 展位还有 30 英尺的时候，他们所持的"iPod"开始向展台发出信号，设在展台下方的无线接收装置开始接收观展者发出的信号，并将它传送给服务器。服务器启动了观众头顶上的等离子屏幕，Fish 公司总裁迈克尔笑意盈盈的头像出现了，他向每位观众致意，而且直呼其名。出乎观众意料的是，在总裁的致辞中包含了所有他们关心的问题，这些问题无疑来自早先公司的调查问卷。

■ 当所谓的"最佳潜在客户"走近展台时，早已做好充分准备的工作人员接到了手机短信，短信显示，他（她）的客户已经到来，客户的姓名、商号、职衔、关心问题等等也都显示出来。结果展台的工作人员变成了 X 光机，客户被"透视"，而那些通常展会所需的重要步骤，如要求观众填写问卷、交换资料、产品导引等等，都被直击要害的沟通所取代。用迈克尔的话说，每一分钟如果不能产生最大的收益，展中工作就近乎于失败。

■ 当观众走进展台后，工作人员引领他们来到一个放有笔记本电脑的工作台面。在观众离台面还有 2 英尺的时候，手中的"iPod"又开始发送信号。笔记本电脑惊讶地喊出了观众的名字，屏幕上闪烁着对方所在公司的 Logo。一个酷似投币式零售机的设备出现在屏幕上，提醒观展者前方可能有好运气。透过电脑的演示，观众了解到 Immersive Medi 的一些资讯，工作人员使用娴熟的沟通技巧，来尽可能地缩短"信息的鸿沟"。

- 等到观众将要离开的时候，工作人员请他们将手中的标签投入一个与电脑相连接的盒子中。屏幕上马上显示出感谢信息，提醒观众，他们都得到了抽取 iPod 的机会。
- 而对那些没有预先登记的观众，Fish 会问他们一些问题，这些问题和先前调查表上出现的问题如出一辙。作为预先设置好的流程，工作人员将所获取的答案输入 RFID 标签，并把它交给观众，同时安排另一位工作人员陪伴观众走完整个流程。至于流程的设计，基本上是"最佳潜在客户"所受到礼遇的翻版。

结果，无论预先登记还是没有预先登记的观众，他们都真切感受到了 RFID 技术所带来的好处。Fish 成功避开了冗长的产品演示、喋喋不休的销售推广和多如雪片的宣传资料。大多数观众的互动时间控制在 5~10 分钟之内，而这些都取决于事前计划的周密。从观众接到电子邮件的那一刻起，他们已经不知不觉地进入了 Fish 的捕获网。RFID 收集来的数据，无论数量还是质量都满足了一个数据管理公司的最高要求。通过观展人数统计，Fish 了解到展前邮件的营销效果。标签如实记录了观众所到达的时间，在展台停留的时间以及离开的时间。迈克尔说："数据是分析客户需求的有效利器。RFID 愈是趋于复杂化，它对于界定客户需求的帮助也就愈大。"

资料来源：《中国会展（参展商）》，桐言编译。

问题：
1. 对于产品功能相对复杂的参展企业如何进行参展营销？
2. Fish 公司在营销中采用了哪些技巧？
3. Fish 营销的成功之处在于哪里？

案例 2　贝尔公司的参展营销策略

确定主题和参展目标

达拉斯直升机展（Heli-Expo）是世界上规模最大、影响力最广泛的直升机展览会。贝尔公司想通过这个平台，给观众留下不可磨灭的印象。要做到这一点，仅仅通过推出新的机型是不够的，还要传达出公司全新的主题，这个主题就是要让观众和客户一想到贝尔公司，就知道它是直升机领域的创新领袖。为此，贝尔公司不惜重金与三家知名展览服务公司合作——TM 广告集团、Terry McCollough 产品公司和 EG 展览服务公司。经过精心的策划，一个新理念应运而生——"仰视，用全新的视角看贝尔"。它成为贝尔公司参加 2006 达拉斯直升机展的展示主题，同时也是公司全新的广告活动的主题。

贝尔此次参展的主要目标是让贝尔成为直升机领域的领跑者，将为整个行业树立一个标杆。为了达到这个极高的地位，贝尔公司为此次展会设定了三项目标：第一，最大限度地将观众和媒体吸引到新机型"贝尔417"的正式揭幕仪式上；第二，获得展览日报每天强大的新闻报导，让贝尔成为频率极高的热度词；第三，打破2005年直升机展上34架直升机的销售记录。

贝尔公司的展前和展中营销

在确定了展览主题之后，贝尔公司便开始了展前推广工作。

■ 在离展会开始还有60天的时候，行业内的媒体广告就告诉贝尔的潜在客户："把你们的眼睛准备好"，广告图片极富创意，图案是一捆胡萝卜，原因是胡萝卜对眼睛好，可以明目。当然图片上还包括贝尔公司的标志、展位号码、展览日期和地点。

■ 在展前30天的时候，贝尔公司向2000多家现有客户和潜在客户发出了邀请函，邀请他们参加定于展会前一天举行的贝尔公司总裁接待晚宴，晚宴上隆重地邀请各位嘉宾参加第二天新机型"贝尔417"的揭幕启动仪式。邀请函上还注明："以全新的视角看贝尔"。展前的各项工作极大地推广了"仰视，以全新的视角看贝尔"这一主题，同时也吊足了观众的胃口。他们想让观众产生好奇："当我抬头仰视的时候，我会看到什么呢？"

■ 在展览地，贝尔公司在观众刚刚到达下榻节点的时候就继续开始了它的"热度词"行动。观众开酒店房门的门卡上都打上了贝尔的牌子，上面还诙谐地写着："您的脖子感觉如何？"在房间里，参展的观众还会发现许多印有贝尔品牌的物件，包括房门挂牌，上面写着："请勿打扰，我正在休息我的脖子"；还有半开玩笑似的"仰视指南"——说明如何练习自己的脖子，来准备在贝尔展位时长时间的抬头仰视。

■ 在搭建期间，新机型贝尔417仍然隐藏在贝尔展台的薄绸之下。在最后一次揭幕演练之前，一张大约5米长的帘布还遮盖着那份神秘。观众在展会的第一个早晨醒来时，发现展览日报上头版头条的题目是："贝尔417玩起藏猫猫"，这更是为被期待已久的揭幕仪式做足了前戏。

■ 当展会在上午11点开始时，观众早已按捺不住，紧绷许久的好奇心就要被引爆了。贝尔终于要给观众一个"仰视"的理由了！

展前各项工作制造的巨大悬念使得贝尔实现了第一个目标：最大限度地吸引观众参加揭幕。贝尔将产品和展示内容联系得十分契合，而且推广工作做得十分巧妙，独具匠心，使其获得了极高的产品兴趣度和关注度。除了这些之外，贝尔还因为设计精妙的揭幕仪式获得了媒体报道的巨大成功。这是贝尔历史上展会销售最成功的一次。

问题：
1. 参展主题和目标的确定对于参展企业来说具有什么意义？
2. 贝尔公司是如何通过展前和展中营销吸引观众的？

案例3　棋盘游戏旗开得胜——看Aon展前、中、后营销

保险风险管理协会展览及会议（RIMS）是风险管理行业最大的展会。总部位于芝加哥的Aon公司是一家风险管理机构。从前参展时，Aon视展台为"与老客户会面的地点"，而非"拓展市场的舞台"，实施的是"零风险"战略。而现在，Aon将致力于由"零风险"战略向"风险型"战略转变，这意味着今后Aon的参展将不再以维护现有顾客为核心，而是"全力开发新客户"。Aon同在芝加哥的一家整合营销传播机构Slack Barshinger取得了联系，并策划用"棋盘游戏"来吸引受众的目光。对于提供无形产品（保险和风险解决方案）的Aon来说，游戏是一个适当的方法。

1. 展前邮寄详细的资料。 Aon在展前给总共1800名预登记的观众邮寄包含有游戏卡、游戏样品和参展手册的礼品包。展前八周，Aon给这1800名观众寄出Risk游戏的微型复制品。在参展手册中，涵盖了Aon展台的演讲者姓名、各项活动和研讨会内容，以及新上任的CEO格莱格·凯斯的亲切问候。手册中，还详细介绍了观众如何通过参与Aon的活动来获得相应游戏点数的方法。得到最多游戏点数的观众将有权利得到通往世界各地的往返机票和一个GPS定位器。

2. 有趣的游戏点数方案。 为了让观众关注游戏、观注Aon，就要设计能够激励观众参与游戏的方案。Aon设计了有趣的游戏点数方案：扫描证件可获得5分，同销售代表交谈可获得25分，参加地图游戏可获得10分，Aon还设计了各种令观众获取分数的"新招"。这些分让Aon的展台如同一个魔球一样光芒四射。Aon在每个咖啡杯上印上了一个可以撕下的有Aon标记的标签，撕下它的人可以赢得5分。在展场外，工作人员挥舞着印有"Risk"字样的游戏卡，所有取得卡片的入场者可以自动得到1分的奖励。在往返机票和GPS定位器的召唤下，观众将全力为自己挣分。

3. 利用行业出版社做展前宣传。 Aon也没有忘记在营销组合中加入行业出版物，每份出版物上印有Aon的精美广告，每个广告上有可沿虚线撕下的部分。带着它参展，观众可赢得更多的点数。

4. 利用网络营销。 公司还别出心裁地设立了一个网站，供观众查询相关信息，甚至推出了一个博客，来加强与观众的"深度互动"。

5. 现场身份确认和客户识别。 通过扫描证件，观众得以确认身份，获准参加 Aon 为他们精心准备的 Risk 游戏。每名观众均得到了一枚印有"Risk"图样的胸针，胸针不同的颜色将观众分为不同的组。Aon 安排了四位服务大使对来访观众致以亲切的问候。"大使"是从专业的市场营销机构 LivMarketing 雇来的。"大使"会询问观众："您是 Aon 的客户吗？""您以往同 Aon 打过交道吗？""什么服务是您最感兴趣的？"这些问题是 Aon 了解观众的必要步骤。

在进行一番"筛选"后，"大使"引领合格的观众参加互动游戏的角逐。"游戏"是一张巨大的通过投影仪映射在 Aon 展台上的"世界地图"。在地图的不同区域，印有各色符号。观众将脚踏上不同符号，地图就会显示出该区域所对应的风险，旁边立刻显示出 Aon 所能提供的"风险管理方案"。

6. 及时地展后跟进。 工作人员对观众参与 Aon 的展台活动表示由衷的感谢，告诉观众，Aon 将安排人员在 24~48 个小时内对其进行"跟进"。

资料来源：《中国会展（参展商）》，楚子编译。

思考题：

1. 对于服务性企业来说，其产品营销具有什么特点？

2. 为了能够尽快地识别观众的信息和特点，现场营销人员可以设计什么样的问题？这些问题都会获得哪些特定的信息？

3. 设想一服务性企业参加展会，策划一个游戏活动方案来展示产品和企业。

案例 4　小企业的参展策略——"死亡角"的欢乐谷

就在 2006 美国消费电子展（CES）即将开幕的前一天，Hopscotch——一家名不见经传的小电子科技公司，还在为参展做着最后的筹备。再有不到 12 小时，经过精心策划、凝聚了科技人员心血的新品 BOB，就要开始它的第一轮亮相。这个为年轻父母们设计的时尚产品，能够为电视、电脑、游戏机等家用设备设定使用时限，让孩子们远离它们的侵害。这也是 Hopscotch 公司首次参加该展会。

在参展中 Hopscotch 遇到了两个很大的困难：第一，由于 CES 的展位需求非常火爆，Hopscotch 公司在最后时刻才确定自己可以获得展位，而这个展位竟然位于南展馆最偏僻的一个角落，走过去就像是走进了无人区。第二，展位租金很贵，有 12000 美元，而 Hopscotch 此次参展的总预算只有 38000 美元。也就是说，除去展位费用 12000 美元，其余的各项花费都要从 26000 美元里划拨，这无疑是个挑战（CES 参展商的预算通常在 6 位至 7 位数）。

Hopscotch 公司已决定要参展，尽管遇到了非常大的障碍，为实现参展目的，Hopscotch 还是制定了周密的参展策略。

第一，制定参展目标：要得到五家媒体的报道，获得四个小型零售商的订单，要有四家风险投资机构关注Hopscotch，还要建立起BOB的公众认知。

第二，选择合适的展台设计方案。经过仔细筛选，他们最终圈定了"后院"（backyard）展台设计方案。这是一个洋溢着田园诗般气息的创意：童话般的小院子里，孩子们无忧无虑地享受着恬静自然给予他们的一切，院子当中摆放着Hopscotch的产品。"今天的孩子对于我们那代人的生活早已陌生，他们对自然和自由的渴求是我们这一代人所无法比拟的。Hopscotch并不排斥科技，它只想告诉人们，一种平衡和身心愉悦的生活有多么重要。"

第三，制定详细的参展预算。从表5-9可以看出，Hopscotch的展台预算方案非常精细。展台搭建费用总共不超过5000美元，而业界平均费用在52800美元上下。

表 5-9　Hopscotch 的参展预算

分类	费用（美元）
展位租用	120000
设计/搭建/材料	5465
旅行/接待	8248
膳食	1000
邀请函	1800
赠品	4500
电	200
人工	1000
媒体发布会	3500
展台服务人员薪金	600
总计	38813

第四，展中使用各种促销策略。展示中使用了大量的赠品（giveaway），有卡祖笛、溜溜球(Yo-Yo)、能不断发出吱吱声的坐垫等等。Hopscotch派出工作人员在现场表演呼啦圈，演示溜溜球的玩法，用柠檬汁招待顾客。这些赠品最终发挥了奇效，观展者蜂拥而至，一睹BOB的芳容。为了吸引更多观众，Hopscotch公司还在剩余赠品上用醒目黑字标出了公司的展位号码，这让了解Hopscotch的观展者成为公司的"义务宣传员"。

结果，在展览期间，Hopscotch共进行了约800项演示，发出了4000余份小礼品。整个会场争相传递着Hopscotch的创意讯息，"死亡角"变成了欢乐之海。传媒公司Newstips把BOB列入了2006年消费电子展最受瞩目的100项产品，

Yahoo、CNET、Digital-World这些网站都对Hopscotch进行了报道。《大众科学》杂志也刊载了BOB的图片，由Gannet News Service公司出版的20多种刊物中登载了BOB的信息。展览效果极大地超出了展前制定的目标（见表5-10）。

表5-10　Hopscotch的目标实现程度

分类	目标	结果
媒体报道数量	5	20
与零售商洽谈会数量	4	9
关注公司商业计划的投资商数量	4	30

问题：

1. 小企业参展可能会遭遇哪些困境？
2. Hopscotch是如何把"死亡角"变成"欢乐谷"的？

第六章

展品、展位和展台

[主要内容]

本章主要从展品、展位和展台三个方面介绍参展商的准备工作。展品是影响参观者记忆的最重要因素,因此参展商要特别重视展品选择工作,并保证展品安全地运达参展地点。本章介绍了展位的类型、影响展位选择的因素、展位选择策略,同时还介绍了展台搭建所使用的最新材料及展览展示的最新技术。

第一节 展品选择和运输

据调查研究表明,参观者的统计记忆因素主要取决于展品选择、操作演示、展台设计等方面,其中展品是否有吸引力排列第一位。也就是说,能否选择合适的展品,达到吸引观众的目的,是参展营销成败的关键。在某些情况下,选择展品很简单,如企业想通过参展来推出新产品或新的产品创意,那么展品选择就非常具有针对性。但随着企业规模的扩大、企业产品的日益丰富,企业参展目的多样性以及企业参展策略不同都对展品选择产生了重要影响。

一、影响展品选择的因素

1. 参展目的

参展目的是影响展品选择的首要因素。如果企业是想推出新产品,那么展品主要是就是即将推出的新产品;如果企业是想扩大已有产品的市场占有份额,那么所选择的展品就是已在市场上占有一定份额的产品。对于已有产品来说,适合所参加展会的产品可能有很多数量,但展位面积是有限的,而且还要考虑展品在展台的整体布局,所以在选择展品时还要综合考虑其他因素。再如,企业的参展目的是树立企业的形象,那么展品选择就不能单纯地从展品本身来考虑,还要注重产品与形象展示之间的关系。

美国美泰公司以生产芭比娃娃等玩具闻名世界,它在 36 个国家设有办事处和机构,产品行销 150 多个国家。每年美泰公司都积极参与国内国际的大型展会,是美国著名的玩具参展商。2002 年美泰参加某玩具展时,展品包括芭比娃娃、火柴盒等美泰公司的多种玩具产品以及其姊妹公司的产品,数目超过 500 件。而 2003 年时,美泰则大幅减少了 76%的玩具,即从 500 件降到了 120 件。美泰公司不打算再展示如去年那样的玩具,取而代之的则是重点展示个别的产品及生产线。美泰认为参展更主要的是展示一个统一的对外形象,更少的展品以及恰当的展台设计能更好地展示公司地品牌。

2. 参展策略

市场占有型营销战略是指企业力图在现有的市场中增加销售量,更加深入地占领市场。在这种情况下,企业的营销目标是鼓励老客户购买更多的公司产品,同时吸引这一市场的新客户开始购买公司的产品(或服务)。因此在此情况下,公司的产品(或服务)已经在一定的范围内为业界所熟知,所以企业就应该努力通过参展实现和老客户间无障碍的充分沟通,同时努力培养新客户对公司的信任关系。

在新产品导向型的营销战略下,公司努力使原有的老客户认知和接受公司的新产品(或新服务)。在这一战略下,公司的参展理念也应该是产品导向型的,即新的产品必须作为最大的亮点在展会上推出来,产品所有的功能也必须充分地演示出来。这就要求展览风格、目标、人员配备、营销手段的使用等都必须配合这一理念。如设计风格应最大限度的突出公司的新产品,整个展位都是以新产品为中心进行安排的。配合这一参展策略,公司在展会上还可以举行新产品发布会、新闻发布会,参加展会举办的各种创新产品演示等等。公司派出的参展人员中,除了要有贸易人员外,还应该有市场部的人员及产品工程师。

3. 市场条件

市场条件主要是指展品要符合市场的水平、消费习俗、技术标准、管制规定等条件。展出市场限制、禁止的展品一般不要展出;违反展出地的消费习俗、展出地禁忌的展品不要展出;产品的设计、包装、颜色等应符合展出地市场的习惯等。

二、展品运输

展品运输工作是将展出所用的展品、道具、资料、行政用品等物品、工具用陆运、空运、海运或综合方式从货物原所在地运到展出所在地,并运回或运到下一个展出地点以及办理有关手续的工作。运输环节多、时间性强、费用开支大、因此必须做到安全、准时、省费。这里展品运输不仅包括展品本身的运输,还包括相关物品和道具,含义相对宽泛。

展品运输事宜需要展商熟悉相关的海关规定和法律,属于专业性很强的工作,需要运输供应商提供专业化的服务。几乎所有的展会主办机构都会与专门从事各项运输业务的公司签约,为参展商提供展会运输服务。当然,参展商也可自行选择运输公司。参展商需要对展品运输公司进行供应商管理(后面会有专门章节讲解),需要与运输服务商签订运输服务合同,以确保获得准确、及时、高质量的服务。在签订合同时,参展商需要了解如下事项:

1. 运输方式

运输方式主要有水运(包括海运和内陆水运)、空运、陆运(包括火车运输、汽车运输等)、邮递、快递、自带等,各种运输方式有着不同的优势和劣势。参展商应该根据企业自身特点、展品特点和各种运输方式的优劣势选择适合自己的运输方式。

表6-1 水、陆、空运三种运输方式优劣势一览表

序号	运输方式	优点	缺点	适用情况
1	水运	费用低	时间长	是大型国际展览的主要和经常使用的方式
2	空运	快速	费用高	适于时间紧、货物少、特殊货物,如生、鲜产品,尽量少用
3	陆运	介于空运和陆运之间	是最广泛使用的、不可缺少的方式	适用于大多数展品运输

2. 运输费用

运输费用通常分为运费(陆运、海运等)和杂费(装卸、仓储等)两大类,统称运杂费。运费所包括的内容相当复杂,运输公司一般也不对所收取的费用做具体解释。参展商应该大体了解运输费用的高低与四个因素有关:一是运输里程。距离越远,总的运输费用越高,但平均里程越便宜。二是劳务费,即人力费用。三是时间。运输公司有正常运输日程,正常收费。但是,如果发运人需要加快运输,费用也会随之上升。四是税收。运输途中产生的收费征税要全

部加入运费中。

资料 6-1　中国外运

  自1955年承办前苏联来华展览物品运输工作起，中国外运开始为国内外一系列大型展会、赛事提供专业化的物流服务。1999年5月1日至1999年10月31日在我国云南省昆明市举办中国99昆明世界园艺博览会。早在1996年，中国外运就已开始通过各种渠道与世博会组委会进行联系，中国外运凭借其整体的服务优势，最终通过了组委会的严格审查，并在1997年4月2日与组委会执行机构"云南省园艺博览集团有限公司"签署了委托协议书，正式确立了中国外运作为本届世博会所有相关物资的独家全程货运及报关、报验总代理。

  本届世博会的物资运输非同一般，涉及的货物种类繁杂、鲜活植物多，更由于昆明地处西南，距海港远、空运直达航班少，因此在进口报关手续、运输路线的制订和货物的保管方面，都对中国外运的综合服务能力提出了新的课题。经过与组委会磋商，中国外运制订了严密的运输方案。单是制定的到货口岸就有5个，空运口岸2个：北京和昆明；海运到货口岸2个：上海和黄埔；中转口岸1个：香港。并在此基础上制订了世博会《运输指南》，向各个参展国家和地区发放。在该文件中，中国外运介绍了各口岸和国外分代理的联系方法，与世博会有关的物资，尤其是动植物、生物制品进口的有关规定及境外发货办法，以指导各参展国家和地区的货物发运。同时，中国外运为确保与各参展国家和地区的联系并扩大影响，在世博会会中国外运利用其境内外货运代理网络尤其是国内分公司的配合，大部分货物从境外就已经开始对货物进行跟踪。货物从境外发出后，有关单据就传真至中国外运总公司，并由中外运世博会工作组在昆明进行提前报关和申报各种进口手续，保证了货物在到达港口时即能及时地申报并从港口转运至世博园。对于鲜活植物，中国外运安排了保温箱和专用拖车或是保温车进行转运，保证了鲜活植物的存活。

三、展品运输的风险

  无论采取何种运输方式，展品在运输过程中都可能有面临各种风险。

1. 展品损害风险

  展品是供展示的样品。如展品的展示功能丧失，即使其使用功能完好，对于参展企业来说也意味着展品受到损害，不具备展示功能。

2. 展品延误风险

  一般展览会要求展品必须要在开幕式前3～5天运到场馆，这样参展企业就有较充裕的时间来布展，一旦发现展品有损失还有紧急调运的时间。假如参展企业选择海运方式,由于运输时间长,可能会发生一些突发性事件,极可能导致展品不能在开幕式前运抵场馆。

目前国内有相当一部分参展企业忽视这类风险,而不去投保。主要原因是保险公司承保这种险别时,要另加较高保费。另一方面,部分企业认为尽量早地发送展品,就不会出现展品延误的风险。但风险往往是不可预测的,尤其对于周期长、变数大的海运来说,各种意外都有发生的可能。参展企业切忌因为省钱而忽略这类风险。

3. 展品转运风险

展品转运风险主要是针对巡回展而言的。巡回展是一种特殊形式的展览方式(流动性地在几个国家出展,均有开幕式时间要求),这种形式的展览展品承受的风险最大,往往存在着转运问题。特别是还有各国的海关关税征收方式不同,通关展品检验要求也各异。近来国内参展企业遇到过向国外会展主办方交纳了巨额参展费,但往往因关税和展品检验等出了问题导致展品进不了会展所在地而发生损失。发生拒收的原因很多,例如,出口国和进口国的卫生标准的区别或出口国的检验手段,使用的试验材料与进口国不同,出口国认为展品符合卫生标准,而进口国当局认为展品不合格,不准进口;展览贸易成交时,主办方已取得进口国的许可证,而当展品到达时,进口国当局发布临时命令禁止进口等。展品往往被没收或销毁,有的转到其他地方或运回原地。参展企业一定要在参展前委托主办方找寻可靠和有效的报关代理行全面了解有关展览所在国的海关关税和展品检验政策及其变化趋势,也可委托我国驻展览地所在国的大使馆商务参赞处事询问。

4. 政治和经济变化风险

展览举办地的政治和经济局势可能会突发变化,有可能造成诸如:港口罢工、海关故意刁难展品不放行、展会取消、展览所在地场馆或代理拒收展品,严重的甚至于爆发战争等(如海湾国家伊拉克战后重建物资展览会就曾吸引众多国内参展企业赴展,尽管该国的政治和经济形式极度不稳定)。这时,参展企业就要考虑相关的特殊风险。

第二节 展位和展位选择

一、展位

展台在参展商参展投资中所占的比例最大,也是参展管理中非常重视的一个环节。展台涉及很多因素，如展台规模、展位选择、展台设计、展台服务等，但至今理论上也不能回答"哪个因素更重要"这个问题。因此，对于参展商来说，很难评估选择 3×6 平米与选择 3×3 平米的展台有什么不同，更别说判断什么展位更好、哪个位置更能吸引到观众了。

展位就是展台的位置，就是参展企业展览展示自己的位置。对于展位位置是否有优劣之分，不同的人有不同的观点。有的参展商认为展厅的前端（靠近出口）的位置是最优的，有的参展商认为展厅中间是理想的位置。美国展览调查公司总裁 Skip Cox 先生曾对芝加哥和休斯顿举办的十几个展览的几百个展位做过调查，并没有发现在展位和交通密度或展位记忆度之间存在统计意义上的关系。也就是说，展位本身的地理位置对于参展效果影响并不是很大。当然对于展位销售者来说，他们认为展厅所有的位置都是好的，从他们的观点来看，只要来参加展览对参展商就是有益的，"没有不好的展位，只有不恰当的利用"。

本书认为，展位有静态概念和动态概念之分，相对于展馆或企业自身来说，展位是一个静态的概念；而相对于其他参展企业而言，展位则是一个动态概念，展位选择则是一种策略。也就是说，企业选择展位，不仅要考虑展位本身地理位置的优劣、企业本身的因素，还要考虑其他参展企业的位置。

二、展位类型

1. 按展览功能分，展位可分为标准展位、模块化展位和特别订制展位

标准展位。 由展会主办机构为参展公司搭建的模块化展位。基本标准展位配置通常包括边墙板、后墙板、地毯及展商名称标板，其他展位设施可选；而"标准展位套餐"则在基本标准展位配置之外通常还包括家具、灯光及能源等设施。标准展位比较适合首次参展、参展预算或管理资源有限或着重控制成本的参展商。

模块化展位系统。 可提供多种不同风格、外型及材质的展位搭建模块（且不断有新品种），能以比特别定制展位低得多的成本实现高品质的展台效果。该系统不仅可快速安装及拆卸（从而节省聘请专门搭建商进行现场安装的费用），而且可多次重复使用（因此可将系统成本分摊到多个展会项目中）。

特别定制展位。 适于要求完全按自己想法设计搭建展台、展示独特展台风格的参展商。该方式搭建的展台通常无法重复使用，所以成本较高。为尽量控制成本，越来越多参展商将这种一次性的特别定制方式（主要用于展台外部搭建）与可重复使用的展台内部模块结合使用。

2. 按位置分，可以分为直线行、半岛型和岛屿型

直线形。 一个或多个标准（3m x 3m），展位位于一条直线上。直线形展

位一般一面（最多两面）面向观众。

半岛形（至少4个展位）。宽度和深度至少为6米，三面朝向走道开口。
岛屿形（至少6个展位）。最小面积6m x 9m，四面朝向走道开口。

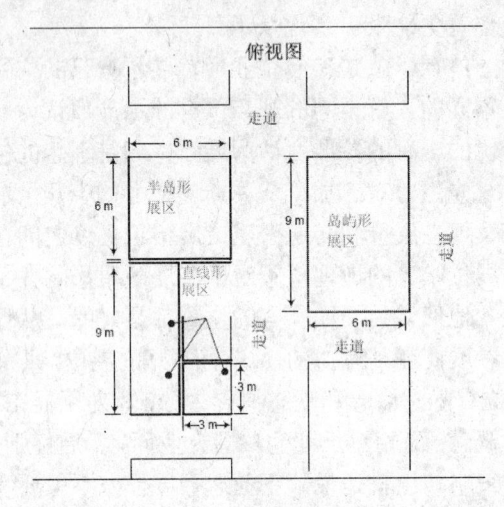

图 6-1 展位类型图

三、影响展位选择的因素

1. 展品性质

考虑展品性质就是以产品或技术的展位分区作为选择展位的基础。无论是专业性的展览会，还是综合性的展览会，一般都会按展品或技术的性质划分展区。企业展品或技术被划分到哪个区域，就应该在那个区域选择展位。如果一些大型企业由于生产产品种类繁多，分属于不同的展区，那么就应该把展位"化整为零"，更有效地接近目标观众。德国著名的智能卡制造商捷德(G&D)公司在 CeBIT2006 就实施"化整为零"的参展策略，将自己的大展位拆成几个小型展位，把产品和技术按行业领域划分，将展位分别设置在不同的专业展区，比如信息安全技术展区、电子健康（E-Health）技术展区。这样，捷德(G&D)公司将产品分别直接展示在各自领域的核心目标观众面前，收到了很好的展示效果。

当然，采取产品导向型策略对于展品丰富的大型企业来说可能不利于企业整体形象的展示。

2. 展位位置

本书的出发点是参展商的角度，因此本书认为展位本身（静态）还是有一定的优劣之分的。一般来说，最佳的展位位置是会场的入口或入口两侧，这里的展位可以直接接触到刚进场的观众。而且观众刚刚进场，体力充沛，对展品和企业都充满了新鲜感，这里的展位容易吸引观众驻足停留；其次是出口处，其位置的显眼程度和入口处相当。虽然观众体力上的因素会影响一定的人气，但那些还没有在会场中找到满意展品的观众，会对出口处展台给予特别的关注。再次，就是主要人行干道的两头或"十"字干道的中心四角处。但需注意的是，当遇到所参加展览预计人数较大的时候，离主干道或者十字口有一点距离的展位会更合适，因为来往人流熙攘，会给客户停留沟通带来不便。最后，展览问讯处、新闻中心以及各类基础服务设施（如餐厅、小卖部、洗手间）附近也是人相对较多的地方。

3．参展预算

一般来说，展位地理位置越好，展位的价格越高。另外，特别定制的展位也要比标准展位或模块化展位的价格高。对于参展预算较充足的企业，可以根据参展目的尽量选择半岛型、岛屿型或特别定制的展位；而对于参展预算较紧张的企业，则可以选择标准展位或直线形展位。

4．展位选择策略

展位选择不仅要考虑展品的性质、展位本身的地理位置以及企业参展预算，更重要的是要考虑展位选择策略。展位选择策略是一个动态概念，是相对于其他参展商，尤其是竞争对手、合作伙伴的选择而做出展位选择，是一种博弈的概念。下面会重点阐述三种展位选择策略：直面竞争型策略、共享资源型策略、合作伙伴型策略。

另外还要考察基础便利性，如果需要在展位现场进行设备开机演示，必须在选择展台位置时仔细考察所需的各种设施管道是否使用方便，同时不可忽略支柱等固定结构的位置，否则将影响演示效果。对于大型的展品，其位置不仅应便于参观，而且应便于处理演示过程中产生的垃圾。

四、展位选择策略

展位本身是静态的，相对于单个企业本身来说，影响其选择展位的因素也是静态的。但展览并不只是一个企业的展览，当考虑到其他参展企业时，展位选择就是一个动态问题。相对于其他竞争对手或合作伙伴，展位选择可以有不同的策略。

1．直面竞争型策略

直面竞争型策略是企业把展位选择在竞争对手旁边，与竞争对手针锋相对地争夺观众。企业与竞争对手的目标客户是一样的，那么参观竞争对手展台的观众也会到企业的展台。一般来说，选择这种策略的企业应与竞争对手的实力相当。但有时公司的实力即使不如竞争对手，但由于想在展会上推出一种新产品，或是希望与业内领头羊一较高低，那么公司的选位策略也会积极一些。当然，选取这种策略的公司一定要在展台设计或展示方式上突出自己的特色。

福建的一家服装企业，想在体博会期间推出一款运动休闲服装，他们就把展位选在了李宁公司的侧后方。李宁公司的老客户和希望在展会上看看李宁公司在做什么的体育服装经销商都会经过他们的展台，这家服装公司通过组织极限运动表演、模特时装秀以及有奖问答的互动方式吸引观众的眼球，达到了企业推广品牌的目的。

2. 共享资源型策略

共享客户资源型策略是一种依靠策略，这是中小企业在参展预算有限的条件下，可以采取的一种比较"灵活"的选位战术。简单地说，就是紧挨着行业巨头旁边选择展位，目的就是为了分享他们的客户资源。在2004年中国国际通信设备技术展览会上，瑞萨把自己的展位选在了NEC和YAGEO旁边，与他们共享客户资源。瑞萨并没有购买一个标摊，而是做了个变异性展台。这是国外展商常用的一种选位战术。当他们初次参展，预算有限，做不起特装，但展会质量好，又不能默默无闻，他们往往会购买2~3个标准摊位，以整体气势压过同行。

3. 合作伙伴型策略

合作伙伴型策略就是参展企业自己不独立设置展台，而是与合作伙伴联合起来，即设计"伙伴展位"，通过整合企业与合作伙伴的产品与服务来达到展示自己产品的目的。展览上的参展企业彼此之间可能是竞争者，也可能是合作伙伴，展览上的其他企业很可能就是企业产品或服务的购买者。与合作伙伴联合起来展示企业产品服务的运作过程或功能，就是一种让目标观众了解企业的产品或服务的非常有效的方式。

惠普公司CeBIT2006上实施的"伙伴展位"参展策略很有创新性。该公司不在CeBIT上单独设置惠普的展位，而是融入到每个惠普合作伙伴的展位中去。惠普为客户提供的解决方案有赖于行业内部使用其解决方案的不同的产品制造商，因此，向观众展示惠普是如何分别与SAP，微软和Novell等共同合作为客户提供一流的产品和服务比单独展示惠普的解决方案更有实际意义。

第三节 展台设计

一、展台设计的原则

展台在设计与搭建上应体现和加强企业形象，反映企业精神。展台的总体形象设计，是在主题之上个性化造型设计，需要造型简练、思路清晰、表达明确，使展示的形象更鲜明更突出、富有个性，以达到展示本身所追求的目标。展台设计在与主题相符的前提下，应考虑以何种方式展示在关注面前，是以宣传企业品牌为主，还是以展示产品为主，展台设计要有明确的目的性。为了达到这一目的，展台设计应遵循以下几个基本原则：

1. 功能性原则

设计者寻求一定的展览设计语素，充分体现参展商的展览展示要求，做到展览设计与会展活动的主题得到互动，通过"定位"设计能在特定的产品类别中，尽力寻求使得参展品牌符合参观者的全部需要和欲求。"功能第一"，形式服从功能。

2. 艺术性原则（美术原则）

展览设计的艺术性是受展示功能制约的，展览设计所传达的信息与纯粹的环境艺术设计、工业设计有着很大的区别，但它与反映出的形式美学又有一定的联系。艺术性原则要求设计要讲究对称与均衡、对比和调和以及节奏和韵律。

3. 科学性原则

新经济时代需要科学的展示载体和设计理念。高科技材料和网络、数字的运用，使会展领域产生新的要求和技巧，同时也更强调人的作用。产品直接与人进行互动，给会展设计的人性化提出了很高的要求。现代科技与会展业结合得更加紧密，会展的主题、手段、媒介等都已离不开科技。

二、展台设计的理念

在展览会中，展台可以说是一个企业的名片。展览会评价一个展台是否成功的标准不是看它的展台是否华丽，而是看它表达的概念与参观者之间是否有沟通，以及展台能否表达展品的内涵。那么，展览会展台设计究竟应该达到怎样的效果呢？首先展台所要表达的"内容"必须尽快被观众识别出来；其次，必须赋予展台和参展企业一种"精神"。要达到这两个目的，展台必须具有一定的创造性。

1. 将企业标志作为设计元素融入展台设计

如何在众多的展位中突出自己以取得良好的视觉效果，关键是看设计中有无区别于其他展台的个性化设计。而个性化设计的实现手段应该与企业性质、产品功能、发展方向相结合，通过一切视觉符号对外传达企业的经营理念与情报信息，而不是一味盲目地追求特异效果。企业标志为寻求个性的展台设计提供了丰富的设计元素与设计依据。在很大程度上，企业标志就是企业的象征，是企业品牌的形式体现。标志一般由标准图形、标准色彩、标准字体等三部分组成，无论哪一部分都是以企业性质、产品功能用途、经营理念等为设计依据的。所以，如何将企业标志作为设计元素融入展台设计，是体现企业特性，突出展台设计效果的一个关键。一个展台的设计效果如何，关键是看能否吸引观众特别是专业观众的目光。优秀的展台设计应具有很强的视觉吸引力，只有这样观众才会对该展台产生兴趣，并直接加深观众对参展企业的识别度和记忆度。其结果是，他们会对该展台产生一种亲和力，自然而然地进入展台参观、咨询、贸易。在这一过程中无论最终是否达成协议、产生经济效益，参展商都已实现或者部分实现了参展目的——实现了有效信息传递。

2. 把企业文化浓缩于展台设计

企业文化包含企业外部形象和企业内部理念。展览装修的目的，就是在有限的空间内通过造型、光电等手段，最大限度地表现企业文化。譬如：科技公司的时代感和地产公司的多种售楼"靓点"，都是企业的表面现象。怎样提炼企业内涵，是展装设计的研究课题。但目前很多展览设计，往往流于俗套，没有设计个性，没有挖掘出企业真正的文化内涵。

三、展台的功能分区

展台是企业的展示空间，是指陈列展品、模型、图片、音像的空间，还包括放置展具、音像设备，进行演示、表演以及接待、洽谈等所需的空间场所。因此设计时既要提供陈列的空间，又要设置足够的会谈空间。展示空间是设计关键，要处理好人与展品、人与空间的关系非常重要。展示空间的大小由展品的大小、数量和每天接待的观众数量决定。

作为与观众交流的一个特别平台，展台可以被划分为三个区域：

1. 静态区（吸引）：用于吸引路过的参观者的注意力和激发他们的兴趣，这可以通过相关的吸引眼球的方法来实现。

2. 动态区（获得）：用于接近参观者并发现他们的兴趣所在。

3. 深度区（洽谈），可在此详细介绍产品，可洽谈报价，也可在此签订合同。为达到这些目的，必须保证此区域不能太拥挤，也不能受强噪音的干扰。

参展商可以在这三个基本区域基础上做一定的拓展，但基本功能要得到保证。如大金龙客车在2006年世界客车联盟博览亚洲展览会（Busworld Asia 2006）上就把整个展台分为商品展示区、接待区、休闲区以及商务洽谈区四个功能区，满足不同观众的需求。商品展示区简约大气、视野开阔，灯光和背景布置恰到好处，展车细节极其考究；接待区工作人员精神饱满，训练有素，待人接物落落大方；休闲区设计富有生活色彩，提供足够的家居桌椅供参展客户休息；商务洽谈区则为重要客户或对大金龙产品有浓厚兴趣或签约意向的客户提供深度洽谈的空间。客户可以从前台的热情接待、现场的专业讲解、咖啡的口味到环境的布置，以及与业务经理的接触交流，获得一种独一无二的体验与享受。

四、展位布局的影响因素

影响展位布局的因素主要有三个方面：

1．吸引战略

从本质上来说，展台可被设计成开放型的，也可设计成封闭型的，或者是二者的结合。而选择什么样的展台设计取决于观众的多少和企业的参展目的。如果展览中有大量的观众，而且很多都是企业的潜在客户，企业的参展目的又是获得更多的销售线索，那么企业就应该设计一个开放型的展台以尽可能多地吸引观众。这是大多数市场营销人员采用的战略。

如果展览是多元化的，只有一小部分观众属于企业的潜在客户，那么企业可能会选择封闭型展台设计方案。例如，服装行业的一些参展商经常设计一些私人展示空间，他们会提前与客户预约并只允许注册客人进入这些私人展示空间。

还有一些情况适合开放型和封闭型相结合的展台。例如，软件企业要在展览上推出新款产品，可能会设计一个开放区域来吸引过路观众，同时会有一个封闭性的区域只允许有资格的购买者进入了解更详细的演示。这种设计方案可以最大限度地吸引观众，但又会很好地控制产品细节的外漏。

2．产品和服务的性质

产品或服务的性质对展台设计有重要影响。无形的服务产品可以通过展台后立面墙体上的大幅图表和文字表示；大型产品，如机器工具或印刷机器，应该置于展台后方，并在后立面墙上辅以大幅照片、演示对产品的功能和特征做解释；中小型产品适合在展台里面合适的位置展示。

3．计划举办的活动

展台上举办的活动有很多类型，如产品演示。根据展品的类型，可以展示真实的产品，也可展示工作模型，目的就是为观众提供可以触摸或感知产品的机会。一些产品如果可以活动，往往可以吸引观众的眼球。如果产品本身是无形产品，企业则应尽可能地把服务特征转化为观众可以感知的性能或特征。另外，还可以放映电影。电影方式可以更好地演示或解释复杂产品的性能，同时电影设施也可使观众获得更多有质量的信息。

另外，参展商还会在展台内设置会议室，精心布置的会客室在展览中往往是非常重要的。一些参展商往往在展台的二楼设计私密会客室，以保证会谈的环境和效果。当然，开放型的会客场所对于某些商业谈判也是有用的，但这种会谈的私密性往往不强,而且能被过往的观众所打断。以上这些活动或因素都会影响展台的布局。

第四节 展台搭建和展品展示

一、搭建材料

展台设计与搭建材料的选择,决定着能否快速有效地搭建出具有时代特色的新展台,也决定着能否节省资金提高展示效果,展台搭建新材料的应用也代表着展览市场的发展与走向,因此合理有效地利用新材料搭建展台是提高展示效果、节约资金的关键。

1. 展台的快速搭建

(1) 系统组件

目前,展会的主办单位将展台搭建的时间压缩得越来越短。在实践当中,展台搭建商和参展商都喜欢使用系统组件来搭建展台。系统组件可塑性比较强,不需要大量的人力,而且可以将很独特的设计轻易地转为现实,从而节省了大量的搭建时间。此外,使用系统组件,还可以降低成本,这主要是因为:前期制作不需要很多的人力,所以价格合理;便于运输和存放,安装又相对简单,节约了大量人力、物力成本;同时,无论搭建还是拆除,所需工具也很简单,通过循环使用还可以降低搭建成本。除了省时、成本较低的优点之外,系统组件还有环保、安全、独特等多方面的优点,详见资料6-2。

资料6-2　系统组件的优点

环保:可重复利用

虽然展会的时间很短,空间也很有限,但它产生的废弃物和垃圾却是非常可观的,而展会中75%~80%的废弃物是在展台搭建和拆除时产生的。现在,越来越多的展会主办者把垃圾的处理费作为一个单独的项目对参展商收费。因此,如何尽量避免或减少产生废弃物和垃圾就成了每个展商必须考虑的经济因素。

系统组件通常都是铝材,可以循环再利用,又利于环保,现在甚至出现了纸制代替品,即使用坏也可以循环再利用。现在欧美国家,特别是德国的参展企业非常重视使用新的循环展台材料。系统组件便是这些新材料中比较流行的一种。

安全：更平衡更牢固

展台的设计和搭建，必须符合安全的要求。不管是两层楼的展台还是一面跨度非常大的展示墙，每个部件和部件之间连接的强度以及各种力量之间的平衡都必须严格保证安全性。而系统组件在某种程度上解决了展台的结构平衡和牢固，可以帮助展台搭建商省去很多麻烦。

独特：根据意愿随意组合

系统组件可以根据参展商的意愿进行组合。同时，全世界有很多供应商提供各种各样、丰富的最新组件材料，具有足够的技术满足展台设计和搭建的需要。只要找一个富有展台设计和搭建经验的展台搭建商合作，参展商就能在搭建商的帮助下达到预期的参展目的。

（2）预制展览道具

展商要在规定的时间内搭建出精良的展台，许多工序要在进馆之前完成。将展台材料分成几大块，分解运到展馆内，按照设计的形式快速组装，这样不仅节省租馆的时间，也节省运输体积。但快速组装要考虑稳固性和安全性，对于这种预制展具，多数展商是一次性使用。有些展商的展具是多次使用的，那么每次安装和拆卸都要非常精心。有时展商也可以根据需要，将主体材料重复使用，而背景材料根据主体展品的内容而随时更换形式。

（3）移动展台——展车

在科技和数字影像的带动下，传统的营销传播空间被打破，产品和讯息可以移动到它们想要去的任何地方。采用当今世界最先进通信技术的移动展台——展车就成为展商们营销活动的利器。移动营销手段的普及，反映出参展商渴望压缩成本的需要。

在 2006 年的一项展会上，IT-Mobil 公司展示了可以伸缩的移动装置，可将展示区域扩展到 70 平方米。展车内的乳白色家具和拼花地板契合了参展商希望营建的和谐氛围的需要，小型厨房可供观展用餐使用。"移动式"展台意味着，一旦某展会结束，该公司可以很快地将展车改头换面，赋以新的营销元素。以集装箱货车喷漆技术享誉业界的 Truckxs ShowMaster 在展车设计领域表现出色。全部车体可按照客户需求，分割成最大面积达 60 平方米的展区及一个面积 7 平方米的厨房。该展车的用途多样，可进行市场推广、路演、参加高级别的展会等等。包括可折叠侧墙、双层玻璃门、独立电源、供暖设备和空气调节装置在内的各种设施都可以依客户需求进行设计，制作速度之快乎想像。假使客户需要的话，Truckxs 也可以帮客户制作座椅和圆桌、提供精美花卉、装饰，以及会议设备、展览设施、照明、展台工作人员和接待服务等等。

2. 展台搭建中最新材料

巧妙运用廉价的材料达到最佳的展示效果，省时省力又省资金，这就是现代展示所追求的目标。随着环保意识的日渐深入，越来越多的美国企业开始将"环保运动"提上日程。《参展商》（Exhibitor）联合市场研究机构 Bloom 集团，从展览搭建商和参展商两方面对2007全美展览业环保趋向展开了调查。调查对象包括：近500名展览经理、来自其他组织机构的负责人、来自展览工程建造企业和参展企业的超过100位高层人士和市场营销经理。调查结果显示：无论参展商还是搭建商，他们对"绿色环保运动"都表现出强烈的关注，这种关注正在通过一些具体的步骤表现出来（例如使用环保材料）。未来环保趋势将可望不断延伸，一个表现就是企业参展预算中用于环保的资金数额显著提高。有相当比例的设计搭建商期望在不远的将来大幅提升其提供的环保方案的数量和种类。

绿色参展及环保已经成为现在参展商越来越关心的话题，尤其是那些产品为环保产品的企业。Of the Earth公司以生产环保服装而著名，其服装原料为大麻、蚕丝、棉花等等。从2005年起，Of the Earth参展所用建材与其服装原料几乎如出一辙。那些原本就制造环保类产品的公司，将展台"绿色化"常常更加容易，亦使其品牌效应更为显著。Timberland是美国一家制鞋企业，自2006年起，Timberland的鞋盒已经开始贴上"环保"的标签。这表明Timberland已开始关注环保问题，并且在其生产流程中使用了环保型原材料。这种环保理念在2007年1月Timberland所参加的盐湖城室外运动展上得到了更为清晰的呈现：它的展台有3000平方英尺，由6个20英尺长的船运集装箱构成，这些集装箱是从底特律的某场地回收来的。工作人员并没有把这些集装箱丢弃，而是经过一番"化妆"和"包装"，把原本看上去笨重无比的集装箱变成了6个用于展示的小房间。

资料6-4　新型环保材料

Of the Earth在展会中另辟蹊径地采用了回收钢板加工成的热卷钢材。尽管在一般人的头脑中，金属建材似乎与"环保"离题甚远，但原材料的再利用则使其成为环保家族中的一员。对于一些展商来说，他们不愿意用金属建材的原因是嫌它们太笨重，会导致运输成本上升，但是传统的"金属重于传统建材"的定律也在被悄然打破。明尼苏达的天际展览展示公司采用回收钢/铝材作为搭建原材料，同时运用粉末静电喷涂工艺，将清洁过程中对环境的污染程度降至最低，整个搭建中散落的金属碎片被收集起来用于再次加工。结果成品重量反而比同样尺寸的传统建材轻了60%。

"塑料木材"指那些50%的原料取自可回收的塑料袋和汽水瓶，另50%的原料来自家具厂碎木屑的新型建筑材料。这种材料的好处是无需进行染色和封装，并且不会产生腐蚀和裂纹，安装、保管、更新及清理成本也较普通木材为低。也有部分展商认为塑料木材不能满足其搭建需要。这种情况下，回收木材是理想的选择。使用回收木材的好处是——相比普通型木材，它们更加耐用，因为"回收木材"的原料多取自结构密实、树龄相当长的树木。而回收木材在于其成本通常比普通木材要高一些（10%~15%），原因是回收木材加工、运输、分类过程中常会产生不小的损耗。在2007年举办的冬季室外用品展上，Timberland公司采用了亚麻油地材。这种可以生物降解的地材来自亚麻籽油和木粉。它无疑是"环保家族"中受欢迎的成员。如果你不喜欢亚麻油地材，那么也可以使用竹材。今天的一些钢支架替换方案中，竹子也是被选择的对象。

环保型建材的另一个成员是墙板。Of the Earth用的是Kirei板，Kirei是从农民收割高粱时散落的植物纤维中加工而来的，Freeman使用的方案是Plyboo板。这个看上去颇有些类似枫树或红橡树的材料，其实是用竹子加工得来的。OSB（Oriented Strand Board）是另一个引人注目的方案。OSB的实质，是一个被加工成标准胶合板大小，有着不同厚度的"木制结构"。所使用木材是从树龄短、树干较细的鹅掌楸和黄松木上切割而来的。OSB所用木材仅占这些树种"可用量"的极小一部分，余下部分用作其他用途。这样做的道理在于所切割树的纹理恰能满足搭建商所需材料对于强度的要求，从而使得OSB成为传统木料和金属板的有效替代品。很多展商会忽视照明对能源节约、节省成本的巨大价值。早在上世纪80年代初，小型荧光灯管就以其"低消耗、超长寿命"成为白炽灯理想替代品。今天，更具效率的方案已产生，那就是LED灯。一个白炽灯泡会将其电能的5%转化为灯光，荧光灯相应比率是20%，而LED的能源转化率是100%。

表6-3　新型环保搭建材料一览表

材料	替代方案	好　　处
木　材	回收钢材	可实现无限次再利用。 耐久性好，使用寿命长。
	塑料木材	不需染色和封装。 耐腐蚀，不会断裂。
	回收木材	品质通常高于新木材。 能够满足多种设计要求。

续表

材料	替代方案	好处
地材	亚麻油	抗菌性良好。 适用于多种色彩。
	竹子	再生周期短。 质地坚硬,抗霉菌。
	软木	质地柔软,感觉舒适。 抗过敏,防火性。
	波罗麻地毯	适用于多种颜色。 无挥发性气体,感觉舒适。
	回收地毯	可实现多次回收和再利用。 抗污性更强。
墙板	Kirei 板	来自农作物纤维,无污染。 无挥发性气体。
	Plyboo 板	原料来自可再生的竹材。 外观类似枫树/红橡树。
	OSB	木材消耗量小。 质地极为坚固。
涂料	环保涂料	原料源自天然矿物。 价格可接受。
照明	小型荧光灯	较普通白炽灯节省能源 25%～30%,寿命为后者的 4～16 倍。
	LED	使用成本低。 最高寿命达 10 年。

二、展品展示

展品不仅是产品,而是产品的展示,涉及操作、替代、宣传、说明、布置、介绍等问题和工作。

1. 展示产品特征

展示产品首要的一点就是要尽可能地展示展品的特征,使观众能够使用多种感官尽可能全面、深入地了解产品。如果是机器和仪器,要考虑安排产品现场操作示范,甚至让参观者自己动手操作;如果是食品,要考虑安排现场品尝,并准备小包装免费散发,供参观者拿回去品尝;如果是时装、首饰,要使用模特展示,甚至安排时装表演。通过各种途径展示产品特征,首先有助于引起参观者的兴趣,其次有助于加强参观者的购买欲望,第三有助于给参观者留下更深的印象。

2. 使用替代品

并不是所有产品都是可以展出的,超大产品或超小产品就很难展出。此外,展示化学物品、危险物品等真品也有许多问题。因此,就要使用替代品,如模型、照片、图表、绘画等。照片、绘画、模型、图表等替代品可以使展台更具艺术性,在某些情况下,替代品更能体现产品的特点。但一般情况下,图片的效果比不上模型,模型的效果比不上真实的产品。在可能的情况下,尽量使用真实展品。

3. 使用宣传材料

展品本身大部分情况下并不能说明全部情况或显示全部特征,需要使用招牌、图表、说明、介绍、宣传资料等补充,强调说明展品。展出者应视这些辅助手段为展品的组成部分,在选择决定展品时就要重点考虑。展出者可以根据展品的不同性质、特征决定使用何种辅助手段。

4. 使用展示手段和展示技术

传统展示通常用来实物展品进行展示,例如模型、雕塑、文物、标本、商品、画等等。实物展品虽然可以直接陈列在观众面前,但通常需要一种或几种媒介来进行更完善的表达,这就是传统展示技术的由来。传统的展示技术的功能性要强于技术性,因此我们更多地把这些技术直接定义为展示手段。

使用现代展示手段和技术可以使观众更好地了解展品的各项功能。比如在参加机械展的展商考虑最多的问题就是如何让公司的产品动起来。很多参展商都会特意分出一块场地由工作人员现场开动机器,这种做法有其好处,但是也有其弊端,即噪音大,所占空间也大。而日立公司在参加某机械展时则安排了这样一个互动游戏,即在活动现场提供很多像儿童玩具车一样的小机器模型,并配有遥控器,同时还在规定的活动区域撒上各色糖果,这样,观众就可用遥控器通过遥控日立小机器模型来得到自己想要的糖果,这一招吸引了不少玩家,也让日立的产品更具亲和力。

三、展示技术

展示技术发展至今,从最初的传统陈列型技术,到多媒体技术和机电一体化技术,再到时下正流行的互动和交互的集成性体验型技术,其发展目标可谓日渐清晰,即以人为本。展示技术的核心作用就是要体现其展示内容,而展示内容最终的接收者是参观展览的人。也就是说展示技术的发展,与人们越来越强烈的感受欲和感知情绪联系密切。展示技术的发展方向应更加重视展览受众的参观需求。

多媒体或新媒体在信息承载上具有多样性、交互性、集成性三个方面的特点，因此在内容展示上具备了其他媒体所没有的优势。例如过程性仿真的体验性展示，无论采用展板、复原景观、模型、视频播放都无法实现，唯有采用虚拟现实技术的多媒体仿真设施才能实现。

互动和交互的体验型技术已发展为当今展示技术的热点。这类技术之所以特别受参观者的欢迎，是因为它符合人们追求参与、融入、自我实现的心理需求，并有个性化、人性化、多样化和竞技性的特征。但因为需要设备和人接触较为频繁，其维护成本也就相应提高。互动和交互的体验型技术具有多种可以实现互动操作的手段和设备、通过计算机实时控制技术引发图像剧情变化。该技术应用对环境有一些特殊的要求，如图像识别技术、指控系统对环境的灯光有特殊的要求，语音识别技术对环境噪音、封闭条件有特殊要求。因此，需要一个较特殊装修的环境氛围，按照一定的操作程序设计操作指导说明。用这类技术设计的展品，一般是单人操作或者多人操作，可以旁观。项目通常小型化，所占地方空间也不大。但随着与其他技术结合的趋势越来越明显，这类技术已经开始进驻大型展示系统的阵营。

资料6-5 展示技术——视听多媒体点亮展会

假如您的展品平淡无奇，您的展台位置又相对偏僻，再加上展位设计得差强人意，或许利用视听多媒体技术可以助您化腐朽为神奇。

虚拟图书

常逛展会的观众，最怕遇到冗长的展品资料说明，不阅读就不了解产品的性能，仔细看又会浪费自己宝贵的时间。虚拟翻书这项互动产品就可以帮您分忧解愁。桌面上有一本翻开的虚拟图书，当观众伸手做出翻书的动作时，会惊奇地发现这本虚拟图书竟然真的可以翻页，展示栩栩如生的动态画面并伴有音效。这项技术操作简便易行，其核心部件为光学传感器，书模型为木制或不锈钢结构，表面贴有投影幕材料，即使是9平方米的小展位，也可以运用自如。

动感踩吧

通过在展会上组织互动活动，可以吸引观众的注意力，延长他们在展位上的逗留时间，营造出自然和谐的交流氛围。动感踩吧游戏是一种集虚拟仿真技术、图像识别技术于一身的游戏项目，该项目包括虚拟踩球、动感地面、虚拟捕鱼等内容。它可以将图像投射到地面或墙面，让观众通过身体动作来与地面的图像进行互动，从而带给观众一种全新的互动体验。虚拟踩球是指地面上有一些彩色的小泡泡在浮动，当观众踩中时泡泡会爆炸，同时伴有爆炸的声音；动感地面则是当观众踩在地面上时，会看到脚下出现水波纹以及图像翻转的效果，这项游戏可以让观众与地面的图像进行互动。

雾屏

主要由水雾构成成像介质，是能够直接感触到并且可以穿越的投影成像系统。它是利用安装在天花板上的空气喷射器发射垂直地面的厚度只有几厘米的无紊流空气，经过高频率超声波震动后，水被蒸发成细小的水滴，因此形成一层薄薄的雾。此时一个普通的投影机就可以在雾屏上放映图像。人们可以从中穿过而不影响图像的展示。可以将它当作传统的屏幕使用展示商品、形象宣传、也可以利用它忽隐忽现、神秘诱人的特性开发一些令人称奇的展示项目。2006广州国际汽车展，上海一汽的宝莱就成功运用了雾屏技术吸引了众多的眼球。

LED

LED原来是一种用于室外的发光技术，由于其发光强度高，所以能够很好地解决在明亮环境下进行大尺寸演示时对比度方面的问题。另外，由于展会中观众观看的距离较远，所以虽然应用该技术生成的视频图像分辨率相对较低，但是对于播放来说，基本上还是不会影响观众观看质量的。在整合了SMD技术之后，人们在室内也可以应用LED产品了，并且可以满足近距离观看时对画面质量的要求。技术人员经过一番冥思苦想，终于研发出了全新的产品——可移动的LED墙。这种产品不但可以放在转盘上转动，而且还可以不用考虑环境亮度，并以任意尺寸用绝对优势的图像质量进行展示。

LED技术主宰展会视频领域的场景在国际知名展览会上已经出现了。例如在法兰克福举办的国际汽车博览会上，大多数参展企业都使用了这种光线极强的设备。据了解，在这次展会上，面积为46.8平方米的新型高分辨率LED墙在为梅赛德斯—奔驰的SLR级麦克拉伦汽车提供了明亮而鲜艳的图像的同时，还被用于展会的新闻发布会的转播上面，并大获成功。雷诺公司用巨大的LED墙作了自我介绍，其一级方程式赛车区也采用了这种技术。他们通过立式的iLite-10-LED墙和象征赛道的卧式dLite-7-LED墙为参观者营造了逼真的赛车气氛，真实地再现了一级方程式赛车的比赛场景。此外，宝马公司的微型轿车也在9平方米的LED墙上进行了展示。

随着视听多媒体技术的应用日益成熟，会有更酷的解决方案被展商选用，宛若晨星照耀在展会的上空，你会在展会上看到一颗属于自己的星星。

复习思考题：

1. 选择展品需要考虑哪些因素？
2. 展品运输有哪些风险？
3. 展位有哪些类型？
4. 选择展位要考虑哪些因素？有哪些展位选择策略？

5．展台设计的原则和理念是什么？
6．不同类型产品的展示策略？

案例1　如何展示你的服务产品
——美国展览服务集团（EG）的展示策略

服务性参展企业的烦恼

如何更好地展览展示自己的产品或服务是参展商最关心的问题之一，同时也是决定参展成败的关键因素之一。随着社会经济的发展，参展商中服务企业越来越多，而服务企业所展示的服务是看不见、摸不着的，通常是通过图片、资料介绍或借助先进的展示技术来实现展示目的。

EG的展示策略

美国展览服务集团(EG)是专门为参展商提供服务的一家公司，对于展览的内容和想传达出的信息，EG有着更加明确的目标，这个目标就是要帮助参展商跨越公司在新业务中遇到的主要障碍。但EG也面临着竞争和挑战，因为在参展商考虑搭建新型展位的时候，他们不仅会比较不同的方案，也会比较不同的设计。他们在不同价格的两个展台之间进行选择，会精明地盘算实际成本和初始成本之比。当EG也作为参展商参加2006年拉斯维加斯参展商大会时，通过设计有趣的游戏展示其产品和服务的价值，创造优于对手的优势，在寓教于乐中成功地展示了EG卓越的服务，并教育了参展商应该如何选择一个展览服务供应商。

为此，EG设计了一项教育性、体验性、仿真性的棋盘式游戏，展示当一个参展商的展览项目经理在与廉价展览服务供应商接洽时可能要面临的危险。游戏设置了12个独具匠心的危险情境，使之成为观众在穿越棋盘时会遇到的意外困难。将这些危险总结成六个方面：创造力、清晰度、服务、质量、效率和洞察力，并用六个彩色卡通人物来代表它们，他们被称为恐惧小丑。这样，这些危险就被有趣地拟人化了。通过EG所提供的服务和恐惧小丑的对比，EG的相对优势就显现出来。通过展示不符合规格的服务，恐惧小丑们在不经意间教会了观众在选择展览服务供应商时应该怎么做。

有趣的游戏展示

游戏从设计一直到线索管理和分析，途中每一关的安排都是为了呈现出展品项目管理的进度，每一站都是实际工作中的一个环节。在六关中的每一关里，观众会选择和恐惧小丑合作，或者和EG合作。如果他们选择EG，他们就会成功地征服恐惧小丑并得到一张晋级卡，卡上面会告知观众如何避免无意中与恐惧小丑的合作。

比如，在清晰度这一关，有一个名叫"诈骗犯"的恐惧小丑，他专门向顾客虚报低价欺骗顾客达成交易，然后再收取更高的实际费用并增加收费项目。攻克了这个小丑的观众就会得到一张晋级卡，鼓励他们检查搭建项目的报价是否都是实价，并确保设计图纸上的项目在计划书上都有。

又如，在洞察力这一关，观众会遇到名叫"粉碎机"的恐惧小丑。他不知道如何把信息转化为有见地的指导意见、哪些线索最有价值，以及怎样运用信息去改善客户的展览项目。工作人员发给观众一张线索表格，然后递给小丑，这时安装在小丑嘴里的粉碎机瞬间将线索变成碎纸屑。这说明，劣质的线索管理会多么轻易地就将有价值的观众变为一文不值的垃圾。但是，当观众把第二张卡片插入EG的展示墙插卡口里时，一份完整的报告——EG的展后分析，便呈现在监控器上。

再如，名叫"揩油精"的恐惧小丑反差更为直接，它代表原始的展台搭建商——用成本低、质量差的材料，还有费时的展品组建。它站在一块地板上，地板是EG从一个客户那里拿到的以前的展品。它是用廉价的刨花板做成的，都已经开裂变形了。而第二个环节中的地板则展示了EG所使用的高档胶合板。带来劣质地板的客户找到EG换购优质地板，这样客户就进行了二次购买，这样就增加了客户的成本。这项展示意在说明，客户最终买到的展品要一分价钱一分货。

展示结果

当观众们带着六张晋级卡离开了休息室，这六张晋级卡将提醒他们应寻求什么样的展览服务供应商。经过和观众为期三天的游戏互动，EG的净收入比预期高出340%。更重要的是，公司获得的一级线索比2005年高出50%。EG采取游戏和娱乐的展示方式，成功地实现了参展的目的。

资料来源：《中国会展》2006年第20期，姚光宇编译。

思考题：
1. 如何进行展品展示？
2. 服务性企业会遇到哪些展示困难？
3. EG服务产品的展示策略给我们什么启示？

案例2 如何展示高科技产品——Intel的核心技术

展览是在有限的时间和空间内为参展商和观众搭建的交流平台，时间在展览中是非常稀缺的资源，参展商要使出浑身解数来争取观众的时间和眼球。在这样一个紧张的时间里，向观众解释复杂的高科技产品的各种性能将是非常大的挑战。英特尔在参加2007年国际消费电子展（CES）时就面临着这样的挑战，在这个展览上，将有2700个参展商竞争140000个观众的时间。

就在CES2007开展前的6个月，Intel推出了双核处理器，可以使计算机运行得更快的技术。为了能使观众了解双核处理器的好处并最终决定购买该产品，英特尔的展览团队需要知道如何在有限的时间里让观众接受双核处理器的技术。

英特尔与展览和活动代理营销公司和英国设计公司2LK合作，对展台进行策划设计，把展台分为三个体验活动区域，可以让观众与双核处理器亲密接触。Intel把其100×200英尺的展台的重点放在了对多核处理器的体验方面，使该技术更容易被理解、可接近，尤其重要的是，让观众对其产生强烈的需要。展台的三个体验区域将为观众提供一系列的体验以影响观众的感受。

第一个区域是展台中间是解释区域，包括6个不同的活动。每20分钟，展台工作人员就会招呼一批观众走入展台，首先对做3分钟的简短演示，然后引导观众做6个不同的活动。第一个活动是一个多核工作站，用4段45分钟的视频来解释多核技术是如何工作的。为了演示多核技术是如何提高计算机游戏运行速度的，每一段视频都分别用双核和单核技术对比播放，这样观众就能清晰地对比出来哪个技术运行得更快。

然后观众则转向其他5个活动，更深地挖掘多核处理器的好处。观众可以随便参加任何一个适合其兴趣或生活方式的活动，也可参加所有的活动以获得更深的体验。每个活动大概持续90秒。这种快速的活动体验使观众感到非常有兴趣并具有教育意义。在展会上，有大概8000多观众至少参加了2项体验活动，每个观众最少在展台上停留10分钟。

第二个区域是速度体验区域，在解释区域的一侧，在那儿停放着4辆宝马方程1赛车，由多核处理器支持的赛车模拟发动机可使观众享受到比传统处理器更稳、更快、更生动的赛车体验。

第三个区域是舞动奇迹。工作人员邀请观众在一个绿色屏幕前跳舞，并使用4台摄像机记录下来每一个动作，然后使用多核技术，对4个独立的视频进行编辑，编辑成为30秒钟的如同电视广告一样的短片。整个过程只要5分钟，就使多核技术以看得见的方式展现出来。

Intel的展台活动需要工作人员与观众一对一的接触，展台工作人员对展品本身的了解是决定参展绩效的重要因素。在展前，公司设计了关于多核处理器和CES展台的30分钟的课程，使展台工作人员对展品和展览都有更深的了解，直接提升了展台的工作效率和参展绩效。

思考题：
1. 高科技企业如何在展台上展示自己的产品？
2. 高科技企业参展时对企业员工有何特殊要求？

案例3　展台与公司一起成长——OM的参展历程

展台是展示企业、展示产品的最主要阵地，如何以最有创意、最完美的展台设计来展示企业是很多参展商都关心的问题。在亚洲国际物流技术与运输系统展览会上，连续三年参加该展览的意大利工程机械公司OM，就使展台设计与公司一起成长，很好地诠释了展台设计与企业成长之间的关系。

2005年的中国式城堡

2005年是OM公司初入中国的第一个年头，对于一个陌生的市场，并且已经有很多国际巨头以及国内强手占领大多份额的市场来说，如何让一个陌生的品牌被大家所接受无疑是这次展会的重要目标。因此，夺人眼球成了该届展会的重要目标。在展台硬件设计上，OM公司大胆地采用了极具突破性的手法，将展台的所有围板设计成中国城墙的款式，远远看去，宛如一个中国古代的城堡。尽管在一些家具展或者服饰展中，对这一类中国化元素屡见不鲜，但是在一个工程机械类的展会上，在大多数厂家竞相通过高科技、现代化手法来演绎公司的现代感和产品的现代化的同时，OM公司反其道而行，反而从视觉中形成了突破。

2006年的寓教于乐

在2005年到2006年的一年间，OM公司凭借其意大利产品的悠久历史背景和强大技术实力，终于在中国土地上打下一片江山，出色的销售业绩以及所占的市场份额都成为2006年OM展台值得一书的篇章。

展台的基调一反2005年的张扬，以协调的色彩搭配，对OM公司诸多元素进行了诠释，以绿色代表了OM的环保理念，以白色表示了OM的租赁理念，而蓝色成为展台的主色调加以协调，地面上又以形象的跑道对OM产品的运动理念进行了视觉化的表现，整个展台充满了视觉和概念的转换，既丰富了展台的内涵，又不会显得累赘。

大多数机械设备类展会都会以产品为主角，配合技术人员对技术产品进行解说。但是在OM展台，大家看到的是一台悬吊于半空的等离子屏幕，这是一个高科技的人体感应游戏。不必担心自己不会玩电子游戏，在OM的展台里，人体就成了叉车，手臂成了前叉，随着人体的左右移动和手臂的上下挥舞，屏幕中的货物就被运输到东西南北。就是在游戏过程中，若干产品的特性潜移默化地就灌输到了游戏者的印象里。

这样的一个软硬结合的展台，无疑成为当年展会上的亮点之一，直至现在，仍是很多当年参展的企业所效仿的对象。

2007年的高速列车

2007年的OM展台中央，赫然出现了一节轻轨的车厢。车厢的外侧，成了最佳的展示位置，而布置一新的车厢内，车头改装成吧台，还有一个个专供洽谈的座位，让宾客大呼有趣，洽谈的气氛也格外地融洽。

用高速列车来诠释OM公司三年的发展，是该公司市场部负责人的独到构思，也是对OM发展历程恰如其分地形象化地展现。同时，上海近年来大力发展的地铁轨道交通产业，也离不开OM公司的产品——工程机械，因此，将高速列车实际效果和OM公司进行结合自然就成了2007年展会的主旋律。

资料来源：《中国会展（参展商）》，OM的活动与众不同，陈秋骅。

思考题：
1. 展台设计应遵循什么原则和理念？
2. OM公司是如何用展台来展示公司在中国发展三年的历程的？

第七章

参展与公司活动

[主要内容]

参展和公司自办活动都是企业重要的营销方式，理想的营销组合需要有效地结合二者的特点，以实现企业的营销目标。本章主要介绍参展和公司自办活动的区别、公司活动的主要类型，以及如何结合参展和公司活动两种营销方式，以实现企业营销目标。

第一节 参展和公司活动

参展是企业重要的营销方式，通过租用展位来展览展示企业的产品和服务，以达到企业的营销目的。但展览也有自身的劣势，如在展览上接触到的观众的数量和质量都难以保证、展览上众多企业参展使竞争非常激烈、企业难以很好地控制消费者的体验过程等等。而公司自办活动恰恰可以弥补这些缺憾，因此，公司自办活动快速兴起，并逐渐成为企业营销的一个主要方向。

一、公司活动

参展被视为企业营销的重要工具，公司活动也有营销的功能，而且近年来公司活动渐渐有取代企业参展的趋势。根据展览周刊 2003 年对企业执行官的调查，57%的被调查者在参展时举办私人活动或者参加他们合作者的展览活动。自办的私人展会也是展览会营销中正在增长的一个部分，CEIR 在所做的一项名为"面对面互动的作用和价值"的调查中也得出结论：71%参加贸易展的观众同时参加一个以上的私人展览会,52%的参展商同时在贸易伙伴或其他卖家举办的展览活动中展示产品,47%的参展商举办一个以上的自办展览会。展览组织者也认识到这个趋势,他们或与活动营销公司组成项目团队,或者鼓励参展商在展览现场举办公司活动。2005年,Freeman公司为财富全球1000强企业中150家公司的几百次大型企业活动提供服务,并且同时也将服务于在北美地区的酒店中举行的1000多次小型的企业会议。

活动营销通常能够在新的市场中引起轰动效应,可以更有效地达到品牌传播和销售促进。因为这种非常规的信息传播手段,不但集广告、促销、公关、推广于一体,更是建立在品牌营销、关系营销、数据营销基础之上的全新营销模式,企业将获得更加强烈、更加实效的传播效果。公司活动包括多种类型,包括面向潜在顾客举办的路演,面向已有顾客举办的各种会议:使用者会议、顾客会议、合作伙伴会议、教育培训会议、执行官会议等等,公司自办的展览,还有公司举办的周年庆典活动和娱乐活动等等。

公司活动是一项非常灵活、机动的市场营销工具,因此各项活动之间不可避免地会存在交叉。例如,在使用者会议上可能会有很多教育培训的内容,很多合作者活动让人感觉更像是一个展览而不是私人会议。另外,赞助、展览、教育项目、产品展示、VIP会议、娱乐活动、体育活动可以以各种方式组合起来,从而发挥其联系消费者、顾客和合作伙伴的作用。在营销组合中可以综合使用各种活动营销工具来实现企业的营销目标。2003年展览周刊对企业主管的调查显示,企业在参展的同时会选择自办很多活动来实现组合营销的目的,其中选择销售会议的企业数量最多,约占参展商总量的67%(见表8-1)。

表8-1 参展商选择的公司活动的比例

商业活动	被调查者选择该商业活动的比例(%)
销售会议	67
培训会议	44
会议	35
附设展览的私人公司活动	34
路演	31
答谢员工活动	26
社区活动	23
顾客赏识活动	22
公司赞助项目	21
产品推介项目	20

续表

商业活动	被调查者选择该商业活动的比例(%)
媒体活动	19
奖励项目	18
地方性公司活动	18
商业活动室	14
招待会	12
音乐会	1
其他活动	4
以上任何一项都没选	9

资料来源：展览周刊主管调查，2006年6月。

公司活动管理是非常复杂的，需要非常专业的知识并整合内外部的相关资源。项目管理和团队建设非常重要。在市场战略、计划和执行方面，私人公司活动与展览有很多相似的特点。在私人公司活动的组织和管理上，参展管理的规律同样适用，如设立目标、营销、展后跟踪等等。

二、公司活动的价值和作用

从2008年12月至2009年3月间，由国际会议专家协会（MPI）、活动营销协会（event marketer institute）及乔治·强生公司（George. P. Johnson）联合发起了一项关于公司活动的调查。调查组通过电话调查方式对北美、欧洲和亚太地区9个国家942个高级主管进行了调查，调查的目的是了解活动与其他营销方式相比所具有的价值和作用。

1．活动的重要性

调查显示，被调查者认为公司活动营销非常重要，而且认为在未来公司活动重要性将保持不变的比例在2008年达到46%，相比2005年有大幅度提高，和2007年保持基本持平。当然，调查期间受金融危机的影响，认为未来活动营销重要性将会提高的比例在2008年大幅下降。

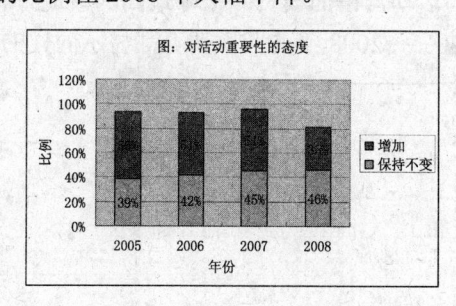

图：对活动重要性的态度

2. 活动营销预算

调查显示，在企业营销各种方式中，活动营销在整个营销预算中所占的比例在2008年达到27%，接下来才是平面广告、广播营销、公关关系、网络营销、直邮和其他营销方式（见图）。虽然活动营销预算不同年份在总预算中所占的比例不同，但一直维持在比较高的比例上（见图）。

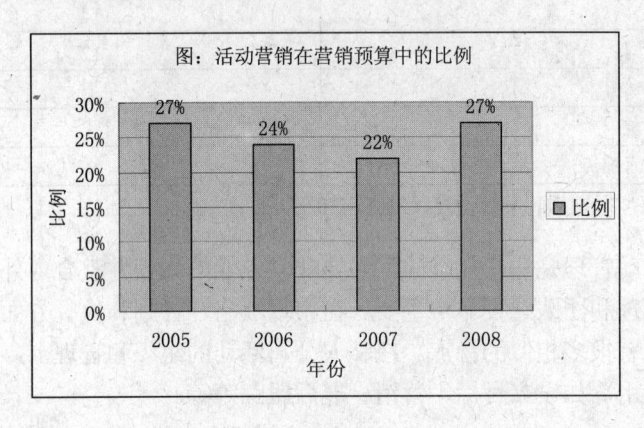

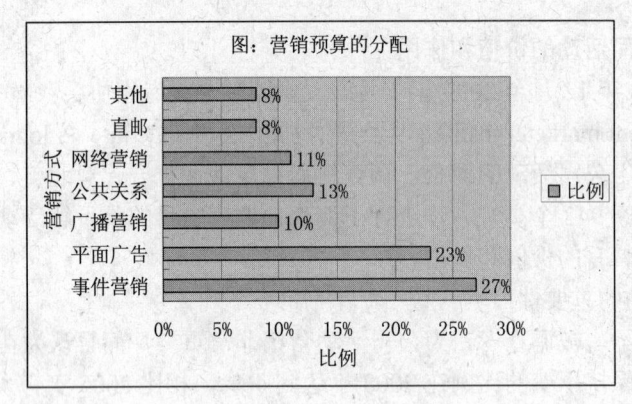

图：活动营销在营销预算中的比例

年份	比例
2005	27%
2006	24%
2007	22%
2008	27%

图：营销预算的分配

营销方式	比例
事件营销	27%
平面广告	23%
广播营销	10%
公共关系	13%
网络营销	11%
直邮	8%
其他	8%

3. 投资回报率

调查显示，认为活动营销的投资回报率最高的被调查者在所有被调查者中的比例最高，而且2005～2008年的四次调查都显示同样的结果。

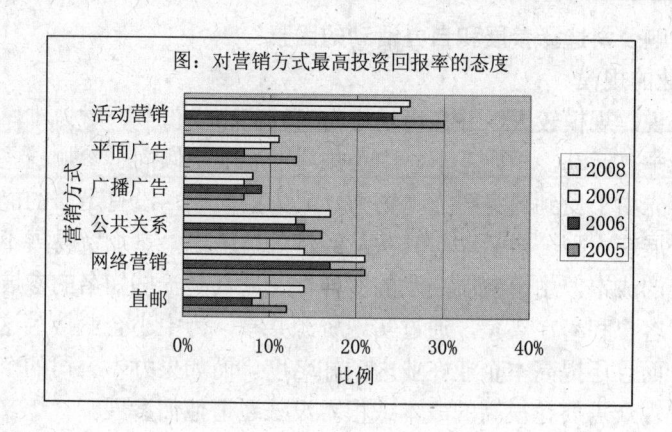

图：对营销方式最高投资回报率的态度

营销方式：活动营销、平面广告、广播广告、公共关系、网络营销、直邮
比例：0%–40%
年份：2008、2007、2006、2005

三、参展和公司活动的对比

参展和公司自办活动是企业营销的两种重要方式，二者之间有共同点，但也有重要区别。理想的营销组合应该包括参展和自办活动，以更有效地实现营销目标。

1．目标对象不同

参展和公司活动都可以企业的已有客户和潜在客户为目标对象，但参展在发展潜在客户方面有更重要的作用，而活动则侧重于巩固与已有客户之间的关系。因此，理想的营销活动组合应该既包括公司活动，也包括参展，既要维系已有客户，又要挖掘潜在的客户。

2．中心主题不同

无论企业的参展目的是什么，企业参展的中心主题是展览展示企业的产品或服务。而企业活动的中心主题则是培训和解决方案，产品的展示将被融入到学习的过程中。近年来，市场营销型的企业活动(即使是新产品发布会)都转变成了知识交流模式的活动。这种新模式的会议活动将培训和亲身体验作为中心议题，并对娱乐性的内容加以限制。企业活动中有点娱乐性的内容是可以的，但如果太多，参会者就会怀疑自己的投资回报。企业认为通过娱乐的形式推广他们的品牌是必要的，但同时他们也认识到真正的品牌是建立在好的产品以及服务的基础之上。

微软公司的会议历来就坚持以知识交流为基础，让顾客通过亲自参与体验他们的解决方案。企业会议上的展览展示虽然同样重要，但这些展览展示已经从"产品中心"演变成了"体验中心"。微软公司 Teoh 一 Ed 展本身就有 800 多台电脑供参会者使用，在这些以客户为中心的展览展示中，最抢眼的部分就是会议室和演示中心。

四、影响公司选择参展和自办活动的因素

1. 企业的规模

一般来说，规模较大、并在市场中占有较高市场份额、财力雄厚的大公司倾向于自己举办活动，相比之下，中小规模的企业更倾向于参加一些综合性的贸易展。首先由于受到自身财力、物力、人力的限制，没有足够的能力独立举办公司的个展或大型公司活动。其次从经济效益考虑，参加贸易展不仅可以节约筹办展会的成本，由于参展企业的多样性，尤其是一些知名的参展商会吸引更多的目标客户和潜在买家，通过实现资源共享，为中小企业接触这些客户提供了机会，而且还提高本企业在业内的知名度。而如果办本公司的个展，这些客户和专业观众需要花很高的成本或根本没法邀请他们参展。

2. 营销渠道

展览会是企业结识潜在客户的重要场所，是企业建立营销渠道的重要方式，对于一些还没有建立起自我营销渠道的中小企业来说尤为重要。而具有发达营销网络的大公司往往把参展作为树立品牌形象，彰显行业地位的重要渠道。例如，中国第一展中国进口和出口商品交易会的参展商结构就经历过一些变化，2002年开始一些大的家电企业由于已经在海内外建立起自己成熟的营销渠道，开始纷纷退出广交会，先是海尔集团缺席广交会，接着长虹、康佳、TCL等家电巨头相继缺席，广交会对外贸行业一直树立的"权威"地位受到质疑。但是虽然一些大企业退出了广交会，但仍有一些新兴的中、小企业和民营企业需要这个渠道，因为中小企业非常需要广交会提供结交新客户这个平台。当然，2005年一些大的家电企业又重返广交会舞台，主要原因在于广交会设立了品牌馆，这些知名企业需要在品牌馆展出自己的产品以树立企业形象。

3. 品牌知名度

一般来说，具有较高知名度的企业更倾向于自办活动，因为其品牌已经被业界认可。而刚刚成立的公司，或者说品牌知名度不高的企业最好是通过参加展览来结识更多的客户、展示自己的产品，才能逐渐地被行业、客户所接受，并逐渐建立自己的品牌。

第二节 公司活动的主要类型

参展是公司主要的营销活动，但并不是唯一的活动，也不是唯一有效的与顾客和潜在消费者面对面交流的活动。除此之外，公司活动还有很多其他类型，如顾客活动、自办展览、周年庆典活动、路演等等。

一、顾客活动

更多的公司活动通过关注已有顾客,以更好地了解消费者的需求,并发展与现有顾客的关系。顾客活动的成功就在于为顾客提供其认为有价值的体验,这些体验加深了与顾客的关系并使顾客能够持续地购买公司产品以获得更多的体验。而创造这种体验和价值的最佳办法就是设计能够满足顾客需求的活动。

1. 使用者会议

使用者会议在信息技术领域被广泛使用,当然其他行业也在大量使用这种活动方式。使用者会议的公司目标往往是多重的:对现有产品使用的培训、解决问题、确定消费者对其他产品或性能的需要、加深与消费者之间的关系。

Rightnow 技术公司是一家软件服务公司,每年夏天都会举办 3 天的使用者会议,会议可吸引几百个对该公司产品感兴趣的顾客。顾客之间也可分享他们使用该公司产品的经验。公司不仅邀请现有顾客,也邀请潜在顾客。在活动安排上,会让潜在顾客和现有顾客一起参与产品体验过程。由于已有顾客对公司产品有较高的满意度,会非常容易影响潜在顾客,帮助公司顺利地把潜在顾客变成现实顾客。公司还把使用者会议和年会、圆桌会议等其他形式的活动结合在一起,以最大程度地实现企业的营销目标。

2. 顾客会议

尽管沟通的技术手段日趋先进,但公司与顾客的面对面交流还是不可替代的。要让顾客了解公司的产品和服务,最理想的方式莫过于为现有顾客和潜在顾客举办顾客会议。成功企业相当重视顾客会议,通过举办顾客会议,听取顾客的直接反馈,企业就能够以更好的产品、技术和服务,来更好地满足顾客需求。比如,戴尔电脑公司成立了全球客户咨询委员会并举办顾客会议。微软的前 CEO 盖茨也对顾客会议产生兴趣,并认为"交谈依然是迄今为止最高效的营造人际关系的途径,人与人的面对面接触仍旧大有裨益"。

顾客会议将教育、娱乐、社交和关系管理融为一体,并浓缩成一次简短的聚会。一个成功的顾客会议包括每天至少 4 小时的见面会或讨论会,午后的休闲活动(比如打高尔夫球或者旅游观光),以及晚间聚餐和文娱活动。会议主办方的目标是巩固与最佳顾客的关系,并与潜在顾客建立起联系。

顾客会议不仅是让顾客了解公司产品或服务的理想方法,还是培养顾客忠诚的一种好方式。顾客会议能让顾客感觉到他们是受到重视的。如果执行得好,顾客会议能为你提供倾听顾客抱怨与建议的良机。这样的聚会能使顾客感受到,有人在倾听他们、理解他们,他们的意见得到了反馈。例如,Paetec 通讯公司是电信服务供应商,公司的每个订单都是百万美元的生意,所以 Paetec 每年都要在全美各地举办十几个活动,组织公司最出色的销售人员来开发潜在的客户。在这些非正式的聚会上，忠诚的客户成了公司免费的"传教士"。能成为公司代言人的顾客不仅仅是铁杆儿客户，他必须和公司有着某种感情上的联系，他们身上通常具有下列特征：他们热衷于某个产品或服务，并向其他人大力推荐，而这一切都是他们自愿免费做的；他们毫无保留地给产品提供反馈，能够原谅公司偶尔犯的错误，而且会告诉公司问题出在哪里；同公司保持联系，他们感觉自己做了更有意义的事情。有调查显示，一般公司现有客户的20%～25%都可以变成公司的"传教士"，公司内的活动能够建立和巩固这些顾客的团体，建立情感上的亲密关系。顾客忠实度的最高级就是他们在某种程度上感觉自己也是公司的主人，企业的成败自己有责。培养这种感情的最常见方法就是组建一个活动研讨会，通常是一个10人左右的顾客顾问团。但我们现在完全可以邀请几百人参加一个大型的网上顾问团，他们可能进行讨论、辩论，甚至是投票表决。成员可能参加到事前活动的计划和会后工作的总结。有了这样一个大的团队，也许您得不到一致的意见，但是可以更清楚地知道顾客所想和所需。公司能站在他们的角度上想问题，顾客自然会回报以忠诚度和更好的口碑。

3. 合作伙伴会议

合作伙伴是指可以帮助企业的产品打入市场的任何独立的第三方，如分销商、批发商、零售商、代理商等等。同时合作伙伴也包括那些在销售和营销方面可以合作的公司，如和你有同样细分市场的非竞争者。有时候为了承接一大笔业务，也可能与自己的竞争对手形成伙伴关系。

合作伙伴会议可以分为两类：

一是会议，为教育、战略和建立关系等目的集合企业的渠道伙伴举办会议。这种会议与顾客会议有很多相似之处。因为，从本质上来讲，合作伙伴就是企业的直接顾客。

二是活动，集合企业的合作伙伴与企业及合作伙伴的顾客集会。这种活动与展览有很多相似之处，但此时企业不是参展商，而是展览组织者，并且要负责吸引观众，招徕参展商，安排一系列的主旨演讲，组织娱乐活动，处理食物、住宿、会议等后勤工作。

4. 单个消费者活动

单独专注于一个重要的消费者的活动也是企业活动营销组合中的重要组成部分。企业往往会对其消费者做分类，对于非常重要的消费者可能会为其举办单独的活动。单个消费者活动可以被看作是顾客会议的延伸，如在顾客会议之外举办小组会议、晚餐会等等。相比于参展来说，单个消费者活动最大的优势就在于其对特定消费者的专注性，能够更有效地维系这些客户。

单个消费者活动的一个重要表现形式是供应商日，有些供应商日由第三方活动管理者或营销代理机构来组织。例如，T&G 公司把食品配料公司、食品包装公司、实验工具公司和食品生产公司组织在一起，在食品生产公司处举办供应商日活动，活动限制 15 家供应商参加，并需要供应商提前报名，经过一定的程序和审批，才能得到举办方的批准或拒绝。参与者一般是企业技术、营销和采购人员。

5. 教育会议

教育会议也是向消费者传递产品信息的一个强有力的方式，尤其是向难以接触到的消费者传递信息。教育会议通常由可信赖的第三方组织，一般时间为一天或半天。教育会议成功的秘密就是内容，主要是解决问题和分享经验。

6. 执行官会议

执行官会议主要是邀请消费者的高级执行官，以提供教育、同行交流及与高级公司代表面对面交流的机会。执行官会议把顾客感知和销售机会结合起来，通常规模较小，周期性地举办。吸引执行官参加会议的主要是战略性的会议内容。

Siebel Systems 公司为 VIP 客户举行一系列成功活动。企业销售团队会提前 6 个月选择客户 25～50 个高级执行官，举办为期 2 天的项目。Siebel Systems 公司举办的执行官会议通常都有程序性的安排，如以高尔夫球或乒乓球比赛开始，然后是讲究的欢迎晚宴，第二天则是执行官会议，通常是由消费者自己准备研讨内容，分享商业案例和经验，会场氛围非常宽松。

二、自办展览

当企业发展到一定规模，拥有一定的客户基础时，也可考虑由单纯地参加展览转变为自办展览。企业自办展可以只是一次性的展览，也可以是周期性的例展；可以只在一个地方举办，也可以在多个城市巡展。参展和自办展览有以下区别：（1）参展时企业只是参展商，而自办展览时企业既是参展商也是组展商；（2）参展时展览内有多个企业同时参展，而自办展览中只有一个参展单位；（3）参展时企业不仅可以和观众交流，还可以和同行交流，了解行业发展趋势。而自办展览企业只能与观众交流，当然此时的观众也可能包括企业的同行。

例如，某 IT 企业为有效普及市场，直接针对目标用户营销，在北京、上海、大连、武汉、成都、西安、广州、深圳八个城市，举办主题为"颠覆灵感，创意生活"的大型电脑城巡展活动。目的在于使消费者能有机会现场体验其产品成熟的数码影像技术与方案，有效提升品牌形象。

三、庆典活动

庆典活动是企业利用自身重大事件、纪念日、节日等所举办的各种仪式、庆祝会和纪念活动的总称，包括节庆活动、纪念活动、典礼仪式和其他活动。通过庆典活动，可以渲染气氛，强化企业的影响力，成功的庆典活动还可能具有较高的新闻价值，从而进一步提高企业的知名度和美誉度。企业庆典活动可引起三大效应：引力效应，指企业通过庆典活动吸引公众的注意力；实力效应，指通过举办大型庆典，显示组织强大的实力，以增加公众对组织的信任感；合力效应，开展大型庆典，能增强组织内部职工、股东的向心力和凝聚力，提高公众对组织的信任感。

四、路演

路演来自英文 Roadshow，是国际上广泛采用的证券发行推广方式，指证券发行商发行证券前针对机构投资者的推介活动。路演在中国刚一出现不仅得到了上市公司、券商、投资者的关注和青睐，也引了其他企业的广泛关注和浓厚兴趣，并效仿证券业的路演方式来宣传推广企业的产品，形成时下盛行的企业"路演"。企业路演的概念和内涵已改变和延伸，成为包括产品发布会、产品展示、产品试用、优惠热卖、现场咨询、填表抽奖、礼品派送、有奖问答、文艺表演、游戏比赛等多项内容的现场活动。20世纪90年代初宝洁公司进军中国市场时采用的路演巡回演出方式，是中国"路演"营销的最早记录，此后这种营销方式便被更多的中国企业所采用。

很多公司活动都是针对已有消费者举办的，而路演则是针对潜在消费者举办的公司活动。通过路演可以比邮件和电话等方式向消费者传递更丰富的产品信息。公司需要承担路演的所有成本，而观众是不需要负担任何费用的。

成功路演需要考虑以下四个因素：

选择恰当的路演时间和地点。 路演的地点，不一定是城市里的黄金地段；例如宝洁公司曾经连续几年坚持到农村去做路演宣传，打开了中国农村市场，取得了良好的路演效果。路演的时间，也不一定节假日就是最佳时机。选择恰当的时间地点，关键在确定好目标受众以后，充分了解他们的生活习惯和消费习惯，根据其特点来选择。

营造路演活动的现场气氛。 路演一定要能够吸引足够的人气，才能营造出热烈的现场气氛。活动现场的设计和布置要有足够的视觉吸引力，用表演道具提高现场气氛；主持人要有主持路演活动的经验，善于调动和把握现场的气氛；表演的节目、游戏和活动要有创意，注重和现场观众的互动，单一的自我的劲歌热舞已经不能满足大多数消费者的期待值。

把产品巧妙地融合到活动宣传中。平衡好表演和产品宣传的比例,熟悉产品特性,掌握产品的品牌定位,把握好宣传的时机,和目标消费者进行有效沟通。为了拉动现场销售,还要掌握好产品赠送、产品优惠等重要的促销环节。

对活动细节的周到考虑。路演成功的关键在于细节。例如和企业、经销商、活动主管部门及活动合作伙伴(如演出公司、物流公司)在路演目的、方式方法等细节上协调沟通,努力把策划方案完善化、细致化,并把责任分工到人。

第三节 参展和公司活动的结合

国内外大型知名企业,日渐认可会展作为信息传播平台的重要作用,并把举办、参加会展与企业公关、整体形象的树立和宣传有机结合在一起,认为会展从市场调查、策划到具体实施的全过程都应与企业整体战略和营销目标相一致,与企业的 CI、文化经营理念相协调,体现企业的整体形象和个性;并且意识到会展并不是孤立的营销手段,必须与其他活动相配合才能更好地达到营销目标。在科学理念的指导下,一些大型企业开始撤销内部的会展负责部门,将其归属到营销部门之下,并与专业会展服务公司或广告公司合作,综合利用企业内外部资源,提升会展质量,有效沟通信息。

一、活动组合模型

"组合规划模型"是一个很有效的工具,可以用于帮助公司创建自己的活动组合。该模型包括四种基本的活动类型,代表各个活动能够帮助活动营销者获得的"发言权份额"的功能和领导地位。

贸易展览。最普通的活动类型,往往是赢得客户注意力的战场,但发言权却比较低。因为在行业或区域活动中进行展示,一般如果没有特殊的地位,就无法获得真正的领导地位。

渠道活动。即由某一个企业自己的客户或渠道合作伙伴开展的活动,在发言权等级方面比较低。但是,因为该公司被选中参加渠道活动,公司就可以在该渠道的整体环境中展示自己的领导地位。

赞助。赞助体育、文化、社区活动,可以使公司的受邀对象成为较有潜力的受众,因此发言权的份额比较高。但是,因为该活动本身就是注意力的中心,所设计的赞助形式一般都是表达感谢和盛情,因此不适于表达领导地位。

自有活动。即完全由公司控制的活动,在这个模型中的位置最佳,因此通过这些活动,公司可以很清楚地表达自己的领导地位,而不会侵犯其他人的发言权和信息。如果市场已经变得非常拥挤,竞争非常激烈,这些类型活动的快速传播就变得尤为重要。

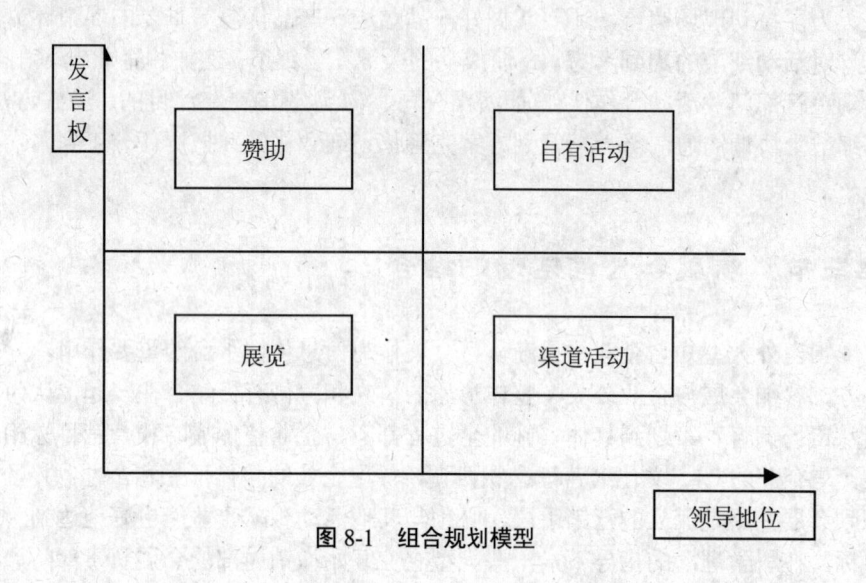

图 8-1 组合规划模型

（纵轴：发言权；横轴：领导地位；四象限：赞助、自有活动、展览、渠道活动）

二、参展与公司活动相结合

1. 参展与合作伙伴会议相结合

参展是企业会见经销商和供应商的绝好机会，一些企业为了更好地维系和经销商和供应商的关系，一般会在参展期间举办合作伙伴会议。

资料1　大会期间不招商，招待宴请经销商——金剑南招商策略

在白酒界，金剑南公司以其"大会期间不招商，招待宴请经销商"而闻名。在每届糖酒会上，他们的展台只是一种形象展示。其主要工作是在每届糖酒会上举办的经销商大会。白酒行业的动作总是动不动就让你出乎意料，上千人举杯同庆的场景是金剑南在策划酒会时就已经预定的高潮。对每一个希望与金剑南携手合作的经销商来说，这是具有诱惑力和感召力的。试想在这样的环境氛围下，每个人的情绪都是高涨且相互感染的，对金剑南品牌的信心必然更加坚定，"这是一个值得为之服务与合作的企业"的念头将在每个参会经销商的心里回响。金剑南的客户们受到如此礼遇，体验到的是一种尊贵，心头涌起的自然是继续与金剑南合作的决心（如果金剑南的产品质量与服务不出现别的问题的话）。

金剑南是如何确定经销商大会邀请名单的呢？他们的邀请对象大部分是已

在合作中取得骄人成绩的经销商，这有些奖赏的味道，能获邀参加这个酒会，似乎是一种荣誉。中国白酒圈子很小，不同产品的经销商常常互相认识，当潜在经销商与"获奖"的经销商共聚一堂时，自然也有一种被认同的喜悦。其实，金剑南的这个酒会的作用远不止是奖励和拉拢人心。金剑南以严密的组织、细致的安排举办的酒会，可以为自己糖酒会上的展台送去一批批大客户，作为一种形象展示的展台就更加淋漓尽致地发挥着自己的作用。当全国白酒界大客户光临金剑南展台时，这里理所当然成为整个展场的亮点。

金剑南之所以这么大张旗鼓地招待经销商，是因为他们明白：产品本身的差异不是造成客户倾向或偏爱的主要原因，借展出机会，邀请老客户一起参观，见面交谈，让老客户看看新产品，听听老客户要求和意见，有问题就解决问题，更能提高经销商的忠诚度。而大客户光临展台，能为自己增色不少。

2. 参展与执行官会议相结合

参展企业都希望能够在展会上接触到高质量的观众，即具有决策权或对企业决策有影响力的企业高级主管或执行官。因此，与企业执行官的交流就成了参展企业工作的重中之重。参展与执行官会议相结合，为企业提供更长时间的与重要的顾客相交流的机会，成为现在企业参展的显著趋势，成为众多企业参展时选择的战略之一。

资料2　惠普成像打印群（IPG）的"执行官通气会"

惠普成像打印群（IPG）的欧洲顾客每年从全球电脑经销商博览会（Comdex）长途跋涉飞到拉斯维加斯已经感觉非常劳顿，因为参加完巨型的全球电脑经销商博览会已让他们非常疲惫，所以，根本没有时间和体力再与惠普的高层进行沟通。于是，在1996年的全球电脑经销商博览会上，公司决定租用一间拉斯维加斯会议中心的会议室，把客户们请进来和IPG的老总们进行一对一的交流。

正如IPG客户推介项目经理洛立女士所说，这个小的"执行官通气会"一开始采用的模式就非常成功，它借用了全球电脑经销商博览会的便利，同时又避开了大会的喧嚣。会后很多顾客都表示明年还想参加，并且希望公司在下次会议上能带来更多的内容。于是，IPG把产品展示融入活动当中，客户可以离开全球电脑经销商博览会拥挤的人群，安静、舒服地参观HP产品。其他区域的HP销售代表看到了客户的反响，也纷纷搭上这班车。很快地，所有IPG的客户，只要交易金额达到一定标准就都在受邀请之列。慢慢地，这个小活动发展成了一个年会，为了应对不断增加的参会代表，它搬出了拉斯维加斯会展中心，改在"赌城"的各豪华饭店举行。2003年，到会的客户是229人，而1999

年的首次统计人数仅有64人。

3. 参展和自办展览相结合

由于参展和自办展会有不同的功能,现在很多大型企业在参加行业内知名品牌展会的基础上,还自行举办展览。

资料3 斗山机床的参展与自办展览战略

目前的机床行业有大小50多个展会,机床企业有很多展示自己的机会,其中规模较大的两个———中国机床协会和中国机床总公司的展会,斗山机床都会参加。在参加其他展览的基础上,斗山机床还会自办展会,其主要目的是为了直接了解客户,更加贴近客户。

2008年5月30日,斗山机床中国展览会在其位于烟台的新工厂开幕,这是第二届斗山机床中国展览会,展会的主题是"百年斗山,畅想中国,走向世界"。展会共展出25台机床,包括14台车削中心、10台加工中心和1台电火花加工机床,其中19台可以在烟台生产,另外6台来自韩国。参加这次展会的人员在800人左右。尽管规模不大,参观者也不多,但是效果却出乎意料,因为被邀到场、从外地赶来的客户决不仅仅是看看这么简单,很多客户当场就签下了订单。

2007年,该公司在中国实现了650台的销售业绩,2008年计划销售1200台,而2012年他们要挑战2500台的销售战略,争取在中国市场实现稳定的跳跃式发展。这种稳定的跳跃发展与其完善的参展和自办展览计划密切相关。

4. 参展与公司庆典活动相结合

会展中活动的节庆化是活动策划的最后一个重要趋势。许多参展商和会展主办机构在参展期间,把许多游戏类、表演类不同形式的活动拼装在一起,形成庆典式的大型活动或系列活动。在第十一届上海车展期间,上海大众在会展附近的世纪公园举办了360度车体验上海大众汽车嘉年华,这是一个集赏车、玩车、游车、试车于一身的品牌推介活动,在车展中玩腻了或还未到达的观众,可以在游乐园式的活动现场好好过一把车瘾。活动更是取名为代表节日狂欢的"嘉年华",大众已经把这个车体验的推介活动在全国各地连续举办了好几次,活动本身已经形成了一个系列。这样的做法对于大型企业建立品牌形象十分有帮助。另外,参展也可以与公司的周年庆典结合起来,可以与观众和消费者一起见证企业的成长。

理论上讲,为达到企业的营销目标,企业参展时可以与任何公司活动相结合。如可以在参展时举办各种比赛活动,2003年中期广州本田"飞度"上市之前,在全国范围内举行了大规模的Fit小姐选拔比赛,通过全国140家广州本田汽车特约销售服务店各自筛选出一名候选人，将候选人的图文资料与 Fit 轿车同时在第十届上海国际车展上公开展示，请观众进行现场投票，选出 15 名入围者进入半决赛。此举经媒体传播后，获得社会广泛关注，广州本田利用上海国际车展和选拔比赛活动的整合营销，成功提升了"飞度"的品牌知名度，为其顺利进入汽车市场铺平道路。也可在参展期间举办拍卖会等活动，在BaumaChina2004 的展会现场，日立建机有限公司以现场拍卖会的形式吸引了大量专业观众与目标客户。拍卖会在日本、东南亚等国家比较普遍，例如日本小松公司每年都会在日本举行拍卖会，以无底价举牌或投标获取最高价的拍卖形式进行，主要用于二手机市场，效果非常好。拍卖会在国内目前属于新兴的销售形式，将其引用到展会上，主要考虑到受国家宏观调控影响，新的产品需求在下降，由于华东地区机器的保有量较多，二手机往西部地区转移可能是未来段时间的一个趋势。日立此次拍卖的是最新推出的一台小型机器，市场价 33 万元左右，起拍 20 万元，很多客户都举牌竞拍，最后以 30 万的价格被湖南的一家代理商拍走。这次仅是试探性地拍卖了一台机器，主要目的是为了引进新的销售理念。

思考题：
1. 公司活动与展览有什么异同？
2. 公司活动的类型？
3. 如何把参展和公司活动有机地结合起来，达到组合营销的目的？

案例 1　把参展变成办展——GE 水科技的战略

2007 年 GE 水科技公司（GE Water and Process Technologies）将参展数量从 300 个"猛砍"到了 30 个，GE 水科技公司将自己举办"世界水之旅"（World Water Tour）来取代被"砍掉"的那 270 个展会。GE 水科技之所以自己做展会，是因为公司认为无论从市场推广，还是塑造公司品牌形象的角度来看，还没有一个展览公司能满足他们的所有需求。一般的贸易展，和我们沟通的观众最终能成为潜在客户的只占很小比例，但是在自办展上，百分之百的观众都有兴趣和你做生意。GE 水科技之所以推出"水之旅"，主要是从以下几个方面考虑：

第一，降低成本。GE 水科技公司是由 5 家小型企业合并而成的，每家公司都有一定数量的展会和活动，其中有相当部分的活动是可以合并的，通过合并展会可以降低参展成本。当然自办展并不能满足 GE 水科技的所有需求，GE 通过精挑细选还是保留了 30 个对于公司最重要的展会。

第二，公司的总体商业战略。GE 水科技公司提供给客户不同类型的技术和解决方案，所有这些技术和解决方案针对的是不同的细分市场。但诸多业务项目并没有形成一个有机的整体，或者说，一个又一个小展台并不能满足GE品牌战略的需要。在这种情况下，GE水科技公司推出了"水之旅"，以期整合GE的品牌。

第三，推行公司内部培训。培训是GE水科技销售部门的必备功能，而一个自我组织、自己谋划的展会/活动将更加有助于销售人员把他们所获得的新知识运用到实际的业务拓展中去。对于"水之旅"活动，销售部的培训时间为两天，活动正式开始后，销售人员将利用研讨会与客户和各类潜在客户进行有效地沟通和互动。

对于一个始终以水科技研发作为其核心业务的企业来说，GE水科技能够顺利地完成从"纯科技"到"科技+展览"的转变，奥秘何在呢？

第一，组建项目团队。GE并没有为自办展会增加新的人手，"水之旅"项目的工作人员都是公司原有的员工，GE充分信任他们的潜力。结果，的确有一些富有能力的员工表示愿意承担新的角色。

第二，服务外包。并不是所有与展览相关的工作都是GE公司的现有人员能够完成的，GE的策略是服务外包。以物流为例，由于GE的实验设备要辗转于世界各地，这部分工作必须包给专业的物流公司来做，其他诸如展会注册、电话销售、展台设计等也外包给相关公司来做。

第三，制定完善的计划。计划要对每年举办多少个项目有详细的规定，计划要切实可行。除了合理的时间数量安排，GE还要同目标国或城市的GE办事处进行联络，了解当地商家及相关设施的情况。目前大部分"水之旅"的活动都在酒店内进行，小部分安排在GE自己的培训教室。GE希望未来能有更多的展览项目在GE内部进行，毕竟这样可以使顾客亲眼看见GE的实验室。

第四，不断调整活动内容。保持高度的灵活性，始终是"水之旅"的重要考量。作为一项全新的举措，公司要对活动内容进行不间断的调整。起初GE提供给观众的是比较单一和"标准化"的内容，但观众的需求是各不相同的，例如一些人只关心技术，另一些人希望学到企业社会责任的知识等等。为此，GE网站内容和功能不断更新，发出的邀请信也在不断变化。GE还会提早告诉观众活动议程和演讲主题，因为参会者都希望早点知道谁是演讲者，演讲主题是什么，这样他们好做准备。

资料来源：《中国会展（参展商）》2008年第4期，楚子编译。

思考题：

1. 参展和自办展对于企业的作用有何不同？

2. 企业在参展或自办展之间进行决策时,应该考虑哪些因素?这些因素又是如何影响企业决策的?

案例2　活动营销——奢侈品牌的消费新概念

通过精彩纷呈、包裹着文化艺术气息的活动,比利时珠宝品牌 TESIRO 通灵、江诗丹顿、轩尼诗等欧洲奢侈品牌集中展示出其独特的品牌内涵,成功地被新市场的消费者所认知,从而迅速叩开市场大门。国际奢侈品牌在刚刚进入中国市场时,虽手法各异,但却不约而同地把活动营销作为提升品牌影响力和认知度的不二法门。

进入中国市场的"钥匙"

TESIRO 通灵:体验钻石文化之旅

比利时珠宝品牌 TESIRO 通灵在进入中国市场之初推出了气势弘大的"比利时钻石文化之旅"活动。TESIRO 通灵是比利时钻石品牌,承载了欧洲深厚的钻石底蕴,为了展示优质切工文化,2006年初,这次比利时文化之旅活动在中国区市场全面展开,活动期间,TESIRO 通灵的顾客均可获得抽奖券一张,参加"TESIRO 故乡——比利时钻石文化之旅"抽奖活动。

大奖的幸运获得者自上海出发、经巴黎前往 TESIRO 通灵的总部钻石之都安特卫普,参观钻石加工厂,亲身感受全球一流切工的生产过程,并游览著名的钻石博物馆、钻石交易所等地,再前往首都布鲁塞尔游览参观,体验欧洲经典的优质切工钻石文化。通过这次活动,TESIRO 通灵品牌的知名度和美誉度在中国区市场得到了较大的提升。

江诗丹顿:发布会开到故宫

传承瑞士制表精华的江诗丹顿大举进入中国市场时,打出了"江诗丹顿重返中国"的口号。早在1860年,咸丰皇帝就特意向江诗丹顿订制了一只怀表,后来故宫博物院又收购过两只江诗丹顿的钟。依托这段历史,江诗丹顿一反常规,将新闻发布会的地址选在中国的故宫博物馆。故宫特殊的象征意义与江诗丹顿厚重沉稳的品牌内涵正好吻合,这场发布会为江诗丹顿顺利进入中国市场奠定了基础。

轩尼诗:举办调酒艺术会

与这些品牌不同,轩尼诗在进入中国市场时,则独辟蹊径,在中国举办盛大的调酒艺术会,艺术会的调酒师从轩尼诗的家乡法国专门来到中国,向消费者讲解独特的调配艺术。在调酒会上,经验丰富的调酒师向消费者展示了调配酒的全过程,吸引了众多的洋酒爱好者。轩尼诗的调酒文化给消费者留下了历经130多年,其口感始终如一的强烈印记。

品牌文化的深度演绎

那么，比利时珠宝品牌 TESIRO 通灵、江诗丹顿、轩尼诗等奢侈品品牌在进入中国市场之初如何利用活动营销将广告、公关、促销融于一体，以达到推广奢侈品牌目的呢？

第一，确立奢侈文化基因。奢侈品的文化基因植根于核心历史传承中，其精髓在于始终如一地创建并引领各文化领域的新文化价值。TESIRO 通灵美轮美奂的钻石饰品在引领时尚潮流的同时，表达了对钻石文化的独特诠释。比利时钻石与法国香水、德国汽车、瑞士手表，已经成为公认的全球最著名的商品，消费者在拥有钻石经典——TESIRO 通灵的同时，悄然享受着对精致生活、精彩人生的体验。江诗丹顿秉承传统的制表工艺，伴随着两个多世纪的传统和革新，江诗丹顿这个名字已经远远超出了表的范畴。在热爱江诗丹顿的人眼里，它是尊贵身份的代名词，是奢华的梦想极致。而轩尼诗传承法国传统的酒文化，洋溢着尊贵和极致。

第二，制造具有品牌联想效应的事件。围绕着清晰的基因图谱，奢侈品牌开始以此来制定活动主题。这些知名的奢侈品品牌为了获得信息传递的高效性，他们采用精确的目标制导，善于制造具有轰动效应、具有高度独创性的特色活动，以独特的形式，高强度的刺激性特点，使消费者对"活动"感兴趣，进而向消费者传递品牌信息。比利时珠宝品牌 TESIRO 通灵认为，品牌就是联想。他们推出的"比利时钻石文化之旅"活动与品牌诉求点高度吻合，在突出自身的文化基因的同时，吸引了众多媒体的关注。而江诗丹顿也与 TESIRO 通灵有异曲同工之妙，他们把进入中国市场后首次举行的发布会选择在故宫，制造了一件极具价值的事件。这些营销传播活动，具有极强的传播价值，不仅对消费者的购买行为施加了影响，同时还有助于塑造品牌形象，使品牌资产增值。

第三，设置体验细节。文化的传播有益与消费者对品牌的形象有一个清晰的认知，但顾客更多的观感来自于他们对品牌的直接体验。相当多数的消费者每天都生活在广告轰炸的环境中。虽然广告传递了某些信息，但它并没有为消费者提供体验的机会。欧洲奢侈品牌比利时珠宝品牌 TESIRO 通灵、江诗丹顿、轩尼诗在活动营销的过程中，通过在现场设置体验细节，例如 TESIRO 通灵让目标顾客参观打磨钻石的场景，轩尼诗向消费者讲解独特的调酒艺术，让消费者直接参与其中，完成对品牌的亲身体验。

第四，大众传播与分众传播并重。欧洲奢侈品牌用活动营销将自身品牌的奢华、尊贵演绎得淋漓尽致，他们在活动信息的传播上，无一例外地强调和媒体的互动，善于运用大众传播和分众传播。TESIRO 通灵在比利时钻石文化之旅的活动中，应媒体邀请与活动当地的主流媒介合作，举办钻石文化普及等活动，吸引了众多消费者对 TESIRO 通灵品牌的关注，与消费者形成良好的互动，让他们切身感受到比利时优质切工钻石的魅力。而轩尼诗的传播也遵循这一原则，通过调酒艺术会进行分众传播，而在活动过程中，他们和媒体的默契配合最终达到了大众传播的目的。

启示：文化统领活动主题

通过活动营销策略，比利时珠宝品牌 TESIRO 通灵、江诗丹顿、轩尼诗等欧洲经典奢侈品牌在中国区市场取得了令人瞩目的成绩。而总结他们的活动营销经验，可以更加清晰地给其他企业带来诸多有益的启示。

第一，活动营销需要少一点商业氛围。在进入中国市场之初，比利时珠宝品牌 TESIRO 通灵等欧洲奢侈品牌在活动中用精心的策划、完美的配合，使品牌悄然"占领"消费者的心智，并通过传播相关产品的内涵，把奢侈品特有的文化渗透到消费者的灵魂深处。而国内很多企业的活动营销依然停留在厂商之间的交流研讨、新产品的发布等层面上。弥漫着浓烈的商业气氛，给消费者媚俗的感觉，自然难以达到预期的目标。

第二，文化统领主题。要想有效传递信息，就必须确保活动的各个组成部分都服从于统一的主题。奢侈品在历史传承中始终如一地引领着时代潮流，只有展示其深厚的文化底蕴，才能引起消费者兴趣使其品牌理念深入人心。TESIRO 通灵的"钻石文化之旅"活动正是用深厚的钻石文化底蕴来吸引、打动消费者，让他们留下比利时优质切工钻石=TESIRO 通灵的清晰印记，从而成功地进入中国区市场。

第三，活动营销必须具有新颖的形式。在活动推广策略中，仅仅强迫受众吸收信息远远不够，具有新颖形式的活动能够使商品和顾客的联系更加紧密。组织者必须结合企业自身特色，对信息进行编织，这样才可以在活动中突出主题，有效规避消费者记忆混乱的情形，唯有如此才能唤起消费者的注意力。

思考题：
1. 普通商品和奢侈品在营销方面有什么区别？
2. 如何通过活动营销达到推广品牌的目的？
3. 案例中的奢侈品牌有哪些营销经验值得我们借鉴？

案例 3　以活动提升品牌——最佳软件公司的合作伙伴会议

2002 年以前，最佳软件公司（Best Software Inc.）商业伙伴不知道他们是合作伙伴，有的甚至都没有听说过最佳软件公司的名字。最佳软件公司是通过购并建立起来的公司，一共销售 24 种不同的产品线，分布在 7 个不同的行业。

很多商业伙伴只知道该公司所售产品的品牌,并不知道最佳软件公司是母公司。公司的每个商业模块都像独立的公司一样运营,都有自己的公司组织和活动。

2002年,最佳软件公司CEO让·弗恩(Ron Verni)决定改变这种状态,确定了公司的7个新目标:
- 以统一形象面对消费者和合作伙伴
- 以并购获得商业成功
- 界定清晰的市场和产品战略
- 发展长期消费者
- 挖掘新的消费者
- 吸引、发展并维系雇员
- 获得连续的财务回报

为实现第一个目标,Verni将每个独立的公司活动整合成一个所有合作伙伴参加的年度活动。公司70%的收入都是由合作伙伴创造的,所以创造一个能帮助合作伙伴理解公司的业务并帮助公司了解合作伙伴的需求的活动对于公司的成功至关重要。

年度活动是一个为期4天的Insights会议,包括教育会议、公司主管的主题演讲、200个展位的展览、最佳合作伙伴答谢会和各种接待活动。大约有3000个公司的合作伙伴参加了活动,了解最佳软件公司的产品以及与其他北美合作伙伴的网络关系。

Insights会议的管理者Cote与最佳软件公司的高级主管会谈,确定Insights会议的六大公司目标。

目标1:以统一形象面对渠道合作伙伴

公司的很多合作伙伴担心公司的重组会影响他们的业务,活动管理团队希望缓和他们的顾虑:一是要合作伙伴了解公司重组后的统一形象会使合作伙伴受益更多,二是要让合作伙伴认识到公司在行业中所具有的竞争实力。

策略1:领导委员会

在对外形成统一形象之后,必须先在内部统一形象。Cote在公司内部发展了四个领导委员会:首席执行官(包括CEO、CMO和首席副主席)、各部门总经理、生产团队(由总经理提名的各业务部门的产品经理组成)和销售团队(由总经理提名的各业务部门的销售经理组成)。Cote在Insights会议开始之前每个月都要与每个组会谈,让各组了解活动的进展情况,检测新的思路和战略。这些会议能够让Cote在整个公司传播活动的信息、确保活动符合公司目标并获得内部支持。

策略2:品牌

最佳软件公司与奥必绿色展示设计公司(Allbee Green Presentations and

Design），合作推广其品牌，Cote 要求通过统一的图表、多媒体展示、多种视觉活动来营销最佳软家作为母公司的品牌。例如，在主旨演讲之前会放一段介绍片，讲述小公司如何在其业务中使用最佳软件公司的产品。介绍片讲述了最佳软件公司的发展，最后向合作伙伴说明这些品牌是怎样一同工作来解决顾客的业务问题。

目标 2：让合作伙伴了解企业更多的产品

在第一次 Insights 会议前，只有 25%的经销商销售最佳软件公司的多个产品。最佳软件公司举办 Insights 会议的主要目的就是向其余的 75%的经销商展示公司的其他产品，这样最佳软件公司就会利用其现有关系销售更多的产品。目前，30%～40%的合作伙伴销售最佳软件公司的多个产品。

策略 1：预先登记簿

为了给合作伙伴提供便利，最佳软件公司在预先登记簿上根据所讨论的产品组织小组会议。为了帮助参会者了解更多的其他产品，活动项目组也提供了其他会议的交叉索引，鼓励合作伙伴参加其他会议了解相关产品和获得新的机会。

策略 2：团队价格

通过对以往活动的研究，活动团队发现当一个合作伙伴派 1～2 名代表来参加活动时，他们只关注与他们所销售的主要品牌相关的产品。当有 3 个以上的代表参加时，他们就会关注更多的其他产品。为了鼓励合作伙伴派更多的代表来参加会议，活动团队提供了优惠的团队价格，即派 4 个或更多代表参加活动的合作伙伴将会获得 695 美元/每人的团队优惠价格，每人节省 255 美元。

策略 3：展位

最佳软件公司展位上根据产品解决方案展示了公司的所有旗舰产品。在 2005 年的活动中，活动团队计划通过一个引导系统来确定有大约多少人关注多个产品。

目标 3：对渠道商培训商品知识，提高销售技巧，如何发展长期客户

策略：商业管理会议

2003 年，最佳软件公司开始举办商业管理会议来宣传其单个产品，活动团队审查了每个会议的内容，并选择那些能够加强"长期消费者"的战略，并帮助演讲者整合更多的产品信息。

目标 4：在"会中会"创造新的最佳软件公司体验

最佳软件公司刚开始宣布要举办 Insights 会议时，合作伙伴中有反对的声音，因为他们感觉他们可能会失去个性以及和产品专家的联系。为了解决这个问题，Cote 的工作团队采取了一系列策略使整个活动的规模看起来尽量的小。

策略 1：产品快车道

虽然最佳软件公司在每次 Insights 活动中都提供 300 多场会议，但项目组根据产品线来管理注册工作。观众可以很快地找到和自己有关的会议。大量的会议也可使每个会议的规模变小，平均 10～20 个观众。

策略 2：最佳联系

最佳联系是项目组在 2005 年推出的一项"在线网络项目"，类似于配对。参与者提交自己的介绍，他们所销售产品所在的区域、产业，然后寻找他们想要与之面谈的其他合作伙伴。这项活动使最佳软件公司的合作伙伴之间又建立起网络联系。

目标 5：整合资源，提高效率，实现规模经济

把八个会议整合成一个活动可节省成本并提高人员效率。

策略 1：任务领导

在组建项目团队时，很多原来掌控独立会议运作的负责人现在都成为项目组成人员，有些不太适应。Cote 很快地分解了工作任务，列出了各项工作的清单，包括场馆管理、餐饮、策划、主旨演讲、会议内容、硬件和视听系统管理、注册、接待、运输、展商、赞助商等等。Cote 把这个工作单分发给项目组成员，让他们自己来挑选适合的工作。这样，Cote 就为每项工作找到了最佳的管理人员。

策略 2：折扣谈判

因为 Insights 会议是一个规模很大的活动，活动团队与供应商具有很大的团队谈判能力。平均来看，折扣水平会比单独的会议高 15 个百分点。

目标 6：把活动作为公共关系的机会

在 Insights 会议之前，最佳软件公司的公共关系部门与合作伙伴活动没有任何关系，可把 Insights 会议视作为公共关系的绝佳机会。

策略 1：事先行程安排

最佳软件公司的公共关系团队在会议前与所有媒体代表单独会谈，帮助他们计划行程安排，并邀请他们参加特殊的媒体午餐会。

策略 2：展厅预演

最佳软件公司要在展览正式开始之前单独为媒体开放 2 个小时。这给媒体代表与参展商提供了深入交谈的机会。

资料来源：www.exhibitornet.com

思考题：
1. 项目团队是如何通过举办 Insights 会议实现公司的统一形象的目标的？
2. Cote 是如何进行人力资源管理的？
3. 为什么在对外统一形象之前，必须要对内统一形象？

第八章

供应商管理

[主要内容]

主要参展和公司活动是企业重要的营销方式,但同时参展和活动又是一项复杂的系统工程,涉及很多专业化极强的工作。不同规模、不同行业的企业在参展或举办活动时需要大量供应商为其提供产品或服务,如展具、展台设计、展品运输、展台搭建、参展和活动策划等等,有的企业甚至把全部参展工作委托给会展服务商全权代理。本章主要介绍供应商和供应商管理的基本概念,如何选择供应商,如何进行供应商管理。

第一节 供应商及其类型

一、供应商

供应商指的是那些向买方提供产品或服务并收取相应数量的货币作为报酬的实体。这里所说的供应商既可以是生产型企业,也可以是流通、服务型企业。供应商的表现在很大程度上决定了供应链中的核心企业(或买方企业)对社会的服务质量。同时,企业要维持正常的生产运营,就必须保证有一批可靠的供应商为其产品提供必需的物资供应。

参展和活动是企业重要的营销方式,但同时又是一项复杂的系统工程,会涉及很多专业化极强的工作。不同规模、不同行业的企业在参展或举办活动时需要大量供应商为其提供产品或服务,如展台设计服务、展品运输、展台搭建、参展策划等等，有的企业甚至把全部参展工作委托给会展服务公司全权代理。选择服务供应商应该是参展企业衡量成本和收益之后的理性选择。

供应商是企业的重要的战略资源，也是决定企业参展和活动效果的重要因素。要保证企业参展或举办的活动成功，就必须选择合适的供应商，提高供应商管理水平，获得优质的服务。

资料 9-1　GPJ：IBM 的参展服务供应商

传统的展会营销常常是停留在执行层面，内容比较单一，而体验式营销其实是从客户体验出发，在策划之前充分考虑市场情况、业务目标、目标受众和产品特征等因素，继而执行计划。IBM 为了更好地在中国国际金融展上向受众传递企业信息，邀请"外脑"——GPJ 公司帮助它完善展会创新营销计划。1914 年，GPJ 由 George P. Johnson 先生创立于美国底特律。公司成立之初的业务是旗帜生产和装饰业，逐步帮助底特律设计和组织最早的汽车展会，据说在展会上出现的第一个汽车展示转台就是由 George P. Johnson 创造出来的。在随后发展过程中，GPJ 开始生产游行彩车、专业展示品，从而涉足会展业。

20 世纪 90 年代初，GPJ 扩大了公司服务范围，开始提供现场体验式行销咨询，从营销策略层面为客户提供体验式行销的策略服务。结合其世界级创意、技术和运营，GPJ 成为全球最领先的体验式行销机构。GPJ 提供的独特的品牌体验，能够提升现场体验式效果，激发潜在客户的购买欲望。GPJ 通过遍布全球的 20 处办公机构，为分布在世界各地的客户提供体验式行销策略咨询、体验式创意、信息数据服务和现场活动实施。GPJ 有一套多年积累的方法，用来更好地了解客户需求以达到预期的目标，这就是"5 right"准则：正确的市场洞察，正确的策略，正确的营销活动组合，正确的体验，正确的评估体系。与 IBM 的合作，GPJ 首先是从"5 right"入手的，IBM 的商业目标，参加国际金融展的诉求，以往它参加这个展会的时候达到了一个什么样的传播效果，在什么地方需要吸取经验教训，什么项目会有效地吸引客户，产品应该怎样展示等，都是"5 right"涉及的具体方面。同时还用另外一套叫做 4D 的体系来进一步落实工作：先做研究（Discover），从这个研究里面总结出要展示的内容和之前存在过的问题，以及对市场的调查了解；定义（Define）给受众的信息，并且运用体验方式把客户带入下一个层次，从身体、心理和情感层面使受众与品牌达成互动；然后是设计（Design），运用多种不同的手段把客户要传达的信息展示出来；最后就是真正的实施（Deliver）。在 2006 中国国际金融展期间，GPJ 帮助 IBM 在 190 平方米的展台上打造出一场激动人心的体验，成功的传递出 IBM 前端和后台的解决方案，满足金融行业 IT 需求，也迎合了主题"创新引领成长，科技缔造非凡"，通过 IBM 的标志性元素的重组，打造出符合主题的"长青树"的主题形象，让观众了解 IBM 与客户共同成长的品牌诉求。

二、企业供应商分类

1．根据供应商对企业的重要程度的分类

根据服务供应商对企业的重要程度不同，服务供应商可以分为 4 类：

（1）战略型供应商

战略型供应商是指一些大型企业或行业领袖，是企业最高级别的供应商，关联度最强，其产品或服务对企业具有战略性。企业通常向这类供应商采购的产品数量只占总采购数量 20%，而产品价值却为采购物品总价值的 80%，符合 2/8 原则。如参展企业的总服务承包商，或最能体现展览展示功能的展台设计就属于战略型供应商。总服务承包商或展台设计服务供应商需要全方位地了解参展企业，一般来说，参展企业往往会与总服务承包商或展台设计服务供应商结成战略同盟关系。

（2）伙伴型供应商

具有较强技术势力的细分行业龙头企业，提供产品品种虽少，但专业性强，是业内的"领袖"，在交易过程中具有相当的议价能力。虽然企业向其采购资金量稍低，但由于其产品技术含量较高，同样起到关键性作用。由于技术壁垒的作用，伙伴型供应商虽然产品市场规模不大，但市场地位相对稳固，而企业对其产品可获得性较弱，依赖性较强。

（3）优选型供应商

企业对其产品的采购数量较大，但单位产品价值不高，是企业供应链中稳定的供货来源，与企业间有着持久的、良好的合作与信任关系，通常是中小型制造企业或代理商，其提供的产品为非关键产品，影响力有限。由于产品差异化较低，在激烈的市场竞争中，只能通过不断提升服务水平来赢得竞争优势，因此优选型供应商一般较重视采购方需求，以获得长期有效的合作关系。

（4）交易型供应商

通常这类供应商与企业之间的合作机会较少，主要是作为优选型供应商的补充。受外界条件影响优选型供应商不能完全满足企业需求时，企业才会考虑与其合作。

2．根据供应商所提供的服务内容的分类

（1）总服务供应商

总服务供应商就是全权负责参展企业全部参展工作的服务供应商。参展企业可把整个参展项目的全部工作全权委托给某服务供应商，并在企业内部组建

一个项目小组或指定专门的人员负责参展企业与总服务供应商的协调。要让总服务供应商全面了解参展企业的参展目标，使供应商的服务能够紧紧围绕着企业参展目标而展开。总服务供应商再可根据自身能力和工作性质把参展工作其中的一项或几项分包给其他的单项服务供应商。

资料9-2　Freeman公司的服务内容

自由人（Freeman）公司是美国第一大会展服务供应商，从1927年开始，自由人公司已经为其客户提供了各种博览会、会议和公司活动及展示的全面服务。自由人公司提供的主要服务有：

- 组织博览会、会议、公司活动和展示
- 为顾客设计和搭建展台
- 管理展览项目
- 为各种类型的展览和活动做装饰设计
- 为品牌发展、沟通战略和事件营销提供战略性方向和服务
- 设计和生产数字图标
- 协调公司活动服务
- 安装和拆卸任何规模的展台和展览
- 供应展览地毯和家具并安装
- 配送并操作视听展示技术
- 布置和操作灯光和索具
- 提供全球运输服务

（2）单项服务供应商

单项服务供应商是指只承接企业参展工作中的一项或几项工作的服务供应商，如展台设计、展台搭建、展品运输、现场保安、鲜花等等。

第二节　供应商的选择和开发

一、选择供应商的原则

对于大多数企业来说，供应商的选择是一件非常困难的事情，因此在选择供应商时应遵循一定的原则。

1. 全面、具体、客观原则

建立和使用一个全面的供应商综合评价指标体系，对供应商做出全面、具

体、客观的评价。综合考虑供应商的业绩、设备管理、人力资源开发、质量控制、成本控制、技术开发、用户满意度、交货协议等是可能影响供应链合作关系的方面。

2. 灵活可操作性原则

不同行业、企业、产品需求和环境下的供应商评价应是不一样的，所以应保持一定的灵活性与可操作性。

3. 半数比例原则

从供应商风险评估的角度，半数原则要求购买数量不能超过供应商生产能力的50%。如果仅由一家供应商负责100%的供货和100%成本分摊，则采购商风险较大，因为一旦该供应商出现问题，按照"蝴蝶效应"的发展，势必影响整个供应链的正常运行。不仅如此，在采购商对某些供应材料或产品有依赖性时，还要考虑地域风险。

4. 供应源数量控制原则

供应源数量控制原则指实际供货的供应商数量不应该太多，同类产品获服务的供应商数量最好保持在两到三家，并要有主次供应商之分。这样可以降低管理成本和提高管理效果，保证供应的稳定性。

5. 供应链战略原则

企业应与供应商建立信任、合作、开放性交流的供应链长期合作关系，必须首先分析市场竞争环境，即通过分析现在的产品需求、产品的类型和特征，确认是否有建立供应链合作关系的必要。对于实施战略性长期伙伴关系的供应商，可以签订"一揽子协议/合同"。在建立供应链合作关系之后，还要根据需求的变化确认供应链合作关系是否也要相应地变化。一旦发现某个供应商出现问题，应及时调整供应链战略。

二、展览供应商组织

那么如何找到展商服务供应商呢？最有效的办法就是通过几大知名展览服务供应商行业协会。

1. 展商指定供应商协会（The Exhibitor Appointed Contractor Association，EACA)

EACA是一个非营利的专业展览行业协会，有100多家企业会员，可在展览中为参展企业提供各种服务，包括视听、展览运输、鲜花、家具、安装和拆卸展台等等。EACA的宗旨是为了提高展览的服务水平，反对一些组展商向展商指定供应商（EAC）征收费用。

资料9-3 什么是EAC费用（EAC fee）

在实践中，如果供应商（非官方的）要在展览上为其顾客（参展商）提供服务，就需要向一些展览组织者缴纳费用。EACA认为这种费用在增加参展商的成本同时并不会增加他们的收益，也就是说EAC费用对参展商参展设置了障碍。该费用的范围可从每个顾客每平方英尺0.05美元到500美元不等。如果一个供应商在一个展览上为多个顾客服务，那么该供应商在一个展览上的该项费用平均可达15 000美元。需要注意的是，这些费用是不能返还的，因此要与某些组展商所设立的可返还的押金项目（供应商的损害赔偿金）相区分。

与可返还的项目相比，EAC费用增加了参展的额外成本，这种成本就是一种惩罚性的税收。如果参展商使用官方的供应商，就不用向组展商交纳该项费用，这在指定供应商（EAC）和官方供应商之间形成了不公平的竞争。在很多案例中，指定供应商都因此而失去了客户。

EACA为组展商提供了两种可以替代的方式：一是如果需要征收具体费用以平衡由于参展商雇佣供应商而造成的成本增加，可以把这些费用加入展位费用中，而不要独立征收；二是如果变动展位费用不合适，EACA将向展览组织者提供服务，以降低或消除这些成本。

2. 展览服务和合同商协会（Exhibition Services & Contractors Association，ESCA）

ESCA是为展览、会议产业提供产品和/或服务的企业的专业组织，是会展服务产业，致力于会展产业服务水平的提高。通过教育、信息交流和会员和顾客之间专业知识的分享，ESCA提高了会展产业各个领域之间的合作。

3. 展览设计和生产协会（Exhibit Designers and Producers Association，EDPA）

EDPA成立于1954年，是展览展示设计者和建筑商的国际专业协会，有来自18个国家的400多个企业会员，这些会员主要从事展览和活动产业的设计、制造、运输、安装和展览展示服务。EDPA致力于制定展示标准，主要目的是为展览行业和会员提供教育、领导和网络关系。

4. 国际展览运输协会（International Exhibition Logistics Association，IELA）

总部设在瑞士，代表展览运输者的利益。1985年有来自5个国家的7个公司发起成立，1996年增加到36个国家和地区的73个成员。协会社标准和职业道德委员会、海关委员会、组织者委员会。该协会是在展业不断发展、展会越来越专业的形势下成立的。协会的目的是使展览运输业专业化，提高展览运输的效率，更好地为展览组织者和展出者服务。此外，为展览运输业提供交流信息的论坛，向海关及其他部门施加影响。该协会发行了一种电子手册，登载着不同国家海关的有关规定，该电子手册定期更新。

三、参展企业供应商的开发步骤

一般来说，供应商开发包括遵循如下步骤：供应市场竞争分析，寻找合格供应商，询价和报价，合同条款的谈判，最终供应商的选择。

1. 供应市场竞争分析

首先要对特定商品或服务的市场进行竞争分析，分析的内容包括各供应商的市场占有份额、竞争对手状况、市场发展趋势、市场环境及潜在供应商的基本信息等，从而对潜在供应有一个大致的了解。

2. 寻找潜在供应商

经过对市场的仔细分析，参展企业可以通过各种公开信息和公开的渠道得到供应商的联系方式。最主要的方式是通过前面提到的相关行业协会，也可通过专业媒体广告、互联网等方式寻找，当然服务供应商也会主动与参展商建立联系。

寻找潜在供应商最重要的目的就是对供应商做出初步的筛选，可以使用统一标准的征求信息书（RFI）来获得供应商的信息。这些信息应包括：供应商的注册地、注册资金、主要股东结构、生产场地、设备、人员、主要产品、主要客户、生产能力等。下面会详细介绍如何撰写RFI来获得供应商的信息。通过分析这些信息，可以评估其工艺能力、供应的稳定性、资源的可靠性，以及其综合竞争能力。在这些供应商中，剔除明显不适合进一步合作的供应商后，就能得出一个合格供应商名录。

3. 询价和报价

对合格供应商发出询价文件，即征求建议书（RFP）。采购产品不同，文件内容可能也会有所不同，但一般应包括图纸和规格、样品、数量、大致采购周期、要求交付日期等细节，并要求供应商在指定的日期内完成报价。在收到报价后，要对其条款仔细分析，对其中的疑问要彻底澄清，而且要求用书面方式作为记录，包括传真、电子邮件等。

报价中包含有大量的信息，如果可能的话，要求供应商进行成本清单报价，要求其列出材料成本、人工、管理费用等，并标明利润率。通过对不同供应商报价的比较，采购部门应当对其合理性有初步的了解。

4. 合同条款的谈判

在合同谈判之前，一定要有充分的准备，设定合理的目标价格。对小批量产品，其谈判的核心是交货期，要求其提供快速的反应能力；对流水线、连续生产的产品，谈判的核心应是价格。但一定要保证供应商有合理的利润空间；对于服务型产品，谈判的核心是参展企业要达到的效果和价格，要使服务产品有最好的性价比。

同时，价格谈判还是一个持续的过程，每个供应商都有其相应的学习曲线，在一段时间的供货期过后，其成本会持续下降。为此，参展企业应与表现优秀的供应商达成策略联盟，促进供应商提出改进方案，以最大限度节约成本。

实际上，每个供应商都是所在领域的专家，多听取供应商的建议往往会有意外的收获。比如，展台设计企业应该最了解材料市场和发展趋势，他们往往会建议参展企业使用合适的材料，使参展企业的展台设计能够更符合展览业发展趋势。通过策略联盟、参与设计，供应商还可以有效地帮助企业降低参展成本。

5. 确定最终供应商

参展企业在运用相应的技术策略完成上述工作流程之后，会得到详细的供应商相关信息，把这些信息进行整理、归并到相应的准则中，然后选择合适的定性定量分析工具，给最终供应商一个总体量化评定，以确定最终供应商。

第三节 征求信息书（RFI）

在企业选择确定服务供应商的过程中，有两个非常重要的环节，即征求信息和征求建议，也就是通常所说的征求信息书（Request for Information，RFI）和征求意见书（Request for Proposal，RFP）。征求信息书是获取供应商信息的主要手段和工具，而征求建议书是帮助企业获得供应商服务的有效工具，是任何谈判的起点。尤其是在参展商或举办活动的企业选择总的服务供应商、视听服务供应商、注册服务、目的地管理服务、安保、运输等等相对复杂而又不容易标准化的服务时，尤其应该重视 RFP 的工作。

一、征求信息书（Request for Information，RFI）

征求信息书（Request for Information，RFI)是向潜在供应商发布以获得信息的文件。在展览和活动行业中经常在发布征求建议书（Request For Proposal，RFP)或征求报价书（Request For Quotation，RFQ)之前使用RFI来确定潜在供应商的资格。

RFI由一组问题组成，主要是了解供应商的财务健康状况、管理结构、服务、质量等方面的细节。总的来说，RFI是采购产品或服务的第一个步骤。面对大量的可供选择的供应商，需要企业对供应商的竞争能力做快速的评估。RFI的价值就在于它基于不同供应商对于同一套问题的回答，可以为企业提供一个可衡量的量化的比较基础。同时RFI也给供应商一定的信心，即采购企业在发布RFP之前要做严格的挑选工作，避免直接让供应商花费巨额资金提供RFP。

在实践中，越来越多的公司开始使用征求信息书（Request for Information, RFI）来选择能够满足企业参展和公司活动需求的供应商。很多因素都影响着企业如何通过RFI选择供应商。从企业一方来看，主要包括：公司的合并和集权化、活动营销预算的降低和重新分配、对活动营销投资回报率的重视（ROI/ROO）、采购部门在确定和挑选供应商的过程中介入程度加强；从供应商一方来看，主要包括：日益扩张和更加复杂的营销活动使消费者越来越多、信息技术的发展克服了地理上的障碍、新的商业模式为客户提供了具有吸引力的替代品。

企业和产业供应商都发现他们在RFI过程中面临着巨大挑战。从参展企业一方来看，创建征求信息书（RFI）对于活动组织者和采购部门来说都是非常耗时的工作，采购部门在管理这些花费时（直接的/间接的）面对着非常陡峭的学习曲线，活动经理要面对管理协调多部门的挑战；从产业供应商的角度来看，回应大量增长的正式的征求信息书是非常耗时耗力的工作。

鉴于RFI是参展商和供应商都会面临的问题，展览参展商协会（Trade Show Exhibitors Association, TSEA）和展览设计和生产协会（Exhibit Designers and Producers Association, EDPA）两大协会分别代表参展商和产业供应商发起了一项活动，要为展览和活动产业发展一套简单的、易于使用的RFI模版，为企业和产业供应商提供可靠的基准，降低费用并减少所使用的时间，同时减轻供应商提供建议的压力并保证所收集信息的质量。该活动检查了大量的公司征求信息书中的几百个问题，最后确定出真正对企业和供应商都有意义的问题。通过这项活动，参展商可以使用产业的最佳标准实践，减低成本，优化选择过程；而产业供应商则可确保企业问题的性质、质量和选择的过程能够最有效地使企业确定哪个供应商能够满足企业的需求。

二、撰写RFI

1. 了解股东的想法

首先要确定决策委员会，通常由企业各部门的经理和总经理组成。表9-1提供了RFI决策委员会的职责。要充分了解每个委员会成员想要什么，什么对于他们来说是最重要的，这样才能够使RFI获得内部管理者的认同。

表 9-1 RFI 决策委员会的职责

作用	什么是重要的	他们需要什么
采购经理： 节省采购成本	成本管理： ● 资本投资 ● 运营成本 ● 生效标准	初始投资节省： ● 成本管理 ● 未来节省的机会 ● 节省的标准/报告
品牌经理： 需要品牌清晰度	品牌整合和一致性	品牌的展览/活动的解决方案： 品牌的整合和保护
产品经理： 增加产品线的销售	产品定位： ● 获得观众的认知 ● 便于观众与产品互动	重点在于产品定位： ● 产品定位、员工与观众的互动、展台展示区的体验 ● 供应商要了解产品和顾客消费心理
高级行政官： 具有最终决定权	股东的 ROI： ● 提高效率、降低成本 ● 需要根据企业目标和/或挑战而调整的方案	供应商有价值的建议
营销经理： 企业或产品的代言人	传递清晰且准确的公司品牌主题： ● 品牌认知的有效性 ● 公司品牌的差异化	所有营销媒介（网页、展览、印刷品、广告、赞助等等）的整合，公司和品牌的定位
展览/活动经理： 关注管理成功的事件/展览项目	传递可以刺激销售和提高认知的体验： ● 生效标准 ● 运营成本 ● 完美执行 ● 吸引目标/关键客户	给顾客提供难以忘却的经历： ● 供应商完全了解展览/事件营销的潜力 ● 执行能力
广告经理： 管理企业的广告战略	传递正确的信息： ● 认知 ● 与观众的联系 ● 可衡量的结果	提高认知度的工具： 在选择的媒体上具有核心竞争力的供应商

2. RFI 的基本信息

通常来说，RFI 可以分成 5 个部分来评估供应商。

（1）供应商的概况

● 财务稳定性和资源

- 组织结构
- 管理结构

(2) 能力/服务/支持
- 整体的能力
- 账户管理
- 技术
- 创造力背景和经历
- 平面设计和生产
- 项目管理
- 储存、仓储和处理
- 交通运输管理
- 展览服务
- 安装和拆卸
- 视听和额外服务

(3) 商业实践
- 质量控制/保证
- 消费者满意度

(4) 证明书

(5) 价格/支付选择

3. 获得供应商信息需要问的问题

无论参展企业需要哪个领域的供应商，要想全面了解供应商的信息，需要向供应商提出有针对性的问题。要想了解前面提到的五个方面的供应商信息，可以提出以下问题。当然下面的问题中，会有部分重复，企业可根据自身的情况确定合适的问题列表。

表 9-2　获取信息的问题表

项目	问　　题
1. 供应商概况	
财务稳定性和资源	供应商的邓氏编码（D&B number），年度报告，近3年的年度销售收入，未来3年销售量预测，新的并购、多元化或出售计划，是否愿意分享"息税、折旧、摊销前收益"信息，供应商的总收益目标是什么，是否可以提供至少3个vendor financial references?是否可以提供银行和财务证明？是否可以提供公司所有者的概况？提供保险覆盖类型、保险数量和保险政策的到期日？是否有未解决的诉讼或保险问题？

续表

项目	问题
组织结构	供应商的名字？公有或私有公司？是母公司、投资者还是附属子公司？在现在所在行业有多少年了？公司的位置？供应商现在联盟的地位？在哪些城市与哪些联盟有合同联系？和什么展览行业协会有联系？供应商的战略意图说明（任务、愿景、哲学）？是否与其他供应商有战略合作关系以提高产品和服务供应？
管理结构	董事会成员、办公人员的名字？CEO、COO、CFO、总裁和各分部的简介和联系方式？合同由谁签名？提供核心团队成员的简介和背景、经验、特殊技能和天赋？公司总部在哪？
2. 能力/服务/支持	
整体的能力	相比于竞争对手公司的独特性？是否提供市场、竞争、品牌或活动现场的研究？概念性研究阶段的程序是什么？是否对创造性概念收费？3-D设计、平面设计和生产是否在公司内部完成？平面生产是否在公司内部完成？如果有外包的情况，哪部分被外包？是否提供账户管理，包括那些内容？是否提供项目管理，由谁管理，是否有详细的分工？是否在公司内部进行制作，如果不是，在哪里？提供所签署的合同名单？提供组织内部使用技术的概述？供应商是否有顾客界面技术，如果有，列出并描述供应商具有的在线服务能力？请列出下列哪项工作（如果有）公司有所介入：展览、活动、零售、博物馆、主管指示中心、公司前厅、商场售货亭、路演等等？是否有计算机存货管理系统，如果有，是否依托条形码或其他某种平台？对进出口检查的收费，是否有不同的层次和收费标准？列出所有储存地点（最好有地图）？描述与仓库的内容和储存有关的保险覆盖范围？是否有国内货运合同？通过这些合同可获得多大折扣？供应商管理货运的标记和/或小时收费？是否希望每次运输都有竞标？列出所提供的创造性工作：道具、视听、灯光、舞台等等？是否有会议策划人员？是否有目的地管理服务？如何发展主题、人才管理？是否有制片人、导演和作家？是否提供ROI，ROO和项目绩效衡量？与展览机构有何种联盟、联系或商业伙伴关系？
账户管理	谁是日常联系人（提供该人的简历）？联系人是否具有管理该类型账户或产业的经验？如果需要时谁支持该联系人？在紧急情况下的储备？账户管理的平均成本比例？该账户是否支持个人参加每个展览，如果支持，那由谁来支付旅行成本？是否有年度或季度账户绩效检查？是否进行例行的展后评估？是否有例行的获得顾客反馈的方式，如展览服务调查问卷？
技术	提供组织内部使用技术的概述？供应商是否有顾客界面技术，如果有，列出并描述供应商具有的在线服务能力？描述供应商为顾客提供与顾客、运输和预算有关的历史信息的能力？描述未来自动化技术的细节、目前的具体状况和未来部署的时间？谁拥有仓库系统的信息？供应商的系统是个人的吗？描述与技术有关的安保、备用、灾难恢复计划？提供三个利用供应商在线项目的顾客的名字和电话号码？

续表

项目	问题
创造力背景和经历	设计部门的结构？谁负责任？谁是设计团队成员（提供个人的简介）？发展新项目的创造性问题解决技巧和设计过程及项目进化中的问题解决思路？使用的技术？使用的计算机装备类型？是否使用CAD，什么平台？是否有素描的人员？是否可提供飞行技术？精通何种软件？内部设计的比例？
平面设计和生产	为顾客提供平面电子目录？该顾客是否有网页？精通何种硬件和软件？是否使用Adobe和Photoshop？平面生产的方法？哪些工作是企业内部做的，哪些工作是转包的？
项目管理	项目经理的工作范围和作用？这些经理有多少年的工作经验？项目管理团队与顾客有多少联系，是直接联系吗？是否有在线对话？是否有在线交流包，名字是什么，如何工作（提供样本浏览并展示其功能）？是否可提供建造的时间表？使用何种CAD软件？项目管理的平均成本比例？小时成本是多少？是否有管理会议的项目经理？每个项目是否提供一套包括场地计划、搭建和绘图细节的制图？是否有展览场地管理的挑战，是否有解决问题的项目经理？
储存、仓储和处理	仓储价格及计算方法？地毯包的储存价格？仓库的规模（照片）？是否有计算机存货管理系统？是根据条形码还是其他平台？如果需要，是否需要分包商或辅助的储存空间？对进出口检查的收费，是否有不同的层次和收费标准？列出所有储存地点（最好有地图），列出国际地点，描述与仓库的内容和储存有关的保险覆盖范围，是否具有、有多少自动灭火装置？描述安保条款。
交通运输管理	估计成本的系统，是否有国内货运合同？如果有，是哪家货运公司？运输价格？通过这些合同获得的折扣？管理货运的提价和/或每小时的价格？是否使用联邦快递或其他快递公司？你公司对此项运输的涨价？是否有特殊的空运工具？如果有，价格和涨价幅度？是公司内部提供运输还是分包（特定价格和涨价幅度）？
展览服务	谁负责展览服务的预定工作？是否有特殊的展览服务部门？如果需要的话，是否愿意直接与展览合同商获取展览手册、回答疑问和解决问题？服务的标志和/或小时费用？如何处理预付款和保证金？如果逾期付款如何惩罚？
安装和拆卸	是否有内部安装和拆卸员工？如果有，谁将负责我公司业务？请提供管理人员、监理人员名单？如果你公司不做I&D工作，会从哪雇佣劳力？安装和拆卸分包商（包括公司名称、证明、合作时间）？是否提供有保证的劳动力估计数量？劳动力价格是否有变动余地？如果有，变动幅度是多少？我们是否可以直接使用自己雇佣的劳动力，如果可以，你公司是否愿意提供监督？I&D的现场管理结构？是否有展览经理？是否有服务台？是否有应急供应商？劳动力的涨价幅度？签署了什么联盟合同？在每个主要城市监管的涨价比例？每个主要展览市场劳动力和监理的价格（列出与参展手册上价格的对比）？

续表

项目	问题
视听和额外服务	是否有内部视听工作人员？是否有租赁设备？可提供什么设备？使用哪些分包商？劳力和设备的标记？是否开保证价格？现场技师的服务价格？如果需要，如何计算加班费用？
3. 商业实践	使用何种计算机辅助设计（CAD）平台？是否可以提供制作、绘图、搭建图和场地计划的样本？最终绘图的审批过程？提供合同、订货、预定更改、发票的样本？如何根据价格变化而更改预定？是否使用项目流程图日程管理你公司的生产过程（如果有，请提供例子；如果没有，如何管理日程）？有什么其他的质量控制方法？你公司雇员培训类型和评估工作？提供产品和服务质量保证？不合格工作的补救措施？展台维护价格是多少，是否有选择？你的顾客是否能在生产期间的任何时候参观你的商店或分包商的设施？是否有工艺标准细节？是否有可证明的封闭式的纠错系统？绘图细节和场地管理计划的审批程序？有何质量控制手段？是否有正在进行的质量改进和发展项目？如何跟踪最新技术和趋势？有何种与展览现场建设有关的保险？
消费者满意度	谁负责顾客满意度？如何评估目前的顾客满意度？如何增加顾客的价值？供应商如何保持与目前实践和产业发展趋势保持一致？是否有常规的顾客反馈？是否有在线顾客反馈？是否有年度、季度和月度账户检查？如何处理和调节消费者的抱怨？
4. 证明书	提供 3 个现有的客户名单？提供 3 个以前客户名单和联系方式？与客户关系的平均时间？请描述在我公司所在行业的展览、会议和行业协会的体验？提供工作照片？消费者的评论？
5. 价格/支付选择	提供完整价格表？解释加班工资的结构？明确说明价格中是否包括非我方原因导致的加班工资？提供合同、发票的样本？列出所有可能遇到加班的可能？描述任何特殊的的合同和折扣？提前预付款是否有折扣？是否可在线支付、更改预定？描述登记和结账的程序？提供帮助顾客降低成本的例子？

第四节 征求建议书（RFP）

一、征求建议书（Request for Proposal）

征求建议书（Request for Proposal）是发单人为了收到供应商出价而发放的

向外招标的详细要求的一种基本的文件。为了让企业以更公平、便捷及快速的方式对所有的竞标进行评估，该建议书常常是正式的文件，以建议并引导未来的合同方完成整个竞标过程（询价、选择、授权）。为了完成此过程，建议书描述了项目及与其相关的所有信息。

征求建议书可用来选择各种产品及服务。征求建议书是收集解决方案的有效工具，通过决策矩阵的方式对各方案进行挑选，选出最符合要求者。

二、撰写征求建议书的准备工作

在确定一份征求建议书的所有关键部分前，需简单回答以下几个问题：

1．为什么（Why）

即为什么你的机构需要一份新的采购方案？回答这个问题后，你可创建一个阐述目标部分的章节。

2．谁（Who）

提供关于参展企业的简短描述。最好使用 RFP 模板，用模板文件里可以利用的信息来描述参展企业，在使用它时，要记得删除过时的信息并添加项目有关的新信息，也就是背景信息。

3．什么（What）

项目的本质是什么？需求是什么？预期的效果是什么？回答以上问题你就完成了以下部分：工程的范围、效果及绩效的标准、交付的产品。

4．怎么样（How）

合同是怎么样的？你期望从提供者那里获得什么样的信息及文件？如何评估建议书以及怎样选择最匹配的解决方案？

可以用于此部分的信息：合同的条款，付款、奖励以及罚款，合同的条款和条件，建议书筹备的要求，评估和授予的过程。

5．什么时候（When）

建议书何时提交？什么时候做决定？整个挑选过程的时间期限？谁负责评估建议书并作最后的决定？

回答以上的问题，就可以完成以下部分过程时间表，及未来通信的联系点。

三、征求意见书的基本内容

1．目标的阐述

描述参展企业要求的产品和服务的范围及程度，合同的总目标。

2．背景信息

参展企业的全面介绍、主要决策者的联系方式、活动的具体信息（包括事件的目的和观众的细节)、活动时间表(日期和时间、进场和退场时间)、预算信息、其他收入机会、面临的挑战(时间、语言、专业观众需求等)等等。比如说展台设计要求文件应详细描述参展目标、展品、服务要求、图样要求及展位设施,并明确规定设计原则及规章、进度时间表及预算等重要事项。

3. 工程的范围

列举供应商具体的职责以及对供应商期望达到的效果,包括详尽的责任表。

4. 效果及绩效的标准

把目标效果,对承包商最低的绩效标准,以及监督其完成的方法以及实行修改的过程具体化;把所有将要提交予你的产品、报告及计划列表及提交一个交付的时间表。

5. 合同的条款

把合同的时效、开始时间及结束时间以及合同的续订具体化。附带标准合同的格式、证书以及担保。要写出合同的具体要求,包含完整的项目负责人名单,以便在需要了解征求建议书信息或是对其有疑问时联系。具体地写出他们的姓名、职位、职责,以及各种联系方式。

6. 付款、奖励及惩款

列出所有按照规定履行的付款条款,突出对表现优异的进行奖励的依据以及对没有履行规定的或履行不好的进行惩罚的依据。

7. 评估及授予过程

制定出评估建议书以及最终授予合同的程序和标准。

8. 过程时间表

清晰并简洁地标出各个阶段至最后决定的时间期限,如提交意向书、提问、参加投标前会议、提交建议书的日期。

资料 9-4　罗升公司展台设计搭建招标书

目前,罗升公司发展迅速,行业及客户区域分布日趋扩大,参加国内及国际展会的规模和频次在不断增长。根据发展需要,罗升公司计划将年度展台设计和搭建整体对外招标。以达到既形象统一又节约环保的目的。

一、招标时间:2007 年 7 月 5 日~2007 年 8 月 5 日(截止日期)

二、实施时间:2007 年 9 月~2008 年 9 月

三、主要招标内容

(一)根据展会主办方提供的展位分布图和甲方提供的展品平面布置图,乙方负责进行展台设计、搭建、储运、保养等全程服务。服务年限 1 年。根据

合作情况确定是否续约。

（二）展区整体设计要求：

1. 主体颜色：正红色与正白色。
2. 形象整体高度：以组委会要求的限高为准，并根据甲方要求做调整。
3. 形象要求：突出罗升公司的标识，体现罗升亚洲地区传动控制专业服务商特点，风格为国际化。
4. 参观适宜性：从主通道观看，能观看到各类展品，使观众对罗升的产品一目了然，从而对罗升有较全面的了解，而且各展品展台之间的参观路径要条理、通畅，尽量减少支撑柱。
5. 接待台：根据展位面积设计 2~3 种接待台，18~36 平方米、54~90 平方米、100 平方米以上 3 种规格。要求接待台简洁大方、烤漆面、灯光字/透光字，考虑其实用性，其内侧做成橱格式，可同时摆放 18 种样本。带推拉式柜门及锁。
6. 展品展台/桌：应独立构成，可安放在不同大小和位置的展位上。其应根据展品的特点进行设计，甲方会提供一些参考资料。每类展品的展台要求设计制作成标准展台，可自由拼装组合。重复使用率可达 20 次以上。
7. 形象墙与储藏间：根据展会主办方提供的展位分布图，设计成开放式，从展台各个方向均能够进入展区，可于一侧设计形象墙并与储藏区成一整体，使其兼具形象与储藏功能。储藏面积 2 平方米，储藏间设计为橱格式，带门、锁。
8. 展示画面：配合展品及展会特点，组织设计宣传画面，张贴位置、尺寸、色调、风格等与整个展台和谐统一，起烘托形象和介绍说明两种作用。
9. 搭建材料：选用环保及符合展馆要求的材料，整体展台包括框架和展示桌（展示台）等，应可拆卸、拼接、组合，适宜运输储藏，可重复使用，重复利用率达 20 次以上。

（三）储藏和运输：乙方除设计及搭建外，应负责展台构件的运输、储藏及保养维护，并根据展台损坏程度给与修复或更新。

（四）进度

2007 年 9 月 15 日前乙方完成制作 54 平方米展台 1 套，参加 10 月初在上海新国际展览中心举办的汉诺威 PTC（动力传动）展会。

2007 年 10 月 20 日，根据甲方意见，乙方调整完善 54 平方米展台设计，拓展设计 18~72 平方米展台，并将展品展示台（桌）设计制作标准化。根据往年展会规模和频次，甲方确定制作套数。乙方制作完成后，并于 2008 年 1 月 15 日在北京、上海、广州等地验收。

（五）验收标准

根据设计效果图、施工图（尺寸图）及家具/展览行业通用标准验收。

（六）布展

18~36平方米展位提前1个月（距开幕日期），54平米以上提前50天，由甲方通知乙方展位图和展品布局图。乙方根据两种图纸，进行组合设计，出具效果图由甲方确认后，准备相应的展具，安排运输及布展。

乙方布展进度要求于开幕前两天完成。开幕前一天，由甲方验收并提出整改意见，乙方完善，并配合甲方进行展品布展。

（七）撤展及储藏

乙方撤展应保护好展台的组件，防止损坏，并妥善包装。并根据罗升各地展会计划，安排储运，确保展台的完好并及时搭建。

（八）维护保养及更新

撤展后，乙方负责检查展台各组件的状况，及时修复损坏，补充丢失组件，保证下一次参展的完好。并在布展中检查展台的情况，及时修缮在运输中损坏的展具。

（九）搭建区域：哈尔滨、长春、沈阳、大连、北京、天津、石家庄等（有删减）。

（十）根据2007年展会规模和频次，费用预算为25万元。

四、投标需要提交的文件

（一）设计方案（最多3款）；

（二）服务内容及价格详细报价单（1份）；

（三）项目计划书（包括人员配置、进度安排）（1份）；

（四）附件：

1. 企业法人营业执照（看正本，留复印件）；

2. 经营许可证（看正本，留复印件）；

3. 公司简介，包括组织机构、业务能力、相关从业业绩介绍、人员素质等。

五、投标公司资格

（一）从事展览业务三年以上的展览公司。

（二）有高水准的设计能力和现场管理人员，在规定时间内完成任务。

（三）具备在展览馆制作施工的资质。

六、确定中标时间：2007年8月20日。

七、中标设计方案和施工图纸版权属罗升公司所有。

八、招标单位及联系方式（略）

资料来源：天津罗升企业有限公司

第五节 供应商关系管理

一、供应商关系管理

供应商关系管理（Supplier Relationship Management，SRM），是企业供应链（Supply Chain）上的一个基本环节，它建立在对企业的供方（包括原料供应商，设备及其他资源供应商，服务供应商等）以及与供应相关信息完整有效的管理与运用的基础上，对供应商的现状、历史，提供的产品或服务，沟通、信息交流、合同、资金、合作关系、合作项目以及相关的业务决策等进行全面的管理与支持。

二、供应商关系管理的内容

参展企业在开发和选择出适合自己的供应商之后就应该考虑如何管理供应商，如何维系与他们的关系，从而产生新的生产能力，提升供应环节的价值增值能力。

1．供应商关系维护

从经济学视角看，维护一个已有供应商，比开发一个新供应商的交易成本要低得多。企业对供应商进行管理就是希望通过对伙伴关系的维护，使其自愿地同参展企业高效率地完成产品和服务的供应。

参展企业要以诚信的态度与供应商公平交易。实际上，公平交易本身也是对对方的一种激励，同时它还体现了参展企业与供应商之间公平的利润分配。利润分配形式分为显在的和潜在的两种：双方的交易价格就是一种显在的利润分配；而在实际操作过程中，当供应商遇到困难时，企业对供应商的援助就是一种潜在的利润分配，或者说是一种对供应商的激励，这是一种非常好的维持伙伴关系的举措。

2．供应商关系提升

在企业与供应商的多次合作之后，双方的关系得以提升。彼此合作的伙伴更希望在一种超越交易关系的环境中工作，当这种伙伴关系超越了交易关系而达到相当高的紧密程度时，供应商合作伙伴就会产生一种贡献的意愿和行为。在亲密合作的基础上，供应双方之间共享信息和资源，把各自的核心能力融合在一起，从而产生了创新能力、综合效益及附加价值。

3．供应商关系优化

供应环节的效率和价值增值，是企业与供应商之间基本于长期合作过程而产生的亲密关系所带来的。因此企业应时刻注意与供应商关系的优化。企业应当根据其对供应商的要求，与供应商共同制定采购供应计划，及计划执行情况的考核指标。通过与供应的经常接触和会访等形式，与供应商针对采购供应计划，组织安排生产活动及控制进度，并及时向供应商提出改进意见。

三、供应商绩效评估

对供应商绩效的评估，既是对供应商业绩表现的检验，同时也是对供应商的一种竞争激励，促使他们努力提高业务水平和管理水平，为实现供应链整体绩效的提升做出更大的贡献。另一方面，通过这种阶段性的评估，企业也可以放弃与一少部分供应商的继续合作，从而使合作伙伴的关系结构得以优化。

企业应根据下述指标衡量供应商的绩效：

1．质量水平

包括：提供产品的优良品率、质量保证体系、样品质量、对质量问题的处理。

2．交货能力

包括：交货的及时性、扩大供货的弹性、提供样品的及时性、增减订货应对能力。

3．价格水平

包括：优惠程度、消化涨价的能力、成本下降空间。

4．技术能力

包括：工艺技术的先进性、后续研发能力、产品设计能力、技术问题材的反应能力。

5．后援服务

包括：零星订货保证、配套售后服务能力。

6．人力资源包括

包括：经营团队、员工素质。

7．现有合作状况

包括：合同履约率、年均供货额外负担和所占比例、合作年限、合作融洽关系。

思考题：

1．什么是供应商？什么是供应商管理？

2．供应商的类型？

3．什么是征求信息书（RFI）？为什么要撰写 RFI？通过 RFI 要了解供应商的哪些信息？
4．什么是征求建议书（RFP）？如何撰写 RFP？
5．什么是供应商关系管理？如何进行供应商关系管理？

第九章

现场管理与后续工作

[主要内容]

参展前期的一切准备工作都是为了现场展览展示参展企业的产品或服务，现场展示是企业整个参展工作的最重要的环节，因此现场管理非常重要。展览后续工作是展览工作的延续和重要组成部分，是实现展览目标和价值，最终到达到营销目的的主要工作阶段，参展商应充分重视后续工作。

第一节 展期工作管理

展期工作是指展览会开幕至闭幕这一段时间的工作，是展览工作最重要的阶段，也是正式的展台工作阶段。

一、展台工作的内容

1. 接待客户

理论上讲，要做好所有参观展台的客户接待工作。但如果参观展台的观众过多，应注意把握两点：

第一，注重自邀客户的接待工作。自邀关键客户的接待要无微不至，从接车、引领、洽谈、征求意见都充分体现出参展商企业素质和文化，要以"生意未成先做朋友"的心态对待被邀请的客户。

第二，重点关注主办机构邀请的重要买家和采购团。展会主办方有着丰富的海内外买家资源，为了成功举办展会，展会主办方会不遗余力，尽可能多地邀请重要买家和采购团。平时参展企业是很难有这种直接面对如此众多的买家，因此参展企业应该充分利用这个机会，接待好这些重要客户。

2. 记录

特别设计制作的销售线索记录表应便于现场快速填写。其中不仅包括感兴趣产品、业务类型、采购权限等重要信息，而且能方便被访观众在最短时间内完成（如采用勾选项形式）。

目前展览会都使用电子记录方式。展览会组织者在向目标参观者邮寄邀请函时会附设一份入场卡（磁卡）申请表。参观者填好表格（主要内容是参观者姓名、公司名称、地址、公司行业、规模、参观兴趣等情况）寄给展会组织者，展览会组织者便给参观者邮寄入场卡。参观者也可以在入场前填写表格换取入场卡。参观者进入展览会时在门口刷卡入场。参展商可以免费或交费安装相应的磁卡记录器，参观者在参观展台时，只要在仪器上刷卡就可以留下参观者基本情况记录。

3. 调研

调研的内容有两部分：一是调查观众，了解参观者对产品和服务的意见和建议，询问参观者对产品和服务的需求和要求，以及参观者对市场和发展趋势的看法等等。二是观察其他参展商的展台活动。学习他们是如何介绍、演示和销售。这对本公司的新员工尤其有帮助，因为这能让他们观察行动中的竞争者。调研工作可以委托专业公司做，也可以由展台人员自己做。

4. 资料工作

展台上提供的信息资料扮演着重要的角色。有关信息资料发放中的"什么"、"怎么"、"何时"、"给谁"等都应该仔细斟酌。另外还要尽可能准确估计所准备资料的数量，既不能过多而增加印刷成本，也不能过少而导致信息传递不充分。

通常，展商在展台上要和四类参观者打交道：技术类参观者、管理类参观者、私有/公共领域参观者、媒体参观者。

展商应该为这四类参观群体准备合适的信息资料，例如：一般的小册子，技术传单、产品信息、产品目录、企业快讯、参考单、价格表、新闻稿等。在海外展会上，信息资料应该被妥善翻译成当地的语言或通用的外语。

二、展台工作人员管理

在顾客对参展商形成的印象方面，展台工作人员起着至关重要的作用。展台工作人员一天影响的顾客感知和购买行为比一般的销售人员一两个月内还要多。根据CEIR的研究，很多观众发现在展览现场与展台工作人员的接触并不满意，42%的观众感觉展台工作人员并不明白他们的需求，因为展台工作人员并没有认真听观众的意见。那么为什么展台工作人员不听或不明白呢？事实上很多展台员工并不想到展台来工作，展台工作与他们日常工作完全不同，他们很少具备必要的知识和技能完成展台工作。很多展台员工没有接受足够的信息来做展前准备，很少员工可以获得沟通技巧培训。

1. 形成基本的规章制度

（1）制定排班表

应为每位工作人员合理安排足够的休息时间，以免过度疲劳而厌倦工作。通常，大多数人以最佳状态连续工作的最长时间是2～3小时。排班表应传达到所有组员，以确保每人都随时清楚排班情况。

（2）开好晨会和晚会

每天晨会对当日的工作进行布置，提醒员工该注意的事项，晚会要对当日的工作进行总结。"两会"中要突出决策、培训、协调、沟通、煽情的作用，以营销理念作为指导思想，从而使展会经验进一步积累。

（3）制定基本展台工作规章

纪律是顺利开展展位工作的基本保障。基本展位工作规章通常涉及考勤、服装、证章佩戴、接待区使用、展位饮酒等方面。另外，展台员工不要到其他参展商的展台去；不要在通道上招徕观众，以保证通道交通顺畅；不要打扰其他参展商或观众，诸如大的声音或通告、射向其他展台的刺眼灯光、通道中的激光打扰他人。如果展商有打扰他人的行为，将被观众视为不专业，将可能会影响观众参观公司的展台。

2. 制定激励措施

通过奖励鼓舞士气。设定个人销售线索收集指标，开展良性竞赛，奖励优胜者提供舒适的工作条件。尽量选择展馆附近的宾馆，以免工作人员长距离奔波于宾馆与展馆之间。如果团队人员众多，则应租用专门车辆接送工作人员。应在展位为工作人员准备健康有益的食品及充足的软饮料。表扬奖励。展会后，应及时向团队成员通报展会成绩，同时征询改进措施。以象征性奖励表扬团队所付出的努力，激励他们在下一次参展活动中更加努力工作。在展览现场，展台员工是参展企业最重要的资产。选择合适的展台工作人员，然后对其进行培训，使其具备完成具体目标的知识和技能。通过奖励、认可方式激励展台工作人员，帮助他们理解事件的价值和他们在事件中所起的重要作用。

惠普在参展时，通常会设置一个特殊的登记台，展位工作人员可以从这里领到胸卡、T恤、现场须知等。公司雇请的一位专业会务人员，负责登记台的接待服务，并为展位工作人员提供订餐、向导服务。惠普公司的商务发展和咨询经历 Gishler 认为，惠普公司使自己的展位工作人员享受到"嘉宾"待遇是必要的。因为像惠普这样的巨型企业在参加大型展览时，往往会有 400 多人参与，仅展位工作人员就有 150 人，如何为他们提供"服务"，将直接决定参展效果。

(1) 用知识和培训激励员工

激发员工的一个重要方法是确保展台职员具备合适的知识和技能，确保吸引你的消费者和顾客。这些知识包括：

- 展览布局、内容和演示
- 目标观众
- 目标和衡量标准
- 关键的信息
- 展前和现场营销
- 现场活动、通告和会议演示
- 顾客活动
- 竞争优势和劣势
- 完成目标必要的沟通技巧
- 如何吸引观众
- 如何把观众从展台的某个地方带向其他地方
- 处理问题
- 捕获销售线索信息
- 只有当员工了解观众具体需要才提供相应的信息

如果你认为展台工作人员想当然地知道这些知识和技能，那么你就可能会降低展会成功的概率。大多数展台员工在其日常工作中是没有机会发展这些技能的的。为展台员工提供合适的培训将会帮助他们在展览现场中更舒适、自信和专注。

(2) 用奖励激发展台工作人员

很多公司用竞赛来激发员工，比较典型的是奖励一两个获得最多销售线索的员工。这样的奖励措施往往达不到想要的效果，因为大多数展台工作人员知道他们没机会获得奖励。竞争只有在每个参与者认为都有获胜的机会时才会有效果。所以，如果要使用竞赛这样的奖励方式，要尽可能使奖励直接与具体目标相联系，而且要有不同的奖励水平。奖励最有效果的是方法不是彼此之间互相竞争，而是所有人与一个目标竞争。不要只对取得最好成绩的一两个人进行奖励，而是要设计两三个不同的奖励标准，以有效销售线索的数量来确定不同的奖励标准。设定一个每个展台人员都可能达到的目标作为第一层次目标，这样每个人都知道他们有机会获得奖励。例如，第一个奖励水平是获得 10 个有效的销售线索：任何达到此水平的该水平的展台人员，他们的直接领导（人力资源经理）都会收到展览负责人的一封奖励信，以表扬他们的成绩和为展览成功做出的贡献。第二个奖励水平是20个有效销售线索：这个层次的奖励不仅包括给经理人的表扬信，还有其他展台人员认为有价值的奖励。如果你有20个或更多的展台工作人员，建议可以有第三层次的奖励。设立这些水平将会激发高效益，而且还不会在员工内部产生竞争。通常，达到或超过个人目标的员工同时也帮助同事获得成功。三个层次的奖励最基本方式都是给展台工作人员原来所在部门的经理邮寄感谢信，这主要有两个目的：第一，让暂时离开日常工作的人员被认可其在展台上的工作对公司成功所做的贡献；第二，可以减少不支持展览的或不愿让其下属参加展览的经理，感谢信可以让部门经理认识到其所在部门员工为展览成功所做出的贡献，可以在对员工绩效评价或工资评定时考虑其参展所做的工作。

（3）用认可激励展台工作人员

在每天工作结束后都应该召集一个简短（不超过15分钟）的会议来讨论工作情况，什么工作没做，第二天要做什么变化。采取各种方法认可当天工作突出的员工成绩，如用鼓掌表示对工作成绩突出员工的感谢和敬意，或者在展览开始前就告诉工作人员，当天展览结束后会召开一个简短会议，员工要列举同事所做的工作。

三、现场安全管理

正规的展览会都有一系列的安全规定，包括政府、行业和展览会制定的各种规定。参展商必须认真阅读，并按规定办事。各地展览会比较一致的规定有：展架展板必须经防火处理，照明设备和材料必须符合当地标准，电源必须由展览会指定的公司人员连接，各地展览会对双层式展架要求也很严。

为保证安全，展出者首先要选择使用符合规定的展架道具；其次在施工搭建时，不仅要赶速度，也要注意质量，保证展架道具安装坚固；第三，在展出期间，要有人负责检查展架、设备状态，维护修理展架、设备，尤其是观众多的时候，更要注意。指定人在每天闭馆时检查展台、关闭电源；第四，如果展览会要求展台配备灭火器，就按规定配备；第五，根据条件和需要为展台人员和参观者投保。这常常是展览会的规定之一。注意展台安全不仅是为了防止事故，也是为了保持展台和展台设备的正常工作状态。

展览会上失窃现象比较普遍，因此保卫也应当列为展台工作内容之一。展台保卫主要是两方面，一方面防止展品被盗，另一方面是防止展台记录及其他秘密资料或情报被非法地窃取或合法地套取。

使用封闭式展台是对付小偷的办法之一。如果有贵重但体积不大的展品，可以使用保险箱或闭馆后随身携走。展览会多设有晚间保险设备，展出者可以联系使用。太贵重的展品可能需要雇佣专业警卫，另外要保险。

展览会是合法和非法地收集情报的地方。竞争对手或间谍可能会采用合法、不合法的手段收集信息尤其是公司秘密。对此，展台人员应有必要警惕性。不能只有热情而不用头脑，为了吸引更多的潜在客户而泄漏公司秘密。由于许多情报是在交谈中被套出来的，因此要明确禁止、限制透露公司的一些情报，比如企业正在研制的产品、企业的市场战略等无论如何不得向外透露。

第二节 展后工作

展览会闭幕后，参展商进入展后工作，即从展览会闭幕到展台人员及展品全部撤出展览场地之间需要做的工作。展后工作包括展品和展具的拆除和运输、统计、总结、结账等工作。一些后续工作也可在此期间完成。

一、撤展

撤展工作包括展品处理、展架拆除、道具退还、回程运输安排等工作。撤展既不要提前，也不能推迟，由展台经理或指定人员办理。

撤展的主要工作之一是展品处理。展品处理的方式一般为：出售、赠送、销毁、回运。出售是指展品出售给观众。在零售性质的展览会上，展品往往也是卖品直接销售给参观者，参观者付款后可以立即取走。在贸易性的展览会上，展品售出后，买主往往不能立即取走展品，一般需要等展览会闭幕后再取；赠送一般是指展出者将展品赠送给客户或重要人物；销毁通常是一些价值不太大，展出者不想出售也不想回运的展品。销毁通常需要人证在场；回运是指展出者将展品运回展出者所在地。如果在同一行政区域或同一税区，展品处理涉及的费用比较简单，甚至可能不产生费用。但是在非同一征税区域展出，展品处理方式不同会使展出者缴纳不同的税额，因此，展出者要明确展品处理方式。

展品从展架、展台上取下后，就可以开始拆除展台撤走展具。如果展出者使用的是租用标准展台或委托施工的展台，就可以不考虑展台拆除问题，由展览会或施工公司考虑。如果是展出者使用自己的材料自己动手搭建展台，就要考虑自己再动手拆除展台，并事先安排计划好拆除人员和工作。如果是国际展览，就有结关问题，一方面要与海关建立良好的关系；另一方面要按规定办理手续。有时展出者在结关工作结束前就会离开展出地，将有关工作留给运输报关代理办理。这就需要将有关单证办理准确无误。

撤展期间，展台经理或指定负责人要确认所租借物品包括办公用品、道具、花草、电气设备等全部归还原主，避免产生额外费用，并及时索回押金。

二、后勤

后勤是扫尾工作。首先要结账，支付所有应付未付的费用，如住宿、膳食、交通、场地、道具、电话、水电、花草、人员补贴等；其次在时间和经费允许的情况下，可安排展台人员游览、购物；最后是安排展台人员返回原地。

第三节 后续工作

展览后续工作是展览工作的延续和重要组成部分，是实现展览目标和价值，最终到达到营销目的的主要工作阶段。企业参展最主要的目的是了解市场、接触客户，而实现交易则是一个复杂的过程，需要发展、巩固客户关系，引发客户对产品的购买兴趣和意向，需要洽谈产品、性能、包装、价格、购货时间、支付条件等。越复杂的产品、越大的合同，所需的谈判时间就越长，参展商应该充分认识到后续工作的重要性。

一、后续工作的内容

展览后续工作的主要内容是巩固、发展客户关系，推销产品和服务，洽谈贸易，签订成交合同。美国著名展览专家艾伦·可诺派奇博士(Allen.Konopachiph)建议展出者将预算的 15%～20%用于后续宣传和后续工作，并在准备展览时就计划后续工作，而不是在展览会闭幕后才考虑后续工作。要明确负责后续工作的部门和人，一般情况下，展览部门不负责展览后续工作，而由销售、技术部门负责。

1. 更新客户名单

客户是公司生存发展的重要因素，一般分为两类:现有客户和潜在客户。现有客户是有实际贸易关系的客户，要保持、巩固、发展与这些客户的关系；潜在客户是还没有贸易关系，但是通过努力有可能成为客户的公司或机构。接触潜在客户，发展和潜在客户的关系是展览会工作和展览后续工作的重要和主要任务。

通过展览会期间的接触，以及展览会之后的后续巩固和发展工作，一些潜在客户能成为实际客户。但与此同时，也有可能失去一些现有客户，公司客户的名单可能会有所变化，因此要编制、调整、更新客户名单，并根据名单的变化分析、发现和调整对客户工作的方向和投入，调整宣传、广告、公关、展览工作的重点和方式。

2．发展客户关系

贸易展览的重要任务是发展客户关系，包括巩固现有客户的关系和发展潜在客户的关系，尤其是后者。潜在客户往往意味着公司的未来发展希望，但是由于展览会时间短、客户多、展览接待工作大多是尽可能多地接触和认识客户，而展览会后则要加深与客户的相互了解，建立相互信任关系，将认识关系发展成伙伴关系和买卖关系。

3．促进贸易成交

推销产品和服务、洽谈签订合同是展览的最终目的。在展览会期间，向现有客户推销老产品和服务可以比较迅速，可能在展览会期间签约。但是，向现有客户推销新产品和服务，向潜在客户推销任何产品和服务，并进行贸易洽谈都可能比较费时，需要在展览会之后继续努力。

展览后续工作的主要内容之一是将已开始的贸易谈判续下去并争取签约成交，或者向已显示出购买兴趣的客户继续做工作，引导其购买意向，并争取洽谈成交．展览后续工作要注意时效性。

二、后续工作的方法

1．工作线索

后续工作的主要依据和起点是展台记录。展台人员会接触很多客户:只留下名片的客户、交谈过的客户、表现出兴趣并索取报价的客户、表示要订货并开始谈判的客户，等等。这些应当按标准规格详细记录，以获取客户的一些信息很重要，诸如成立年份、雇员人数、年营业额、银行名称和地址、财政状况及信用等级、其供应商和最终用户名称等。

但是在展台接待中往往很难收集到这些信息，因为展台人员及参观者都非常繁忙，没有足够时间询问和记录，或者参观者本身可能并不掌握这些情况，尤其是大公司的雇员。另外，如果问得太细，可能引起参观者的不快而不愿意继续接触交谈。因此，如果能收集到最好，如果不能，就在后续工作时进一步收集。这些信息是判断客户的依据。

2．工作方式

（1）邮寄资料、物品

如果在展台上向客户许诺邮寄资料、样品、报价、回答问题等，要认真履约。美国对展览会期间和展览会之后参展企业寄发资料的结果作了调查，发现

以下现象:

第一份资料(从展台上得到) 1 周内 8%的参观者阅读;
第二份资料(参展企业邮寄) 45 天内 13%的参观者阅读;
第三份资料(参展企业邮寄) 90 天内 17%的参观者阅读;
第四份资料(参展企业邮寄) 5 个月内 21%的参观者阅读;
第五份资料(参展企业邮寄) 8 个月内 25%的参观者阅读;
第六份资料(参展企业邮寄) 11 个月内 28%的参观者阅读;
第七份资料(参展企业邮寄) 14 个月内 33%的参观者阅读。

另一份由英康姆调研公司做的调查显示,由参观展览会导致的实际成交有 20%是在展览会之后 11~24 个月之间达成的。由此可见展览后续工作以及后续寄发资料工作的频率对成交有着相当大的作用。

(2) 邮寄感谢信

向所有参观了展台的客户邮寄感谢信。感谢信应当有负责人亲笔签名。还可以向未能参观展出的重要客户邮寄感谢信。可以利用电话、传真、邮件等方式与客户保持联系。

(3) 登门拜访

参展商可以派遣推销员专程拜访客户,继续深入做工作。

(4) 刊登广告

参展之后的广告主要以感谢为主题,内容包括后续工作。

思考题:

1. 展台员工的工作内容有哪些?
2. 如何激励展台员工?
3. 展品处理有哪几种方式?
4. 后续工作包括哪些内容?应如何做后续工作?

案例 1　当观众等待时

在展会上经常会出现观众排着长队等待听一个展览的演讲,或是人人渴望观看的新产品演示,又或者是等待与参展公司员工一对一的面谈。没有人喜欢等待,但当你举办任何展台活动或演示、举办会议或是分发令人垂涎的免费赠品,等待则不可避免。哈佛商学院教授 David Maister 认为,"占用的时间要比空闲的时间过得快"。所以,当观众处于等待状态时,参展商应知道如何减少他们感知到的等待时间,给等待的观众一个愉快的经历。

队列中的娱乐

电视是最根本的吸引注意力的工具，因此参展公司经常在观众等待时用电视提供娱乐。参展商也会在展览时安置等离子电视为等待中的观众提供娱乐节目。例如在2006年拉斯维加斯国际消费电子展（CES）上，观众急切地等待了将近30分钟想一睹宏达汽车公司（Honda Motor Co.）机器人技术的展示。为了让观众在等待的时间里有事可做，宏达公司用几个等离子显示器吸引观众的注意力。除了5分钟关于宏达机器人研究历史的展示，显示屏上还循环播放公司新的电视广告，充分利用了观众等待的时间。

时尚设计公司House of Dereon2006年在拉斯参加魔幻市场时也采用了类似的方法。在完全封闭的展览中，观众在一个紧邻注册台的预定区域等待会见。一个42英寸的等离子屏幕挂在注册台后的墙上，上面播放着该公司历史的展现其创造力的视频。

与观众交谈

根据Maister的理论，与等待客人的接触及交谈所带来的注意力的转移，可以减轻客人的焦虑并让他们感觉到他们已经接受到服务。Wyeth Pharmaceuticals和Amgen Inc.在2005年美国参加美国风湿病学院科学会议（American College of Rheumatology Scientific Meeting）准备联合展览时就充分利用了Maister的理论。他们受欢迎的演示吸引了2100名观众前来观看，很多人为了在一个多媒体和多感官的剧场里观看一个3分钟的演示要等30多分钟。

公司充分利用观众等待时间，销售代表们在此时就会与观众沟通，向他们介绍产品的信息。例如，销售代表会分发"节目单"，上面有各种产品的详细信息。另外，他们与等待的观众交谈。二三十分钟的等待是很长时间，但队列中的等待观众往往是容易接近的，而且愿意与销售代表交流关于产品的信息，这是参展公司应该充分利用的机会。

迪斯尼的分散注意力的方法

沃华特迪斯尼乐园应该是队列管理的大师。在迪斯尼乐园中的等待区域有和娱乐部分一样的装饰物和吸引物，这让在排队等待玩游戏的观众会觉得排队也是娱乐的一种形式，并享受等待的过程。任天堂北美公司（Nintendo of America Inc.）在2006年美国电子娱乐展（Electronic Entertainment Expo，E3）商的队列管理技巧与迪斯尼有异曲同工之处。观众为进入任天堂的展台需要排队等待4.5个小时。为了让观众在等待过程中有事可做，任天堂沿着外部展示墙的垂直方向安置了4台61英寸的等离子屏幕。每个等离子显示屏都有双向的交互视听效果，队列中的观众能够看到和听到彼此，并可以相互交谈，就像视频会议。任天堂展台员工也经常会穿梭于队列中，问一些关于任天堂产品的问题，还寻找带有任天堂产品纹身的观众，并把他们带到队伍前面。公司还会安排媒体代表随即采访队列中的观众，使等候区成为了任天堂产品爱好者的一个社交场所。

休息室（等待室）

可以用两种简单的方法来占用观众的时间：书面工作和阅读材料。想象在医院、沙龙甚至是汽车修理商店都会有各种杂志、手册或者类似的东西，都是试图占用你的时间。

无论你使用什么方法充实观众的等待时间，都不能让等待时间变成浪费的时间，要让你的观众认为等有所值。

思考题：

1. 如何进行观众的管理？
2. 如何使观众等待的时间转变成企业营销的机会？

案例2 展会上的免费赠品：大头小人偶

理查德森（Richardson）公司经历过20世纪90年代的成功，但由于市场方面的努力很少和有限的技术发展使该公司开始停滞不前。虽然2001年参加的ASTD展完成了既定目标，但Brodo知道公司需要做更多的工作来推进其网络培训项目，Brodo开始寻找可以提高公司品牌知名度的独特并有纪念性的载体，可以吸引观众源源不断地来到展台。在公司的头脑风暴会上，大头小人偶的形象创意被团队采纳。但是单纯的免费小人偶赠品是不足以增加品牌知名度的，除非免费赠品可以展示、说明Richardson公司的产品、服务。

小人偶是理查德森持续5年的参展传统，该公司的销售线索在2005年达到1100个（比2001年增长1367%），在2006年由于战略经历从量到质的转变使销售线索出现轻微下降。42000美元的活动使A级销售线索增加了1718%，并且获得2个主要客户价值350万美元的订单，还有35个新客户，同时提高了品牌认可度。

Brodo和他的团队为2002年ASTD展览会制定了具体的目标，希望提高品牌知名度并产生100个销售线索，比2001年增长25%。

2002：可信任的顾问

该公司的主要工作是传递公司核心培训产品和服务的信息。公司没有设计一般的销售人员的小雕像，而是用"可信任顾问"选择把销售过程中具体的方面形象化。销售顾问是大多数销售人员想成为的一个角色，销售人员并不是仅仅向顾客销售产品，而是想与顾客建立稳固的关系。

理查德森与 AGP 公司合作明确设计细节。可信任的顾问应该是是一个大小合适的男性，手中拿着公文包，微笑着，随时准备回应顾客的需求，一个老练的专家。Richardson 生产了 500 个小人偶。

当在生产"可信任的顾问"时，Brodo 和他的团队设计并向顾客发了解释公司所提供服务的信件，公司在展览上的特点、展台的位置、观众如何注册以赢得营销人偶。人偶的原形被印在信封上，在 2002 年 ASTD 展览开始之前两个星期邮寄给预先注册的 2000 名观众。一个星期后，Richardson 又把同样的信息用同样的形式再次给观众发了信件。

口碑效应迅速扩散，很快就有观众在展台前排队。在展览结束之前，Richardson 员工已经分发了 500 份 bobbleheads，并回收了 200 多份销售线索，2 倍于公司的展前期望，比上年增长了 166%。

2003：双赢谈判专家

由于 2002 年采纳小人偶取得巨大成功，Brodo 承诺将在 2003 年 ASTD 展会上创造一个新的人偶，并用于营销公司新的产品，寻求能够把人偶与在展览上发布的新产品结合起来的方式。2002 年 Richardson 公司开发了一门销售谈判的网络课程，所以 Brodo 和 AGP 就设计了一个"双赢谈判专家"的小人偶来吸引观众的注意力。2003 年 Richardson 生产了 1000 个人偶，并把展位扩大为 200 平方英尺。

Richardson 又在展会之前邮寄信件和邮件，告知目标顾客公司的产品及展位。2003 年的销售线索也取得了巨大的增长。

2004：呼叫中心代理

2004 年 Richardson 开发电话销售呼叫中心项目，这次 Brodo 设计了一个冷峻的人偶，更可能吸引年轻的观众。实践证明，Richardson 的小人偶是受欢迎的而且有效的。

2005：勘探者

在2005年，Richardson设计了勘探者人偶，以表示其近期发布的网络勘探项目。Brodo决定让AGP生产一个女人偶以吸引更多的女性来到Richardson公司的展台。2005年比2001年的销售线索增长了1367%。

2006：销售教练

2005年虽然取得了骄人的业绩，但Brodo对销售线索的质量以及花在与展台观众面对面交流的时间方面并不是完全满意，所以在2006年Brodo增加了人偶在提高销售线索质量的方面的效果。Richardson的展台员工需要观众回答与销售有关的问题来赢取销售教练的人偶。问题并不难，只是通过问题来增加展台观众中销售教练和管理者的比例，因为这部分观众才是Richardson真正的目标观众。另外，还想借此来平静现场的气氛，提供更多与潜在顾客面对面交流等机会。虽然2006年销售线索有所下降，但却实现了由量到质的转变。

总结

在过去的五年中，Richardson在销售培训领域从默默无闻到排名第三的最被认可的品牌，应该说小人偶在其品牌提升方面起着重要的作用。并不是所有人都相信像小人偶这样的免费赠品会起到激发观众兴趣、维持品牌忠诚度的重要作用，但Richardson的创造性地运用人偶形象地表达了公司为客户提供的产品和服务，给观众留下了深刻的印象。Richardson的两个重要客户告诉Brodo，如果没有小人偶，他们可能永远不知道Richardson公司。

思考题：

1. 参展商在展台上发放赠品的作用？
2. 应该如何选择赠品？
3. 应该如何利用赠品吸引观众？

第十章
参展绩效评估

[主要内容]

参展绩效评估和总结是展览营销的重要一环。本章首先介绍以结果为基础的控制系统和以行为为基础的控制系统，然后从参展行为和参展结果两个方面细化参展绩效评估指标，最后简述了参展工作总结的作用和内容。

参展的企业越来越多，展出的规模越来越大，而且参展的一般观众及专业观众也越来越多。但是，成本在上升，参展效果却不明显或在下降。主要原因除了参展目标不明确外，还有一个重要原因就是展商不知道如何评价参展的效果。也就是说，缺乏量化的具体指标与评价工具。在展会评估方面 IBM 公司每年都要用掉几百万美元的资金。企业会议或活动之所以能够不断成长；还是因为这些会议活动能够制和增强客户的体验。但是这些会活动的合作方和参会人也必须能看到会议的可衡量的价值。比如 RSA 大会，如果他们没有独立的会议审计公司来确认自己的吸引力和价值，微软和 Symantec 等大公司也就不会成为这个会议的固定赞助商。

第一节 展览绩效的控制系统和绩效维度

美国一项结果显示，美国参展公司对展览会常使用 34 种评估标准，其中 16 项被普遍认为非常重要。这 16 项标准可以归为 4 类，即参展企业质量、参加数量、展出位置和展出管理，如表 10-1 所示。但对展览绩效评估是一个系统工程，需要从参展行为到参展结果进行全方位的评估。研究表明，展览绩效的控制系统和绩效维度包括"行为"和"结果"两个维度。

表10-1 贸易展览会评估标准

种类	项目	重要性排序
参展企业质量	参展决策者的比重	1
	目标市场观众的比例	2
	展览会的专业性	8
	潜在客户的数量或比例	9
	筛选参展企业	15
参展企业数量	参展企业数量	3
	展览会组织者的宣传规模	5
	展览会参观者在过去几届的数量	6
展出位置	展出位置	4
	可以选择展出面积/位置等	7
	走道观众流量	13
管理	可预先登记程序	10
	安全保卫	11
	展品运进、返出的手续	12
	运进、运出设施	16

一、展览绩效的控制系统

展览把一些直接销售因素（如结果）和其他市场营销和相关活动（如行为）结合在一起，通常管理者都有行为和结果目标。因此运用控制系统哲学，展览绩效的构建就在于结果基础和行为基础两个方面，但很多控制系统是这两种方法的综合，既包括行为基础也包括结果基础战略(Churchill et al., 1993)。

1. 以结果为基础的控制系统

在这个系统里主要使用衡量结果的直接指标来评估销售，而不是用销售人员用来达到目标的方法来衡量。Cavanaugh (1976)把重点放在和展览活动有关的指标上，如参观展台观众的数量、领导者数量、平均观众成本、平均领导者成本。Gopalakrishna and Williams (1992) 使用销售线索产生效率来衡量展览绩效。Williams et al. (1993) 也使用展台吸引力和展台联系衡量绩效。

2. 以行为为基础的控制系统

在这个系统中，使用主观和更复杂的方法而不是销售结果来评估销售。Kerin 和 Cron (1987)认为，把传统的销售产量指标作为很多公司的展览绩效的衡量指标是有问题的。也就是说，如果参展商大部分的活动是行为导向而不是销售导向的话，和销售相关的衡量指标就不是最合适的。行为是指人们做什么，在这个系统中，更强调过程而不是结果。促进销售，或者说在展览中展台人员的行为将成为企业市场战略的一部分。这可使管理者去除那些因使用简单产出衡量方法而导致的不公平(Anderson and Oliver, 1987)。

表 10-2 展览绩效构建维度

以结果为基础的维度	以行为为基础的维度
销售相关活动	◆ 收集信息 ◆ 提升形象 ◆ 动机活动 ◆ 建立关系

二、衡量展览绩效的指标维度

1. 以结果为基础的维度

以结果为基础的维度主要是指销售相关活动，包括所有现场销售和展后销售。在早期的展览绩效模型中，评估与销售相关的活动是非常显著的。Carman（1968）和 Bonoma（1983）重点研究直接销售和在展览上推介新产品。Cavanaugh（1976）列出了几个与销售相关的活动，Kerin and Cron（1987）把推介新产品、现场销售、新产品测试等确定为展览维度。和销售相关的其他活动可以在如下文献中找到：获得线索、发展潜在客户、邮寄产品名录(Belizzi 和 Lipps，1984；Cavanaugh，1976；Morris，1988)；加速对比、谈判进程 (Bello and Barksdale，1986)。这些早期文献说明可用不同类型的结果来评估展览绩效，把这个同样的逻辑延伸，则说明展览绩效框架同样也包括行为相关维度。

2. 以行为为基础的维度

（1）收集信息

包括收集所有竞争者、消费者、产业趋势、展览上新产品的信息。展览文献把市场调查和信息收集作为潜在参展商的目标(Belizzi 和 Lipps，1984；Cavanaugh，1976；Kerin 和 Cron，1987；Makens，1988)。观察竞争者都在做什么的机会也被视为信息收集活动（Hansen，1996；Rothchild，1987；Shust，1981）。Sharland 和 Balogh（1996）认为在交易费用分析方法里，在展览上收集信息可以帮助管理者做出关于市场、财务、生产政策和项目的战略决策。另外，展览上的相互交流可以帮助公司选择更好的贸易伙伴，减少法律和合约成本，并帮助管理者判断业务中哪部分该舍弃，哪部分该坚持。在贸易和国际展上对信息收集认可度的增强使这个维度成为展览绩效框架中非常重要的因素。

（2）提升形象

提升形象包括所有在展览上提升形象和信誉的活动。国际展是一个大的产业聚会，参展的一个重要目标就是让观众产生对产品的兴趣，另一个期望则是构建企业形象和信誉(Belizzi 和 Lipps，1984；Smith，1998)。作为市场交流工具，广告和展示功能则是本框架中第二项与行为相关维度的因素。Bonoma（1983）总结在竞争者、消费者和产业中保持形象是展览服务的市场交流功能。Barczyk et al. (1989) 区分了三种提升形象的动机：第一是竞争压力（比如一个企业参加展览是因为竞争者参加了展览）；第二是顾客期望（如顾客期望企业参展，如果企业不参展，顾客则可能把这解释为公司陷入困境）；第三则是形象问题（如企业把展览作为在市场范围内创造并巩固形象的工具）。通过对英国机械企业的调查，Shipley et al.（1993）的研究表明企业参展树立定性的非销售目标，所记录的目标均值最高的是提升企业形象。

（3）动力活动

动力活动包括所有维持和提高企业员工和客户动力的活动。现有的展览文献研究没有重点关注参加展览的动力活动方面。Hansen（1996）的研究表明，提高或维持员工和客户动力对于国际展上的参展商来说是相当重要的。Carman（1968）强调参加国际展是鼓舞当地销售代表的一个重要方法，尤其当制造商的销售代表作为展台工作人员时，这是总部给销售代表关注的一个方式。Barczyk et al. (1989) 表明企业参展的动力是销售力量的促使（例如，企业把展览作为增强企业销售力量精神的工具）。Shipley et al.（1993）、Shoham（1992）、Witt 和 Rao（1988）也表明展览能被用作培训和激发销售力量。与地区展和全国展相比，国际展动机维度更清晰。国际展的参加者可以有机会与外国客户会见并交流。因此，展览绩效维度框架的一个重要方面就是动力，至少在国际展的绩效框架中应该包括这方面。

（4）建立关系

建立关系包括所有与已有客户维持和发展关系并与新客户建立新的关系的活动。Witt 和 Rao（1989）强调需要深入研究展览在建立买卖关系方面的价值。Hansson (1982) 强调当在买者和卖者之间存在地理和文化距离时，展览在社会层面上的交流就是重要的。对于国际展商的买卖双方来说这个特点尤其重要。欧洲国际展的许多展台都有自己的会议室和休息室，还给参观者提供饮料和快餐（Tesar，1988），这将鼓励参观者在他们参观的展台上花费大量的时间，可延长交流时间（Rice，1992）。Smith (1998)在一个案例中发现展览参与者在建立联系方面表现出极大的成功。在展览文献中有很多建立联系的变量,包括与已有客户保持和发展关系(Bonoma,1983;Carman,1968;Kerin 和 Cron, 1987; Kijewski et al., 1993; Seringhaus 和 Rosson, 1994),与新客户建立联系(Herbig et al., 1993; Sashi 和 Perretty, 1992; Shipley et al., 1993; Tanner 和 Chonko, 1995),与一些平时不容易接触到的关键决策人会面的机会(Shust, 1981; Witt 和 Rao, 1989),以及与消费者建立个人联系(Lilien, 1983; Morris, 1988)。

三、总结

根据产业组织理论,企业行为会决定企业绩效,而企业绩效也会影响企业行为。Anderson and Oliver (1987)认为,行为基础控制系统更多的依靠展览经理的监督、指挥、评估和奖励员工,因为这个系统评估的是投入,这更主观,衡量指标也更复杂;结果基础控制系统主要依靠员工产出。二者的区别见表10-2。

第一,以行为为基础的控制系统中展览员工拥有更多的产品和公司知识,整合营销技能及专业竞争力,而以结果为基础的控制系统中员工在这些领域中则拥有较低的能力;

第二,行为基础论也被认为是员工在对企业的义务方面有更积极的态度,更接受指挥和控制,有更多的团队合作精神。行为基础控制系统的内在固有的或同行认可的动机更高一些,而结果基础控制系统中的员工则有利己主义并对企业缺乏忠诚度;

第三,行为战略中员工是消费者导向的,他们花费更多的时间在非销售活动上,并公开销售技巧。而结果基础控制系统则被认为是隐藏销售技巧,更低的消费者导向,更多的时间花费在销售活动上;

第四,行为基础控制系统在达到企业长期市场目标并为客户需要服务方面达到更高水平的绩效,而结果基础控制系统则在达到在展览上的销售目标和其他产出结果方面达到更高水平的绩效。

表10-3 连接展览绩效的结果和行为控制系统的建议

	结果为基础的控制系统	行为基础的控制系统
控制系统战略	对展览员工没有监督、很少的指挥,以客观且简单的结果衡量指标来评估(如现场销售额)	展览员工被密切监督、指挥、以主观且复杂的投入为基础的衡量指标来评估
能力	展览员工拥有较少的产品和公司知识,整合营销技能及专业竞争力	展览员工拥有更多的产品和公司知识,整合营销技能及专业竞争力

续表

	结果为基础的控制系统	行为基础的控制系统
动机	所有的风险和收益都由展览人员承担，导致利己主义并缺乏对企业的忠诚	参展企业的利益是第一位的，展览员工规避风险。通过积极的监督，可以加强企业和员工之间的交流
行为战略	鼓励在展览上应用"封闭"式的销售技巧来销售	消除现场销售的压力，鼓励为消费者提供良好服务以保证连续性消费。
展览员工绩效	员工把重点放在短期绩效（如现场销售）	员工将接近企业的长期市场目标并为客户需要提供服务

第二节　参展绩效评估的具体内容

参展商参加会展是要付出成本的，因此，每次参加完展会之后，参展商都会对当次会展进行评估，计算成本收益，决定今后是否继续参展，如果继续参展的话还可以利用评估结果对未来参展提出建设性的建议。前面已对展览绩效的控制系统和绩效维度进行了理论上的分析，下面将从展览行为和展出结果两个方面给出参展商评估的具体内容和指标。通常情况下，评估工作是由参展公司独立完成的，但有时也会委托给专业的评估公司。

一、展览行为评估

展览工作的评估内容有定性的内容，也有定量的内容，评估的主要目的是了解展览工作的质量、效率和成本效益。主要评估工作包括会展的前期筹备工作以及现场管理工作。对会展前期筹备工作的评估内容主要包括：展会所确立的展览目标是否合适、展会宣传是否到位、展台人员的工作态度、展台整体工作效率、展品的制作运输情况、管理工作情况等等。

1. 有关展出目标的评估

参展公司依据本公司的经营方针和战略、市场条件、展览会情况等，评估展出目标是否与自身情况相符。

2. 有关展览效率的评估

展览效率是展览整体工作的评估指数，评估方法有多种，其中一种是展览人员实际接待参观客户的数量在参观客户总数中的比例；另一种是参展总开支除以实际接待的参观客户数量之商。后一种方法也称作潜在客户的平均成本，这是一种非常有价值的评估指数。只要有足够的开支，参展公司可以接触到所有潜在客户，但是这里要注意，应当用最少的开支达到这一目的。这一指数可以直接用货币值表示，比如接触一个潜在客户的开支为 200 元。

3．人员的评估

人员评估包括展览人员和其他人员评估两个方面。展览人员的表现包括工作态度、工作效果、团队精神等方面，这些不能直接衡量，一般是通过询问参加过展览的观众来了解和统计。另一种方法是计算展览人员每小时接待观众的平均数，美国展览调查公司曾作过一项调查，该调查指出，如果一个展览单位的评估结果显示表现差的展览人员超过工作人员总数的 6%时，就应当采取措施提高展览人员素质。

其他人员评估。其他人员评估包括展览人员组合安排是否合理，效率是否高，言谈、举止、态度是否合适，展览人员工作总时间的长短，展览人员工作轮班时间是否过长或过短等。

4．有关设计工作的评估

定量的评估内容有展台设计的成本效率、展览和设施的功能效率等。定性的评估内容有公司在展会上的形象如何，展会资料是否有助于展出，展台是否突出和易于识别等。

5．有关展品工作的评估

这项评估工作的内容包括展品选择是否合适，市场效果是否好，展品运输是否顺利，增加或减少某种展品的原因等。这种评估结果对市场拓展会有一定的参考价值，比如，通过评估可以了解哪种产品最受关注，在以后的展出工作中就可予以更多的重视，相反，对那些不受关注的展品则应考虑不再展出。

6．有关宣传工作的评估

包括宣传和公关工作的效率、宣传效果是否比竞争对手吸引了更多的观众，展会资料散发的数量等。另外，对新闻媒体的报道也要收集、评估，包括刊载（播放次数、版面大小、时间长短）、评价等。

7．有关管理工作的评估

包括展览筹备工作的质量和效率，展览管理的质量和效率，工作有无疏漏，尤其是培训等方面的工作。

8．有关开支的评估

展览开支是另一个争论比较多的评估内容。对于绝大部分参展公司，展览只是营销过程中的一个环节，因此，展览直接开支并不是展览的全部开支，展览的隐性开支可能很大，准确计算比较困难。但即便这样，对参展开支仍要进行评估，因为这是计算参展成本的基础。

表 10-4　展出成本详表

展出成本	
展览目标	（包括成效、接待客户等）
	接触潜在客户的平均成本
	与潜在客户建立联系的平均成本
	签订合同的平均成本
非展览目标	（包括扩大影响、提高形象。市场调研等）
	散发资料（包括直接发函）或用品的平均成本
	音像放映、表演的平均成本
	新闻报道平均成本（可以以每一次报道或每千字为单位）
	广告平均成本（可以以报刊面积或电视、电台的播放时间为单位）
	研讨会出席人员平均成本
	了解竞争对手情况平均成本
	参加（展览会组织者劳动保险展览单位组织的）研讨会的平均成本
	调研报告的平均成本

9. 展览记忆率评估

能反映整体参展工作效果的专业评估指数是展览记忆率，它是指参观客户在参加展览后 8～10 周仍能记住展览情况的比例。展览记忆率与展出效率成正比，反映参展公司给参观客户留下的印象和影响。记忆率高，说明展览形象突出、工作好；反之则说明展览形象普通、工作一般。记忆率低的原因主要有：展览人员与参观客户之间缺乏直接交流，缺乏后续联系，参展公司形象不鲜明，所吸引的参观客户质量不高等。

二、展出结果评估

展览效果的评估既是对该届展会的一个总结，也是为企业下一次参展提供的有效借鉴。有关展览效果评估的争议比较多，主要是对工作项目与工作成果之间关系的理解不同，因此，效果评估工作比较难。但是参展企业仍应尽力做好展览效果评估同，同时不要将评估结果绝对化，以免造成以偏盖全。对展览效果评估的内容包括：

1. 参展效果优异评估

如果参展接待了 70% 以上的潜在客户，客户接触平均成本低于其他展览的平均值，就表明展览效果优异。

2. 成本效益比评估

成本效益也可以称作投资收益，评估因素比较多，范围较广。评估时可以用此次展览的成本与效益相比，用此次展会的成本与前次类似展会相比，用效益与前次或类似展会相比，也可以用展出成本效益与其他营销方式相比，等等。

一种典型的成本效益比是用展览总开支比展览成交总额[1]，要注意的是这个成本不是产品成本而是展出成本。这个值越大说明展出效果越好。

另一种典型的成本效益比是用开支建立新客户关系数。由于贸易成交比较复杂，用展览开支比展览成交额不容易准确计算，而与潜在客户建立关系是展览的直接结果，因此与客户建立关系意味着未来成交，因此，可以把与潜在客户建立关系作为衡量展览投资收益的基础。

3．成本利润评估

成本利润评估法从另外一种角度对展览效果进行评估的方法，这种方法认为对展览效果的评估不应该只局限于对成本和成本效益的计算，同时还应该计算成本利润。比如，签订买卖合同，先用展览总开支除以成交笔数，得出每笔成交的平均成本[2]；再用展览总开支除以成交总额，得出成交的成本效益；最后，用成交总额减去展览总开支和产品总成本，得出利润[3]，再用展览成本比利润，即成本利润[4]。利润、成本利润的值越高，展出效果越好。这种方法得出的结果可以作为参考内容，但是却不可以作为评估的主要内容。因为如果某企业以建立新客户关系为主要出发点参加展会的话，则不存在利润或利润很少，因此，成本利润法不能做为单独的评估依据。

4．成交评估

成交评估分消费成交和贸易成交。消费性质的展览会以直接销售为展出目的，因此，可以用总支出额比总销售额。然后用预计的成本效益比与实际的成本效益比相比较，这种比较可以从一方面反映展出效率。

贸易性质的展览会以成交为最终目的，因此，成交是最重要的评估内容之一，但也是展览评估矛盾的焦点之一，许多展览商喜欢直接使用展出成本与展出成交额相比较的方法计算成交的成本效益。但要注意这是一种不准确、不可靠的方法，因为有些成交是由于展览而达成的，而有些成交却是不展出也能达成，更多的成交可能是展览之后达成的，因此要慎重作评估并慎重使用评估结论。

对成交评估的内容一般有：销售目标达到没有、成交额多少、成交笔数多少、实际成交额、意向成交额、与新客户成交额、与老客户成交额、展览期间

---

[1] 成本效益＝展览总开支/成交总额
[2] 平均成本＝展览总开支/成交笔数
[3] 利润=成交总额－（展览总开支+产品总成本）
[4] 成本利润=利润/展览成本

成交额、预计后续成交额等等，同时这些数据还可以交叉统计计算。

5. 接待客户评估

这是贸易展览会最重要的评估内容之一，主要包括：

（1）参加展览的观众数量，这一数量还可以细分为接待参展企业数，现有客户数和潜在客户数；

（2）参加展览的观众质量，可以参照展览会组织者的评估内容标准，分类统计观众的订货决定权、建议权、影响力、行业、地域等，并按自己的实际情况将参展企业分为"极具价值"、"很有价值"、"一般价值"和"无价值"四类；

（3）接待客户的成本效益，尤其是与新客户建立关系的成本效益是最重要的评估内容。它是此次展览与前次展览相比较、展览方式与其他推销方式相比较的重要标准。计算方法是用展览总支出额除以接待的客户数，或所建立的新客户关系数。

观众质量指标也可用潜在顾客数、净购买影响、总的购买计划和顾客的兴趣因素值等指标来表示。潜在顾客是指在参观中对公司产品/服务很感兴趣观众的比例。显然，这是一个预展效果评价指标，对于选择参加哪个展会这个指标核能很关键；净购买影响，即最终声称购买、确定购买或推荐购买展出产品的一种或多种的观众比例；购买意向或总的购买计划，即在参展接下来的12个月内计划购买一种或多种展出的产品的观众比例；观众的兴趣因素值，即参观者至少参观20%的感兴趣展位观众在总的观众中所占比例。一般地，展会限定的范围越窄，观众的兴趣因素值越高。研究表明，展会规模的大小与这个取值的大小成反比。虽然某展会吸引更多的展商，增加了更多的空间，然而观众的兴趣值却下降，因为参观者不会按比例增长地参观展览。

6. 人流密度指数

这是指参加展览会观众的平均数量。如果每10平方米有3.2个参观者，指数就是3.2。一般来说，综合性的消费展览会观众人数多，密度大。但专业性展览会则不会太拥挤。

7. 调研评估

这种方法是参展商在展出后针对市场和产品进行调研，即通过展会对新产品或市场有没有新的了解，有没有更明确的发展和努力方向等来对展会效果进行评估。

8. 竞争评估

指在展览工作方面和展览效果方面与竞争对手相比较的情况。

9. 宣传、公关评估

对这方面的评估工作比较困难，因为其中的定性内容比较多，评估技术比较复杂、困难。具体评估内容包括：宣传、公关有无效果；效率、效益有多大；是否需要增加投入提高单位形象；企业形象与实际成交之间有多大关系等。

应该说明的是，参展商所做的评估是以所收集的信息为依据的。收集信息是评估工作中工作量最大，也是最关键的一个环节。如果所收集的信息不准确，那么会展评估也不具有科学性。收集信息可以采用多种方式，如收集已有资料、实况记录、组织会议、座谈、发调查问卷等。其中，组织专家召开会议或座谈所获得的信息通常是定性的，这种方式能够比较迅速地获得对展会的一个整体、大概的评价；而发调查问卷所获得的信息通常是定量的，这种方式以概率论为依据，采取抽样调查的方式，具有一定的科学性，所获得的信息可作为具体项目评估的依据。因此，设计科学、合理的调查问卷也是会展评估中的重要工作。

第三节 参展工作总结

总结，就是把某一时期已经做过的工作，进行一次全面系统的总检查、总评价，进行一次具体的总分析、总研究。通过总结可以了解某一时期的工作取得了哪些成绩，存在什么问题和不足。参展工作是一项系统工程，需要把总结作为一项重要工作安排专人来负责。参展工作总结可以分为两个部分：一部分是对展览环境即展览会以及展览筹办工作即展览后台工作的总结，这一部分工作在展览会结束时完成；另一部分是对展台工作即展览前台工作进行总结，然后在展览的后续工作过程中，跟踪评估并在计划好的一段时间后予以总结。总结是与评估既独立又紧密相关的工作，总结中的大部分结论都是通过评估得出的。

然而在实践中，很多参展企业并不是特别重视参展评估和总结工作，缺乏参展决策的依据，也不能使参展效果在未来的参展工作中得到改进和提高。

一、参展工作总结的作用

1. 使企业全面了解参展工作

参展工作是一项重大的系统工程，企业会投入大量的人力、物力、财力来办展。总结可使企业全面了解已做展览工作的效率和效果。

2. 总结参展工作的成绩和问题

通过总结可以使企业了解展出工作中取得了哪些成绩，还存在哪些问题，寻找解决问题的方法，有利于未来展览工作的改进和展出效果的提高。

3．有利于未来展出决策

参展总结可以为企业管理人员提供展出决策的依据。总结可帮助管理者判断展出决定是否合适、资源投入量是否合适、展出有无效益；可让管理者决定继续使用展览还是使用其他更合适的营销方式、决定未来资源使用量、是否使用同样方式继续参加同一展览会等等。

二、参展工作总结的内容

参展工作总结报告可以全面地反映展览情况、工作、效果和建议。完整详细的总结报告包括：基本情况介绍、市场和竞争对手情况、展览工作、展览结果、总结。

1．基本情况介绍

基本情况主要指展览会的概况，包括：展览会名称、日期、地点、规模、性质、内容、参观者数量和质量、展览活动、展览整体效果和质量、展出者数量和质量、展览活动、展台面积、展览整体效果和评估结果等。

2．市场和竞争对手情况

市场和竞争对手情况主要包括：竞争对手的数量、展台面积、展示内容、展示活动、展示方式、吸引观众数量等等。

3．展览工作

展览工作情况包括：整体组织和管理工作、展品和运输、设计和施工、宣传和广告、公关和交际、行政和后勤、展台人员的素质及表现和评估结果等，即对展出行为评估进行系统化论述。

4．展览成果

展览成果情况包括：成交额分类统计、接待客户数和分类统计、宣传效果和评估结果等，即对展出结果评估进行系统化论述。

5．总结

无论展出工作是成功还是失败，都有可以总结的经验或教训，因此通过对以上四个方面的总结可以最终得出结论，将会对今后的参展工作起到指导作用。

思考题：

1．参展商评估有什么重要意义？
2．简述参展商评估的控制系统和绩效维度？
3．对参展商展出行为和结果评估的具体指标有哪些？

附 录

附录1 国际会展组织、杂志和网络资源介绍

一、国际展览组织

1. 国际展览联盟（Union of International Fairs, UFI）

1925年4月15日成立于意大利的米兰，总部设在法国巴黎。现拥有224个成员组织，其中包括191个展会组织者和展览馆拥有者，33个展览业行业协会。UFI的成员在本国的博览会／展览会行业中均占据领先地位，一旦展览会／博览会的名称与UFI联系在一起，即被认为是高品质的象征。

UFI是一个中立机构，作为非政治性、非盈利性的组织，旨在为其成员提供一个交流信息和经验、探讨同行业发展趋势以及加强合作、密切关系的机会。UFI的主要任务是，提高全球展览会举办水平，促进跨越国界的产品交流，加强展览会服务业及展览会举办专门技能的相互交流。通过UFI的管理机制，可以了解到全世界的同类展会机构的丰富经验。独立展会组织者可以获得有关介绍类资料，并可集中向有关机构提出问题。

UFI在其他国际组织中代表其成员的利益，它与欧盟委员会及其它与博览会/展览会及国际贸易有关的国际性组织都建立了良好的关系，包括BIE（国际博览会管理局）、ICC（国际商会）、各国及博览会/展览会协会等。

目前有越来越多的展览公司及机构申请加入UFI，特别是来自欧洲以外的国家和地区。迄今为止，来自欧共体国家的会员仍占会员总数的70%。在获得UFI认可的展览会中，有80%是在欧洲境内举办的。

网址：http://www.ufi.org

2. 国际展览局 (Bureau of International Expositions, BIE)

国际展览局是一个协调和审批世界博览会事务的政府间国际组织，成立于1928年，总部设在法国首都巴黎，目前拥有98个成员（2005年11月）。1928年11月，31个国家的代表在巴黎开会签订了《国际展览公约》。该公约规定了世博会的分类、举办周期、主办者和展出者的权利和义务、国际展览局的权责、机构设置等。《国际展览公约》后来经过多次修改，成为协调和管理世博会的国际公约，国际展览局依照该公约的规定应运而生。展览局行使各项职权，管理各国申办、举办世博会及参加国际展览局的工作，保障公约的实施和世博会的水平。

国际展览局总部设在巴黎，成员为各缔约国政府。联合国成员国、不拥有联合国成员身份的国际法院章程成员国、联合国各专业机构或国际原子能机构的成员国可申请加入。各成员国派出一至三名代表组成国际展览局的最高权利机构——国际展览局全体大会，在该机构决定世博会举办国时，各成员国均有一票。

国际展览局下设执行委员会、行政与预算委员会、条法委员会、信息委员会4个专业委员会。国展局的日常工作由秘书长负责，主席在国展局举行全体代表大会和必要时履行领导职责。国际展览局主席由全体大会选举产生，任期两年，可连任一届，不用坐班，没有薪金。

中国于1993年正式加入国展局。中国国际贸易促进委员会一直代表中国政府参加国际展览局的各项工作。

网址：www.bie-paris.org

3. 国际展览与项目协会(International Association of Exhibitions and Events, IAEE)

成立于1928年，总部设于美国达拉斯，董事会成员由17人组成。该协会前身是"国际展览管理协会"（International Association for Exhibition Management，简称IAEM），被认为是目前国际展览业最重要的行业组织之一，是全世界培养会展专业人才首屈一指的专业机构，与国际展览联盟（UFI）在国际展览界享有同样盛誉，两者现已结成全球战略伙伴，共同促进国际会展业的发展与繁荣。

IAEE经过多年的研究实践，从1975年起建立创造了一套系统完整的专业人才培养的计划和内容，分别通过课堂学习、工作实践、参与协会活动和考试等方式给予被培训人员各种机会，每完成一个专业测定就授予一定的分数，累积到一定分数后，协会将授予一个资格证书，称作注册展览管理人CEM（Certified in Exhibition Management）。一般取得这个证书要花3～5年的时间，而有了证书就表明在展览业取得了一定的地位和名誉。

网址：http://www.iaee.com

4. 独立组展商协会（Society of Independent Show Organizers, SISO）

总部设在美国芝加哥，现有170家会员，是国际展览业有影响的行业协会之一。美国独立组展商协会(SISO)是一个专为盈利性组展机构的首席执行官和高级管理层提供服务的组织。该组织向会展业的企业家和高级经理们提供交流与合作的机会，通过行业合作、行业公关、行业培训、行业调研、信息交流等活动扩大会展企业的盈利和发展的空间。

结识业内人士是对SISO会员的最大吸引力。SISO的会员都或是企业的所有者或是盈利性组展机构高级经理。会员之间就理念和经验进行相互交流直接有助于会展组织业务的扩大和发展。

网址：http://www.siso.org

5. 国际展览运输协会（International Exhibition Logistics Association，IELA）

祥见第九章。

网址：http://www.iela.org/iela/show_home.asp

6. 国际展览及博览会协会（International Association of Fairs & Expositions，IAFE）

总部设于美国密苏里州斯普林菲尔德（Springfield）。协会通过"展览从业人员认证项目"(Certified Fair Executive Program，简称 CFEP)对相关从业人员进行资格认证，并设立了若干奖励项目。

网址：http://www.fairsandexpos.com/

7. 展览参展商协会（Trade Show Exhibitors Association，TSEA）

展览参展商协会是展览和活动营销专家。三十多年来，展览参展商协会一直为使用展览来营销和销售产品的营销和管理专家提供相应的知识。

www.tsea.org

8. 展商指定供应商协会（The Exhibitor Appointed Contractor Association，EACA)

详见第九章。

www.eaca.com

9. 展览服务和合同商协会（Exhibition Services & Contractors Association，ESCA）

详见第九章。

www.esca.org

10. 展览设计和生产协会（Exhibit Designers and Producers Association，EDPA）

详见第九章。

www.edpa.com

11. 展览运营协会（Exposition Operations Society，EOS）

为事件运营和后勤的专家提供服务和信息。

www.expoops.com

12. 展览研究中心（Center for Exhibition Industry Research，CEIR）

通过统计研究和数据、信息和交流来提升展览产业价值的非盈利组织。

www.ceir.org

13. 会议产业委员会（Convention Industry Council，CIC）

由30多个会展产业行业协会（会议、博览会、展览会、旅游行业等）组成。会议产业委员会为其成员提供很多工具和项目，支持该行业的发展，应对行业发展的挑战，使产业内信息和思想的交流更便利。

www.conventionindustry.org

二、杂志和网络资源

1．公司活动（Corporate Event）

第一本完全关注B-to-B模式活动营销案例的杂志，主要针对财富1000公司和成长快的公司。

www.eventmag.com

2．活动营销杂志（Event Marketer Magazine）

该杂志为品牌活动营销者提供信息，并代理一系列面对面营销服务，包括移动营销、购物中心营销、街头活动、展览、公司活动、私人活动、赞助、B-to-B活动和媒体活动。

网址：www.eventmarketermag.com

3．参展商杂志（Exhibitor Magazine）

是企业展览和事件经理人以及营销专家非常重要的资源。

网址：www.exhibitoronline.com

4．博览会杂志（EXPO Magazine）

该杂志和相关网站包括产业新闻、教育性文章、研究调研、发展趋势 等。

网址：www.expoweb.com

5．会议专家（The Meeting Professional）

MPI的月刊，关于会议和大会行业的新闻。

网址：www.mpiweb.org

6．展览执行官杂志（Trade Show Executive Magazine）

为展览和活动执行官提供新闻、观点和工具的月刊。

网址：www.tradeshowexecutive.com

7．展览周刊（Trade Show Week）

为公司展览经理、展览组织者和供应商提供行业趋势、新观点和新问题的周报。

网址：www.tradeshowweek.com

8．展览新闻网（TSNN - Trade Show News Network）

展览行业在线资源，提供展览日程、注册信息、供应商名录和资源。

网址：www.tsnn.com

附录2 专业性展览会等级的划分及评定

1． 范围

本标准规定了对专业性展览会等级划分和评定的原则、要求和方法。

本标准适用于在中国境内举办的以经济贸易活动为目的的专业性展览会的等级划分及评定。

2． 术语和定义

下列术语和定义适用于本标准。

2.1 专业性展览会 professional exhibition (show，fair，exposition)

在固定或规定的地点、规定的日期和期限内，由主办者组织、若干参展商参与的通过展示促进产品、服务的推广和信息、技术交流的社会活动。

2.2 特殊装修展位 raw space with special decoration

由参展商自行或委托专业机构专门设计并特别装修的展览位置及其所覆盖的面积。

2.3 展出净面积 exhibition net area

专业性展览会用于展出的展位面积总和。以平方米表示。

2.4 特殊装修展位面积比 ratio of area for special booth

特殊装修展位面积总和与展出净面积的比值。以百分比表示。

2.5 参展商 exhibitor

参加展览并租用展位的组织或个人。

2.6 境外参展商 overseas exhibitor

以境外注册企业或境外品牌名义参加展览的参展商。

2.7 专业观众 professional visitor

从事专业性展览会上所展示产品的设计、开发、生产、销售、服务的观众，以及用户观众。

注：这里所指的产品可以是有形的产品(如机械零件)，也可以是无形的产品(如软件、服务等)。

2.8 等级 grade

用于划分专业性展览会质量差异的级别设定。用英文大写字母A、B、C、D表示。

3.等级的划分、依据和评定方式

3.1 专业性展览会的等级评定分为四各级别，由高到低依次为A级、B级、C级、D级。

3.2 等级的划分是以专业性展览会的主要构成要素为依据,包括:展览面积、参展商、观众、展览的连续性、参展商满意率和相关活动等方面。

3.3 专业性展览会等级的具体评定标准,按照附录 A 执行。

3.4 专业性展览会的等级是由专业机构依据同意的评定标准及方法评定产生,其品定结果表示该专业性展览会当前的等级状况,有效期为三年。具体的评定方式按专业性展览会评定机构制定的评审程序和评定实施细则执行。

3.5 专业性展览会等级的评定采取资源的原则,主办(承办)方按有关程序向评定机构提出申请,由评定机构予以评定。

4. 安全、卫生、环境和建筑的要求

专业性展览会举办场馆的建筑、附属设施和管理应符合现行的国家、行业和地方的消防、安全、卫生、环境保护等有关法规和标准。

5. 专业性展览会等级评定条件

5.1 A 级

5.1.1 展览面积

5.1.1.1 展出净面积不少于 5000 平方米。

5.1.1.2 特殊装修展位面积比至少达到 20%。

5.1.2 参展商

境外参展商展位面积与展出净面积的比值不少于 20%。

5.1.3 观众

5.1.3.1 展览期间专业观众人次与观众总人次的比值不少于 60%。

5.1.3.2 境外观众人次不少于观众总人次的 5%。

5.1.4 展览的连续性

同一个专业性展览会连续举办不少于 5 次。

5.1.5 参展商满意率

参展商满意率的评价按"参展商满意率调查表"的调查结果进行,其中总体评价结论为"很满意"和"满意"的数量总和,应不低于参展商总数的 80%。

5.1.6 相关活动

专业性展览会期间组织与专业性展览会主题相关的活动。

5.2 B 级

5.2.1 展览面积

5.2.1.1 展出净面积不少于 3000 平方米。

5.2.1.2 特殊装修展位面积比至少达到 10%。

5.2.2 参展商

境外参展商展位面积与展出净面积的比值不少于 10%。

5.2.3 观众
5.2.3.1 展览期间专业观众人次与观众总人次的比值不少于 50%。
5.2.3.2 境外观众人次不少于观众总人次的 2%。

5.2.4 展览的连续性
同一个专业性展览会连续举办不少于 4 次。

5.2.5 参展商满意率
参展商满意率的评价按"参展商满意率调查表"的调查结果进行，其中总体评价结论为"很满意"和"满意"的数量总和，应不低于参展商总数的 75%。

5.2.6 相关活动
专业性展览会期间组织与专业性展览会主题相关的活动。

5.3 C 级
5.3.1 展览面积
5.3.1.1 展出净面积不少于 2000 平方米。
5.3.1.2 特殊装修展位面积比至少达到 5%。

5.3.2 参展商
境外参展商展位面积与展出净面积的比值不少于 5%。

5.3.3 观众
5.3.3.1 展览期间专业观众人次与观众总人次的比值不少于 40%。
5.3.3.2 境外观众人次不少于观众总人次的 1%。

5.3.4 展览的连续性
同一个专业性展览会连续举办不少于 3 次。

5.3.5 参展商满意率
参展商满意率的评价按"参展商满意率调查表"的调查结果进行，其中总体评价结论为"很满意"和"满意"的数量总和，应不低于参展商总数的 70%。

5.4 D 级
5.4.1 展览面积
展出净面积不少于 1000 平方米。

5.4.2 观众
展览期间专业观众人次与观众总人次的比值不少于 30%。

5.4.3 展览的连续性
同一个专业性展览会连续举办不少于 2 次。

5.4.4 参展商满意率
参展商满意率的评价按"参展商满意率调查表"的调查结果进行，其中总体评价结论为"很满意"和"满意"的数量总和，应不低于参展商总数的 65%。

6．专业性展览会等级评定附加项

6.1 管理体系状况

6.1.1 负责专业性展览会具体组织管理工作的主办(承办)方通过 GB/T 19001-2000 质量管理体系认证。

6.1.2 展馆方通过 GB/T 19001-2000 质量管理体系认证、GB/T 28001-2001 职业健康安全管理体系认证。

6.1.3 装修和搭建的主要承办方通过 GB/T 19001-2000 质量管理体系认证、GB/T 28001-2001 职业健康安全管理体系认证。

6.1.4 展览运输的主要承办方通过 GB/T 19001-2000 质量管理体系认证、GB/T 28001-2001 职业健康安全管理体系认证。

注：专业性展览会等级评定附加项不作为专业性展览会等级评定的必要条件，达到的项目在评定规定时可以加分。

资料来源：http://www.hrswhz.com.cn/E_ReadNews.asp?NewsID=100

附录3　参展合同

甲方：＿＿＿＿＿＿＿＿
乙方：＿＿＿＿＿＿＿＿
＿＿＿＿＿＿博览会将于＿＿＿＿＿＿年＿＿＿＿＿＿月＿＿＿＿＿＿日至＿＿＿＿＿＿月＿＿＿＿＿＿日在＿＿＿＿＿＿举办。甲方为＿＿＿＿＿＿博览会组织承办方。乙方为＿＿＿＿＿＿博览会参展方。为了保证展会正常进行，维护双方共同利益及声誉，本着自愿、平等合作、互惠互利的原则，订立本合同，以兹双方共同遵守。

一、展位情况

1．乙方参展展位位置：＿＿＿＿＿＿。
2．乙方参展面积：＿＿＿＿＿＿平方米。
3．参展场租价格：按光地＿＿＿＿＿＿元／平方米计算，总计RMB＿＿＿＿＿＿元。

二、付款方式

乙方与甲方签署参展合同后7个工作日内须支付总费用的50%作为场地定金；剩余50%的尾款须在＿＿＿＿＿＿年＿＿＿＿＿＿月＿＿＿＿＿＿日前支付。

具体如下：场地定金为RMB＿＿＿＿＿＿元，余款为RMB＿＿＿＿＿＿元

三、甲方的权利和义务

1．展位的分配：甲方将依据展品的特性或认为适宜的方式分配展位。在展位开始搭建之前，甲方保留改变展位分配的权利，在特殊情况下，甲方可改变展位，移动展览设施，或关闭展馆的出入口，并可对展位进行结构性调整，对于展位的调整，甲方可自行决定，乙方无权提出索赔的要求。

2．改变展会日期和地址：秘书处保留因外部因素改变展会日期和地点的权利，日期和地点改变应在一个月之前通知乙方，协议仍然有效。乙方无权要求甲方赔偿其损失。

3．安全：甲方将对乙方和参观者采取安全预防措施，在存在安全隐患的情况下，甲方保留拒绝任何参观者进入展会或展场的权利。甲方对于展会之前、展会期间和之后展品的丢失或被窃不承担任何责任。甲方对参展商的展品或其他物品的损失或损坏也不承担任何责任。

4．附加条款：展会承办单位将保留颁布附加条款的权利，以保证展览有序的管理。所有附加条款将是本合同的一部分。

四、乙方的权利和义务

1．展位的使用：乙方只能展示申报的展品，在展会期间，乙方应委派有能力的人员管理展品。未经甲方的书面同意，乙方不得将展位全部或部分转租或

分派给他人，乙方对展厅墙面或其他部位的损坏要负责任，未经甲方同意，乙方不得更改地面、天花板、展馆柱面或墙面。

2. 展位的搭建与装饰：乙方可根据刊登在《＿＿＿＿》上的展会日程表进行展位的布置。由于乙方或其分包方的原因使其他参展商或公共财产受到损害，乙方必须做出赔偿，所有参展商必须于指定的时间内进行展位搭建和布置。

3. 展品运输

a）乙方负责将展品运输至展会举办地点并承担运输费用。

b）乙方负责安排展会期间的展品仓储。

c）乙方应在展会承办单位规定的时间内将所有展品撤出展厅，否则由此引起的损失和延误，乙方应向甲方做出赔偿。

4. 责任和风险：在展会期间，为保证甲方和参加展览的各方利益不受到损害，所有因乙方原因造成的甲方及第三方利益受到的损害由乙方承担全部赔偿责任。

五、违约责任

1. 乙方违约责任及退展申请：由于乙方违约，或提出退展，甲方可依据下列条件允许乙方退展：

a）乙方必须书面告知甲方其退展申请，若甲方同意乙方退展，要书面通知乙方其决定。

b）乙方已支付给甲方的任何费用将不退还。

c）由于乙方未遵守本合同条款的规定，或未在上述规定的期限内支付场租费，甲方将以书面形式通知乙方解除本合同。乙方已支付给甲方的任何费用将不退还。

d）依据本条款的子条款 c）的规定，甲方可行使其权利与乙方解除本合同后甲方可以转租违约的乙方的展位，如甲方未将乙方展位转租出去，乙方将承担该展位所有的损失。

2. 展会失败：由于下列直接或间接的原因，致使展会被取消、暂停或缩短展期，从而给乙方带来损失，甲方将不对乙方承担责任：

a）不可抗力；

b）战争行为、军事活动、地方性法规或政府部门的要求；

c）火灾、水灾、台风、极端的恶劣天气、地震、流行性疾病或这些自然灾害同时发生时；

d）由于飞行物体或飞机造成的损失；

e）工人的罢工或停工。

3. 除上述约定以外，任何一方违反本协议的约定，给对方造成损失的，应承担赔偿责任。

六、其他

1. 欲在展会上展出的软件／软件内容均应送甲方审查。包括人体模特及／实物在内的参展内容不得出现色情内容，包括裸体画面。甲方有权以正当理由终止和撤销出现以上内容的展品许可证。甲方将在展会上行使该权利，并不会为由此而产生的后果而负责退款或承担其他费用。乙方须同意将不会由于以上行为而对甲方追究任何形式的责任，并同意放弃该许可证发生的所有权利。

2. 会刊名录：甲方享有独家出版和发行展商名录的权利。其他发行商可以转载该名录作为其出版物的内容之一。会刊是甲方提供给参展商的一项服务，展商名由甲方确定（展商须在规定的截止日期之前填写好会刊登记表），甲方不对其间出现的任何错误、遗落或者格式改变等承担责任。若展商没有在指定日期前填写会刊登记表并返回给甲方，其本合同中涉及的该公司的任何信息将不会出现在会刊上。

3. 防火规则：所有用于搭建展台和展位的材料必须采用耐火材料，并符合地方性防火法规的要求。消防队长将巡视所有展览设施，并有权制止任何潜在的可引起火灾的行为。

4. 噪音控制条款：展会规定的各展位的最大音量为90分贝，各展位应将声音控制在其展台范围之内，尽量不影响其周边展位，若有展位在展会期间音量三次超过90分贝的最大限额，甲方将有权切断该展位的电源，并不会对由此而造成的损失而向乙方退还相关款项或承担其他费用。

七、本合同将受中华人民共和国法律支配并按其法律规定进行解释，如发生纠纷，须在_____的法院依法裁决。

八、本合同一式两份，甲、乙双方各执一份，自双方签字盖章之日生效。

甲方（盖章）：_____　　　　　乙方（盖章）：_____
地址：_____　　　　　　　　　地址：_____
法定代表人（签字）：_____　　法定代表人（签字）：_____

资料来源：http://www.148com.com/html/140/1506.html

附录 4　国际运输代理的工作准则

国际展览运输协会（IELA-International Exhibition Logistics Association）对现场运输代理（site agents）规定了如下业务标准(standards of performance)。

现场运输代理的业务在很大程度上依赖于三个方面的有效管理：(1)联络；(2)海关手续；(3)搬运操作。国际展览运输协会对三方面的最低要求如下：

1．联络

联络的第一要求是语言。国际展览运输协会现场运输代理成员必须配备会说流利英语、德语、法语以及展览会举办国家或地区的主要语言的雇员。

这些语言几乎可以应付任何可能发生的事情。虽然展出者和外国运输公司在筹备参加国外展览会时会安排翻译，但是，协会要求现场运输代理能够用客户的大部分人员的语言进行交谈。只有熟练的语言能力才能达到这一点。

现场运输代理必须在展览会场设立全套办公设施，如果会场不具备条件，代理要在合理的距离内最好是步行距离内设立办公设施。在后面的条件下，必须配备全套的、常设的支持（back-up）设备以便与地方办公室及时联系。

展出者必须能够随时找到现场运输代理而不需要走出会场。

为了协助客户与协会现场运输代理的联络，协会要求现场代理配备以下设备：国际电话线路、国际电传线路、国际传真。

不允许通过地方电信部门提供这些服务。如果现场代理没有条件配备这些设备，至少也要配备传真。在大部分国家已不存在安装临时电话或电传线路的困难，少数发展中国家除外。

现场代理必须提供详细的、有效的邮政地址，这一点对临时在现场工作的代理非常重要，并安排展览会前后运输单证文件（提单、海关文件等）直接寄给现场代理。

2．海关手续

现场工作最关键的部分可能是办理海关手续。

协会代理与展览会组织者共同为展览会设立临时免税进口手续。根据海关规定，现场代理可能还需要担保或交保证金。

下一步是与海关官员商妥在现场工作的期限和时间。包括正常工作之外的时间、周末、节假日。有些国家海关规定不得在正常时间之外工作。但是大部分国家的海关只要提前通知并作适当的补贴安排，可以日夜工作。

协会代理必须做好上述两项安排以及其他必要的安排，以便可以随时找海关官员办理手续。

每天工作开始时间不得晚于 8：00，工作结束时间不得早于 16：30。在这个时间之外，如果有需要，仍可以找基干职员（skeleton staff）办事。

根据这些标准，可以有足够时间安排海关手续。

（1）进口手续。

整车放行卸货：在预先完全通知的情况下，货车抵达后6小时；在未预先通知的情况下，货车抵达后24小时。

空运货物放行：在预先完全通知的情况下，货车抵达后8小时；在未预先通知的情况下，货车抵达后48小时。

（2）出口手续。

包装检查：在预先完全通知的情况下，开始后2小时；在未预先通知的情况下，申请后8小时。

装车检查、铅封（货车放行）：在预先完全通知的情况下，装车后3小时；在未预先通知的情况下，申请后8小时。

办完出口或转口文件：在预先完全通知的情况下，提交文件后4小时；在未预先通知的情况下，申请提交文件后8小时。

另外需要指出的是，除进口手续未预先通知情况之外，所有手续都由同一海关官员在一个班次内完成。货车装货完毕等待文件和铅封不应过夜。同样，展出者要求海关检查掏箱装箱应该在同一天办理。

但是如果货车在海关下班前抵达或装完，又未事先通知，便难免过夜等待。同样条件下，展出者临下班前要求海关检查也可能无法安排。

以上时间期限的前提条件是展出者提供全套、准确的文件，事先通知并准确地表述和申报。

3. 搬运操作

协会代理必须熟悉现场并在展览施工和拆除期间能随时使用合适的设备和有经验的搬运工。现场代理有责任事先预计到非常规、大尺寸的物品的运输装卸问题，并相应准备好特殊设备。

代理要在现场安排仓储地，如果不可能，就在尽可能近的地方（不超过30分钟的路程）安排仓库，以存放易被盗或保密的物品。

空箱应当存放在现场或离会场尽可能近的地方，以备万一展出者将物品遗留在箱内需要寻找。另外也为了展览会结束后能迅速运回空箱。如果有条件，空箱应当存放在室内。如果没有条件，必须采取措施保证空箱回运时与运出时状况一样。

空箱及时回运是展览会拆除成功的关键因素，使展出者能尽早装箱和装车，这有助于尽早清场。

如果展览会面积达到10万平方米，空箱全部回运时间最晚也不得超过正式拆除第一天的 12：00，如果展出者或组织者同意，并更有利于拆除进度安排，空箱空运可晚一些运回。

如果展览会面积超过 10 万平方米，将视情况安排空箱回运时间。但是，在一般情况下，空箱回运工作必须在正式拆除第三天开始的时候全部完成。即使这样，代理仍必须合理安排，保证凡要求空箱回运的展出者都可以在正式拆除的第一天中午便开始收到部分空箱，其他空箱在以后陆续回运。

在任何情况下，不允许发生有任何展出者一直等到拆馆的第三天才收到空箱的现象。

卸车和装车必须按商定的时间进行，以下时间适于 10 万平方米及以下的展览会：

卸车或装车必须在同一天内尽快完成，条件是：车辆按施工/拆除计划时间抵达，或在工作日有足够的时间内抵达。如果晚到，在不影响其他按时抵达的车辆装卸的情况下，必须在第二个工作日一开始就装卸。另外，如果展馆只有一个运货门，那么为该门附近展台运货的车辆应当尽量安排在施工期最后卸车，并安排在拆除期最前装车。

协调好所有展出者的要求，并相应安排好搬运操作，就可以避免出现混乱。在现场设立仓库有助于解决问题，对各方都有益处。

现场代理在收到使用吊车的要求后，应当能够在第二个工作日提供吊车服务。在此期间，代理可以安排设备和劳工。如果展出者要求当天使用吊车，代理在可能的情况下应该尽量安排，最晚在第二个工作日的开始时应安排好。条件仍然是不影响周围展台、走道、运货门的正常工作。

现场搬运操作的成功完全在于现场代理，现场代理必须事先协调好所有展出者的搬运要求，并提前将相应的安排通知组织者和所有展出者。这样就能够避免展出者提出工作计划之外的搬运要求，或提出临时遇到的难题。

但是不事先通知现场代理，却突然提出立即要解决的大问题的现象确实存在。这种情况可能会严重影响正常的展场搬运工作。现场代理的任务之一就是使这种现象减少到最低限度，最终消除这种情况。

资料来源：http://www.china360.cn/expoir/expoir_news_detail-5020.htm

附录 5　报关代理的工作准则

出口代理的工作范围可以分为六个主要部分：
（1）联络；（2）展前客户联系；（3）单证办理及通知现场代理；（4）最佳运输；（5）现场支持；（6）展后处理/回运。

1. 联络

为了进行有效的联络，协会成员必须都能够使用英语进行联络。所有代理都必须有员工可以说流利的英语。联络的第二个因素是设备。所有代理都必须有常设的国际直线电话、电传和传真设备。一些发展中和第三世界国家政府可能限制使用传真，这种情况除外。在其他无限制的情况下，本节所列设备是必备的。最后一个要求也是很明显的一个要求，但是却不时被忽略的要求是所有代理必须有一个明确的同邮政地址，因为代理可能还有其他业务和其他地址。

2. 展前与客户联系

在 6 个工作部分中，这一部分可能是最关键的。因为这一部分工作中任何一项未完全做好都会给展出者的展出工作带来麻烦。

作为协会会员的出品代理给展出者的要求必须是内容明确、简洁（展出者不会阅读空洞冗长词句），最重要的是不能有歧义。要求必须使用展出者的语言。出口代理有义务安排翻译（由现场代理或展览会组织者发出的）基本运输要求，在任何情况下，不允许出口代理将运输要求原封不动地转给展出者。

当然，在一些情况下语言困难、在更多情况下缺乏地方和技术知识使基本运输要求阅读不易。作为协会会员的出口代理要努力将要求翻译得清楚、全面，使展出者能读懂。

要求必须包括以下内容：

（1）单证文件。世界各地的现场代理需要办理许多不同的单证文件。因为需要准确的单证说明，最好有样本。要建议展出者利用 ATA 通关单证册以最大限度地减少单证文件，并出具"授权签字和修改函"必须让展出者完全了解手续规定，包括从本国出口并进口到展览会所在国，以及办理手续所需的时间。

（2）包装/标识。出口代理应当了解运输方式和路线，必须让展出者知道展览会所在国有关包装的规定，并注明对特殊货物的包装标准。出口代理必须确保所有包装都按基本要求印有标记。

（3）截止期。截止期必须明确，并被执行便货物能按要求的时间运到目的地。截止期必须包括所有选择，也就是空运截止期、海运截止期、陆运截止期和铁路运输截止期，以及拼装或整装运输截止期。出口代理必须在展览会开幕前至少 90 天提出截止期要求。这对于需要远程海运的运输尤其重要。

（4）其他情况。还必须让展出者知道有关其产品和展览会所在国的任何特殊规定，也就是：限制的物品、随时携带的物品、进口特别要求或审查等等。同时，对进口或重要的任何限制也应当告知展出者。

3．办理单证文件以及通知现场代理

货物启程时必须将展品情况和搬运细节用电信方式通知现场代理；展出者、展台号、展品运到展台的要求时间、箱数、尺寸、毛重、净重、体积、CIF 价格。运输细节也必须包括在内：航班号、提单/空运提单号、卡车货车/集装箱/铁路货车号。

获取形式发票/装箱单（或相同的文件）以及运输单证（空运提单、提单等）后必须尽快用传真发给现场代理。现场代理要求的可转让单证要按现场代理的时间表和基本运输要求的规定份数分两份用航空快邮或航空快递发出。

作为协会会员的出口代理必须确保按基本规定提供正确、完整的单证，以避免办理海关手续的延误。

4．最佳运输

考虑到货物的特性、预算和时间限制、作为协会会员的出口代理应当向展出者建议最佳的运输方式和路线。此建议的根据是前面所提到的标准，对展览会所在国的了解和基本运输要求。

5．现场支持

出口代理对现场支持的主要目的确保客户在运输和装卸各方面获得国际展览运输协会的专业标准服务。第二个目的是帮助和支持现场代理，以使其顺利完成他的那一部分工作。

出口代理在现场可以用不同方式达到上述目的。出口代理可以作为所有客户和现场代理之间的缓冲协调人，处理所有运输有关事务，也就是现场代理客户只需与一个人打交道而办理很多展出者的事务。现场代理可能因为缺乏语言能力与一些客户交流有困难。

在展览会搭建和拆除期间，出口代理将与现场代理的搬运人员建立密切的关系，帮助现场代理处理棘手问题。比如，吊运一件困难的物品，现场代理常常要等展览出者的技术人员到场，而出口代理可以代为解决。出口代理理可以随时协助海关检查货物，可以迅速安排空箱运出和运回、减轻现场代理的压力。

展览会期间，出口代理要巡视所有客户，以便收集展品处理或回运的要求，并整理成准确的、易读的表格转交给现场代理。简言之，出口代理将作为现场代理的一个成员，直接负责其所有运输客户的事务。

6. 展后处理/回运

出口代理将展品处理和回运的有关要求明确地交待给现场代理后，还应该监督所有搬运操作，以确保各项工作按时，并符合基本运输要求，使客户满意。

任何展品成为进口品，出口代理将为之办理所产生的当地税务。如果有任何物品改变流向，出口代理一般应当通过现场代理办理，交待交货条件、交货地点、销售条款。将海关和进口的所有情况通知现场代理，以便相应安排运输。

回运运输将由出口代理安排，通常自行办理运输手续。但是，仍要将有关货物和海关手续的全部要求告知现场代理，办理展览会所在国的再出口手续，避免延误结关，以顺利办理再进口手续。

现场费用，包括展览会闭幕后需要支付的费用，由出口代理承担。然后，折成客户所使用的货币，按出口代理的条款转到客户应支付账单上。

资料来源：http://www.honghai56.com/NewsInfor-6374.htm

附录6　国内单位出国办展或参展外汇收支管理

为了加强对出国举办或参加展览会（博览会）外汇收支的管理，特制定本规定。

一、国内单位出国举办或参加各类经贸、科技展览会（博览会），应严格按照经贸部（89）外经贸进出资字第160号文（对外经济贸易部关于印发《在国外举办经济贸易展览会的审批管理办法》的通知）的规定办理审批手续。未经批准者，国家外汇管理局或其分局不予批准用汇，银行不予办理有关汇款手续。

二、国内单位举办或参加上述展览会（博览会），应以留成外汇或专项外汇支付国外有关费用，不得以出售展品收入抵付展览费用。参展单位应凭"出国参展费用开支预算表"及主办单位的付款通知到当地外汇管理分局办理外汇划拨或汇出手续。

三、凡由国内单位组团参展的，参展单位应以外汇额度配人民币汇给组团单位，当地外汇管理分局应对其需调出的外汇额度进行审查，对符合规定的，允许调出并在外汇额度调拨单备注栏注明"已扣出国指标"字样。若组团单位无额度账户，可持有关参展批件到当地外汇管理分局申请开立临时外汇额度账户。

四、国内参展单位中的三资企业和经批准允许保留并使用现汇的单位可用现汇支付有关费用，组团单位报经当地外汇管理分局批准可开立临时现汇账户。

五、组团单位对国内参展单位提供服务，只能收取人民币手续费（或服务费）。

六、出国举办或参加展览会（博览会），在展览会期间出售展品所得的外汇收入，一律调回国内并到银行结汇，按规定办理留成。展览会（博览会）结束后，参展单位须持填写的"出境展品销售情况表"、收汇凭证和国内银行结汇水单、出入境海关报关单复印件到当地外汇管理分局办理核销手续。

七、对违反本规定第二、三、四、五、六条的参展或组团单位，国家外汇管理局及其分局将按《违反外汇管理处罚实施细则》的有关规定予以处理。